Newspaper
Editor
Case
Analysis

传媒实务丛书

报刊编辑案例评析

黄奇杰 编著

ZHEJIANG UNIVERSITY PRESS
浙江大学出版社

目 录

【案例回放】

生命时报
LIFE TIMES

三金西瓜霜
咽喉防火墙

● 第 203 期 ● 2007 年 7 月 17 日 ● 每份 1.5 元 ● 每周二出版 ● 人民日报社主管 ● 环球时报社主办 ● 邮发代号 1—109 ● 国内统一刊号：CN11—0266

废纸箱竟做成包子馅

专家称"纸包子"属个别现象，无需过度恐慌，但其行为无异于投毒

● 本报记者 王婉 田野

独家报道

看上去其貌不扬的包子，历来是中国人餐桌上的"常客"。"肉末包子"、"青菜小笼包"、更是情深意浓、入口嫩滑、肉鲜味美。

中国人对性更宽容了

（详见第二十四版）

包子馅：废纸箱掺肥肉

一个个外表光鲜的包子，如可能减少都不法商家"做了手脚"

各界人士："纸包子"老板须严惩

本期导读

● "中国笔花"怎成了洪水猛兽（5版）
● 冷却肉，比鲜肉好（7版）
● 平时多看老照片（15版）
● 心理夏令营，教孩子感恩（9版）
● 一过30，每年做次性体检（10版）

全国特色自选专刊大集锦 全国文化名城特刊 国家原生态城市

中国古报者之乡
浙江长兴·欢迎您

本报驻外特派记者授权本报声明：本报所刊撰写之作品，未经本报许可，不得转载、摘编。
● 地址：北京市朝阳区金台西路 2 号环球时报社生命时报 邮编：100026 办公室 (010)65363790 编辑部 (010)65363786 广告部 (010)65363772 发行部 (010)65363775

原载 2007 年 7 月 17 日《生命时报》第一版

【案例评析】

纸包子：媒体一次恶性"炒、造、搞"

据新闻午报报道,《人民日报》原总编辑、清华大学新闻与传播学院院长范敬宜2007年7月在上海主讲"解放文化讲坛"时指出,当代媒体的浮躁是因为文化缺失,就只能靠炒、造、搞来"制作"新闻,这已经超出了道德的底线。

范敬宜觉得,当前群众对新闻媒体最不满意的:一是媒体从业人员的职业道德问题,最突出的就是"炒、造、搞"。"炒"就是炒作,"造"就是造假,"搞"就是恶搞。有的已经超出了道德底线,甚至触及法律。二是媒体工作人员不负责任,玩忽职守,影响到新闻媒体的威信,给被报道的单位和个人造成很大的伤害。三是媒体的整体水准在滑坡,我们的报纸、广播、电视能够让人想看的、愿看的、耐看的、爱看的精品力作越来越少。这样的现状导致媒体公信力下降,面临重大的危机。

有学者这样形容2007年是一个前所未有的"假新闻年"。从"毒香蕉"、"纸做的包子"、"最毒后妈"到"发现野生华南虎"等,其中影响最为恶劣的假新闻是《纸做的包子》。《纸做的包子》始作俑者虽然是北京电视台,但是,全国不少报刊、网站等媒体在这起"闹剧"中同样扮演了不光彩的角色。有些报刊在这一假新闻出笼后立即表现出极大的狂热,不惜版面转载、传播,积极参与了这起恶性假新闻的"炒、造、搞"。

2007年7月8日,北京电视台生活频道《透明度》栏目以《纸做的包子》为题,播出了记者暗访朝阳区黑窝点加工"纸箱馅包子"的节目。节目播出后,引起社会广泛关注。北京市工商、食品安全部门迅速组织执法人员,每天对北京早点市场进行彻底检查,均没有发现早点市场存在"纸箱馅包子"。2007年7月15日,北京市公安局刑侦总队成立专案组对此进行立案侦查。侦查发现,此节目内容是北京电视台2007年新聘用人员訾某一手策划、编造的虚假新闻报道。

2007年6月初,訾某在栏目组选题会上提出,曾接到过群众电话反映"包子馅有掺碎纸"的问题,引起栏目制片人的兴趣,遂被确定为报道专题。訾某在四环路一带进行调查。訾某供述,十几天里,他每天早晨都买包子吃,但始终没有发现包子的质量问题。由于选题已上报,压力很大,加之刚到北京电视台,既想出名,又想挣钱,而他调查的结果令人十分失望。栏目主编以时限为由,催促其抓紧拍摄专题节目。于是,他化名"胡月",先后两次找到朝阳区太阳宫乡十字口村 13 号院,以为工地民工购买早点为名,要求做早点生意的外地来京人员卫某等 4 人为其制作包子。訾某自带了从市场上购买的肉馅、面粉和纸箱,并授意卫某等人将纸箱经水浸泡后掺入肉馅,制成包子。訾某用其自带的家用 DV 机拍摄了制作过程,随后采用剪辑画面、虚假配音等方法,编辑制作成电视专题片《纸做的包子》,用欺诈手段获得播出。

"纸馅包子"事件一度被媒体炒得沸沸扬扬,最终以"虚假新闻"收场。2007 年 7 月 18 日,北京电视台为此公开向社会道歉,有关部门分别对北京电视台相关责任人做出通报批评、行政警告、记过、撤职、解聘等处分。2007 年 8 月 12 日,北京市第二中级人民法院依法公开开庭审理了"纸箱馅包子"虚假新闻炮制者訾某涉嫌损害商品声誉案。訾某因犯损害商品声誉罪,被一审判处有期徒刑 1 年,并处罚金 1000 元。

造假者虽已被判刑,北京电视台也向社会道了歉,但此事的恶劣影响却显然很难像一阵风似的一刮而过。痛定思痛,它给人们的警示是深刻的。导向是新闻的根本,真实是新闻的生命。在正确舆论导向下,维护新闻的真实性是新闻从业人员最基本的职业道德,也是新闻媒体必须承担的社会责任。然而,此次事件中,訾某策划、导演新闻,大肆造假,严重违背职业道德;北京电视台生活频道对该报道审核不严,管理制度执行不力,致使虚假新闻得以播出;一些媒体不经核实就转发此消息,使得这起虚假新闻竟然能够招摇过市。这些必须引起新闻界的警醒。

虚假新闻的存在是新闻界的耻辱。虚假新闻干扰了正常的生产、生活秩序,造成严重的经济损失和恶劣的社会影响,也损害了新闻媒体的公信力。这是法律法规、新闻纪律和职业道德所不允许的,对无中生有、胡编乱造、搞虚假新闻、制造虚假新闻和发布虚假新闻的媒体和人员理应严肃处理。"纸做的包子"等虚假新闻出现再次说明,坚持马克思主义新闻观至关重要,坚持正确的舆论导向至关重要,坚持新闻真实性至关重要,坚持新闻职业道德至关重要。

令人担忧的恰恰在于,公众依靠媒体了解身边发生的事情,也依靠媒体对我们的生活做出基本判断,更依靠媒体树立自己的权利意识。而这一切的基础一旦被证伪,那么社会将失去起码的信任底线。当社会公众

003

赋予媒体充分信任的时候,媒体能否表现出值得信任的职业荣誉感和责任感,能否坚守媒体人的道德底线,这不但成为媒体职业道德的内涵,同时也成为公众知情权和生活安全的信仰底线。

现在一些媒体为了争夺市场,吸引眼球,片面追求发行率、收视率、收听率,甚至为了追求所谓轰动效应,不惜猎奇,甚至故意造假,导致一些媒体虚假新闻屡禁不止。究其原因:一是有些新闻从业人员马克思主义新闻观淡薄,对"政治家办报"的原则产生动摇。政治意识、大局意识、责任意识淡薄,认为"政治家办报"是紧箍咒,束缚了媒体的手脚。二是由于手机、网络等新兴媒体的出现,对传统媒体带来前所未有的冲击。作为内容产业核心价值的提供者,传统媒体尤其是报纸面临严峻挑战。面对生存、利益这个现实,一些媒体出现社会责任缺失,在报道上置社会利益和新闻工作者职业道德于不顾,捕风捉影,炒作负面新闻,甚至胡编乱造虚假新闻,追逐"卖点"。三是一些新闻媒体和新闻从业人员缺乏应有的职业精神和职业道德。近年来,由于传媒业的快速发展,一大批人员进入新闻采编队伍。其中一些人的政治素质、业务素质与所从事的工作不相适应;个别从业人员对新闻工作起码的职业精神和职业道德不甚了解。因此,很难做到政治强、业务精、纪律严、作风正。四是一些媒体内部管理制度不健全。即使有了制度也不能良好执行,给虚假新闻和低俗之风以可乘之机。

新闻的真实性是新闻工作的生命线,是马克思主义新闻观的基本要求,是坚持新闻党性原则的具体体现,也是新闻从业人员最起码的道德底线。新闻从业人员要始终牢固树立马克思主义新闻观,坚持政治家办报的原则;要始终牢记新闻工作者的社会责任,新闻媒体影响越大,意味着社会责任越重。这就要求新闻工作者始终要把党和人民的利益放在最高位置,把社会效益作为最高准则,做到守土负责;要严守新闻工作的职业道德和职业精神。无论什么时候、什么情况下,新闻报道都要坚持真实、客观、公正,坚持"三贴近",防止道听途说、捕风捉影、偏听偏信、恶意炒作,使新闻报道经得起人民的检验,经得起实践的检验,经得起历史的检验;新闻媒介要进一步加强和改进舆论监督。舆论监督的目的是针砭时弊、弘扬社会正气,解决问题,推动工作。舆论监督必须遵守国家法律法规,以事实为依据,绝不允许打着舆论监督幌子搞虚假报道,甚至从事非法活动,牟取不正当利益;要加强新闻媒体和从业人员的管理,要建立一支政治强、业务精、纪律严、作风正的新闻从业队伍。新闻界要通过深入开展"三项学习教育活动"，切实履行好新闻媒体的职责，努力提高自身政治思想素质，不断增强政治意识、大局意识、责任意识，弘扬职业精神，恪守职业道德，自觉维护新闻工作者的社会形象，始终把社会效益作为最高准则，把真实作为新闻的生命，更好地承担起党和人民赋予的神圣使命和责任。

真实、客观、公正，这些在新闻界传颂了百年的铁律，今天不仅仅具备了最初的新闻学价值，更重要的是，随着大众传媒的发展和公众媒介素养的提高，这些基本规律同时也成为公众信任媒体和媒体引导社会舆论的前提。谁也不能否认今天社会有各种弊病，但事实就是事实，决不能成为新闻造假的理由。毕竟我们要为社会留下难得的真实。蔡元培先生曾经说："新闻之内容，无异于史也。"新闻史实告诉我们，人有人心，报有报格。在今日中国新闻人的笔下和镜头前，决不能有"真实"的谎言。

第一章
报刊编辑的社会责任

【本章要点】

版面语言作为一种传情符号和表意体系,由此而产生的就是编辑权力。进入 21 世纪,我国传媒市场格局发生了重大变化,传统报刊业正面临着新兴媒体的严峻挑战。报刊编辑肩负着"总设计师"、"总把关人"和"再创造者"的重要职责。报刊编辑要始终把党和人民的利益放在最高位置,做到守土有责、守土负责、守土尽责。

1.1 报刊与编辑

1.1.1 报纸:文化商品

报纸,是指有固定名称、刊期、开版,以新闻与时事评论为主要内容,每周至少出版一期的散页连续出版物。(参见国家新闻出版总署颁发的《报纸出版管理规定》,2005 年 12 月 1 日起施行)报纸作为一种公开出售的文化产品,要通过市场流通实现其价值和使用价值,因此具有商品属性。

一、报纸的构成

(一)报名(报纸名称)。如:人民日报(党报类)、新民晚报(晚报类)、华西都市报(都市报类)、华商报(商报类、都市报类)、中国审计报(部门报类)、人民铁道报(行业报类)、铁道建设报(企业报类)等。

(二)刊期。日刊至周刊。

(三)开版(开本、版面)。对开、4 开、8 开。通常为 4 版至 64 版,有时多达 100 版以上。

（四）体裁。新闻报道与新闻评论。新闻体裁是新闻内容的表达方式,报纸的新闻体裁通常分为新闻报道和新闻评论等。

（五）特征。散页连续出版物。

二、报纸的种类

目前,我国公开出版的报纸有 1900 多种。其中:全国性报纸 220 种,省级报纸 815 种,地、市级报纸 877 种,县级报纸 19 种。综合报纸 809 种,专业报纸 1122 种。

三、报纸的类型

报纸按照不同的标准,可以分为多种类型:

（一）以办报方针分:政治性,商业性;

（二）以报纸内容分:综合性,专业性;党报、都市报等;

（三）以发行范围分:全球性,全国性,地方性;

（四）以出版时间分:日报,晚报,周报;

（五）以阶级属性分:无产阶级报,资产阶级报;

（六）以版面大小分:传统报型对开、四开、八开;黄金报型(黄金分割率1:0.618,是古代希腊人发现的分割法,黄金报型由黄金分割率而得名)对开、四开。

报纸版面大小,人们通常不用厘米等长度单位,而采用印刷业术语"开本"(简称"开")。开本的基础是"全张"(也叫"全开"),即印刷报纸时所用的原纸的尺寸;其长度和宽度都有法定的标准。过去印刷报纸使用的纸张是平板原纸,其规格为 787×1092 毫米,是我国文化用纸的主要尺寸,现在印刷报纸使用的纸张是新闻纸(卷筒纸),有 780×1092 毫米等规格。一个全张平均折多少份,折后的大小就称多少"开"。开本数字越大,面积越小。

以我国现在通用的新闻纸 780×1092 毫米为一个全张来划分:

全张面积的 1/2 叫一个"印张"(也叫"一大张")。其开本为二开,通常称为"对开",尺寸是 546×780 毫米;(高 546×宽 780 毫米)

二开对折为四开,尺寸是 390×546 毫米;

四开对折为八开,尺寸是 273×390 毫米;

八开对折为十六开,尺寸是 195×273 毫米;

十六开对折为三十二开,尺寸是 136.5×195 毫米;

报纸开本示意图如下:

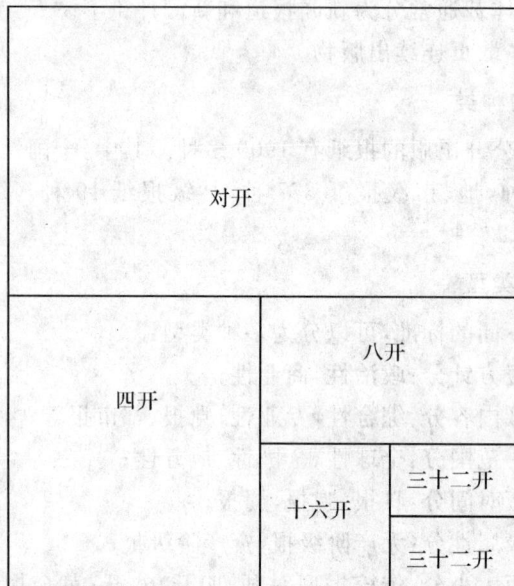

1.1.2 期刊:成册杂志

期刊又称杂志,是指有固定名称,用卷、期或者年、季、月顺序编号,按照一定周期出版的成册连续出版物。(参见国家新闻出版总署颁发的《期刊出版管理规定》,2005 年 12 月 1 日起施行)

一、期刊的种类

目前,我国公开出版的期刊有 9468 种,其中综合类 479 种,哲学、社会科学类 2339 种,自然科学、技术类 4713 种,文化、教育类 1175 种,文学、艺术类 613 种,少儿读物类 98 种,画刊类 51 种。

二、期刊的特征

(一)形式:固定名称;顺序编号;装订成册;连续出版。

(二)内容:

(1)多数期刊是有规律的定期出版物,因而其内容能与时俱进,跟随时代的进步和事物的发展而不断更新,便于历史地、系统地记录某一事件、某一学科研究进展的全过程或一段相当长的过程。

（2）期刊在连续出版过程中，每后一期不仅是前一期序列上的自然延续，而且也是前一期作者、编者认识能力的深化和扩展，使得期刊有可能对事物的反映层次更深，对作者、编者的思考能力和认识能力展现得更为充分。

（3）每种期刊虽有专一、明确的办刊宗旨，但每位作者的视野和角度总有不同，即使对同一领域的同一对象的反映和研究，不同作者所提供的信息和研究结论也会多种多样，因此期刊会呈现出各种资料汇聚、观点荟萃的特点，更有丰富性。

三、期刊的类型

（一）开本：16 开、32 开、64 开；

（二）时间：周刊（如《读者参考》）、半月刊（如《半月谈》、《读者》）、月刊、双月刊、季刊、半年刊、年刊（年鉴）。

1.1.3 编辑：报刊"设计师"与"守门人"

我国"编辑"一词最早见于《魏书·李琰传》，该传中写道："修撰国史，前后再居史职，无所编辑。"公元 7 世纪唐代史籍诏令每见此词。此时的"编辑"的基本含义，是"收集材料，整理成书"。

现代使用这一概念，其含义有以下两种：一是指从事编辑工作的专业人员（编辑者）；二是指围绕新闻或其他出版物的出版活动过程中，编辑者所从事的有关决策、组织、选择、加工、设计等专业工作（编辑工作）。

关于"编辑"概念，人们比较倾向于《辞海》中的解释："编辑指新闻出版机构组织、审读、编选、加工、整理稿件等工作"，同时，《辞海》还有一个说明："编辑是指从事编辑工作的人员"。《辞海》对"编辑"的释义比较准确、简洁、权威。

1.1.4 编辑学

编辑学是研究编辑工作理论及编辑工作规律的一门科学。它包括图书、期刊（杂志）、报纸、广播电视编辑学、网络编辑学、电子出版物编辑学等。

报刊编辑学是编辑学的重要组成部分，它具体研究报刊的组稿、选稿、改稿、标题制作与版面设计等理论与实务。

新闻编辑学是探讨新闻编辑工作产生发展的过程,研究新闻工作的规律和方法、技巧的应用学科,是新闻学的一个重要分支。它主要研究报刊、广播、电视、网络、数字报业等不同媒介的新闻编辑的特点和要求等。

1.1.5 版面语言:报刊编辑的权力核心

1609 年,世界上第一份周报《通告—报道》在德国奥格斯堡诞生;1650 年,世界上第一张日报《新到新闻》在德国莱比锡创刊;世界上创办最早的期刊是 1665 年在法国创刊的《学者杂志》和同年在英国创刊的《哲学汇刊》。其中《哲学汇刊》至今还在出版。

报纸、期刊这两种最古老的传统媒介已经走过了 400 年历程。随着时代的发展和科学技术的进步,不断产生与之竞争的传统媒体和新兴媒介,包括广播、电视、网络、手机报纸、数字报纸等。因此,近年来,国内外学界和业界的一些人士提出了"报纸生命说"。美国北卡罗莱纳州立大学教授菲利普·迈尔预测:"2044 年 10 月,最后一位日报读者将结账走人。"(《正在消失的报纸》)清华大学新闻与传播学院教授刘建民提出了"报纸消亡论"(《关于报纸消亡的对话》)。北京《京华日报》社社长吴海民提出"报业寒冬论"。

虽然,近年来我国传媒市场格局发生了重大变化,经历着前所未有的"洗牌",新兴媒体正在蚕食着传统媒体特别是报业的"奶酪",分流了报纸的目标读者和广告市场,传统报纸正面临着新兴媒体的严峻挑战。但是,很多人士依然看好中国报业市场。人们认为,中国报纸不是"夕阳西下",而是还将经历较长的"正午时光",理由是报纸具有独特的优势——版面语言。

报纸编辑的平台是版面,编辑报纸需要两种语言:一种是文字语言,一种是版面语言。报纸版面语言是报纸这一平面纸媒体特有的语言,是报纸客观存在的优势所在,报纸版面语言的独特作用,是其他媒介难以替代,并要借鉴的。文字语言是用来"表现内容"的,而版面语言则是用来评价稿件价值、表明编辑态度的。无论是广播、电视,还是手机短信、手机报纸、数字报纸,传播的形式和内容都是由报纸版面语言派生出来的。

作为大众传播媒介的报纸,尽管其介质、色彩、版式、内容等都发生了很大变化,但是,报纸版面语言具有的独特作用一直在发扬光大。

一、版面语言:表情达意体系

什么是报纸版面语言？业内专家曾发表不少独特见解：

"版面所运用的材料和结构规则构成版面表现内容的特殊语言——版面语言"。（郑兴东等：《报纸编辑学教程》，中国人民大学出版社 2001 年版，第 227 页）

《人民日报》原总编辑范敬宜认为："'版面语言'是办报人立场、观点、感情和审美眼光的自然流露。"（《人民日报版面备要·序》，人民日报出版社 1997 年版）

《光明日报》原总编辑徐光春认为："所谓'版面语言'，就是编辑对稿件内容作出正确的价值判断后，以恰当的稿件布局、版面形式、标题制作、字号处理、以及运用装饰和图片等综合性的表现方式，表达新闻的价值。"（《报纸版面创意艺术与电脑编辑·序》，复旦大学出版社 1999 年版）

综上所述，版面语言是一张报纸表意、传情、叙事的符号，是编辑人员组织版面时，以版面要素为媒介，通过强化、淡化、美化的编辑手段，按照一定的布局结构构建的对稿件价值意义认识评价的表达体系。简而言之，报纸版面语言是编辑对稿件价值意义认识评价的表达体系。

版面要素是指面积、字符、图表、线条、网纹、色彩等，这是构成报纸版面语言的物质要素。编辑手段是构成报纸版面语言的行为要素，主要涉及版面前后、上下、左右等区位、区序、形状的处理；布局结构则指稿件内部结构（如题文关系）和稿件与稿件之间的结构等。

报纸版面语言是报纸版面学的核心概念，也是报纸编辑学的基本概念。版面是各种稿件、标题、照片、图表、线条、色彩整体结构的组合，是报纸的基本单元。报纸编辑流程是围绕版面工作进行的，编辑的所有工作都必须考虑版面需要，因此，版面语言是编辑在实际工作中必须掌握的语言。目前，新闻学界对报纸版面语言重视、研究不够，在报纸编辑实际工作中，许多报社的文字编辑同时就是版面编辑，一些编辑不懂报纸版面语言，不遵循报纸版面语言规则，版面编排杂乱无章的现象十分普遍。这种情况正是没有认识到版面语言的基石作用和统领作用所致。

二、报刊编辑掌握的权力

版面语言作为一种传情符号和表意体系，由此而产生的就是版面权力。新闻记者、报纸编辑，在国外被称为"无冕之王"；在我国具有较高的社会地位,是因为报纸编辑拥有版面权,或者叫话语权。报纸编辑这种特有的权力,有时能起到行政权力、执法权力所起不到的作用。胡锦涛总书记说:"情为民所系,权为民所用。"

报刊编辑的权力问题是编辑工作的核心问题。在报刊编辑部里,编辑是实际的掌权人。具体地说,报刊编辑通常手握五种实权:掌控报刊大政方针的权力;组织和指挥报道的权力;选择和取舍稿件的权力;审改和签发稿件的权力;直接发表言论,充当"意见领袖"的权力等。因此,做一位拥有如此权力的报刊编辑,对于一些人来讲,可能是人生中最为荣幸的事情。但是,无论是主观上还是客观上,编辑的权力都受到制约,这使得编辑工作在一定的轨道上运行,不致出轨。

编辑的权力受制约因素有以下几方面:政治、经济、社会和文化环境的规定;新闻机构的自律和控制;编辑主观条件和客观条件的制约等。每一位报刊编辑都要认真做到"情为民所系,权为民所用"。

三、编辑版面权力的一次成功运用

1996 年 11 月 1 日《安徽日报》第 6 版发表的《琥珀山庄"运行费"立即取消》一稿(读者来信和记者调查),虽然只有 330 字,其作用比较明显,是编辑版面权力的一次成功运用。

安徽省合肥市的"琥珀山庄"始建于 1986 年,是我国改革开放以后实施"旧城改造"的第一个集中大规模建设的城市居民社区。"琥珀山庄"建成后,在它的东门、南门分别设立了"门岗",进入"琥珀山庄"的车辆每车次必须购买 1 元钱"门票"才能进入。无论是雨雪交加,还是烈日炎炎,必须下车买票。居民和过往群众反映强烈,来信来访不断,安徽省及合肥市有关部门曾查处过,但由于某种原因就是解决不了。

1996 年 10 月,《安徽日报》版面责任编辑接到读者来信后,决定过问此事,首先走访省、市信访、物价等部门,了解掌握我国价格政策;接着利用晚上和白天先后坐出租车进入,收取证据,于 11 月 1 日将读者来信和调查发表出来。第二天上午,收取"门票"的单位来人来函,要求报社"立即更正"。责任编辑热情接待了来者,通过讲政策,谈民意,诉之以法,晓之以理,并劝告"如果不及时停止收费,报纸将继续跟踪报道"。终于迫使"琥珀山庄"收"门票"单位在 11 月 3 日停止了长达多年的收费。

1.2　报刊编辑的工作环境

报刊编辑工作的环境是大众传媒内外的各种情况与条件的总和。报刊编辑工作既作用于编辑环境，又受到编辑环境的制约。了解和研究编辑环境，是做好报刊编辑工作的前提。

报刊编辑工作是伴随着报刊的诞生而出现的。在我国，早在汉代就有报纸，到了清末，出现了《察世俗每月统记传》等近代报刊，报刊编辑业务逐渐得到发展。辛亥革命以后，我国报刊越办越多，办报人员的分工也越来越细，报馆纷纷借鉴欧美和日本的报社制度，设主笔、访员、编辑等职（相当于现在的主编、记者和编辑），这才使报纸编辑的名义、地位和学术价值得以逐渐确立。

社会发展和科学技术的进步推动着报刊这一历史悠久的大众传播媒介不断革新。21世纪，人类社会正以前所未有的速度走向经济全球化、一体化；网络等新兴媒介快速兴起。报刊作为最古老的大众传播媒介面对的是更加开放、也更具有挑战性的新环境。

1.2.1　复杂多变的社会环境

当今时代，编辑环境充满了变数。世界经济全球化、我国经济市场化、人口膨胀、老年社会、环境污染、资源短缺、自然灾害、地区冲突、贫富差距等，已成为困扰人类的世界性问题。变动的编辑环境给新闻媒体提供了丰富的新闻源，同时进一步增加了编辑人员判断和把握新闻的难度。我国社会变革加剧，腐败、就业、贫困、安全等问题依然严峻，使报刊编辑面对的社会环境更加复杂多变。

1.2.2　竞争激烈的市场环境

媒介种类与数量的递增使报刊编辑面对压力强大的市场环境。当前，大众传媒业空前繁荣，而竞争也异常激烈，各种媒体为了争夺受众和广告主，使尽各种办法，以求生存和发展。

进入21世纪后，我国传媒市场格局发生了重大变化，经历着前所未有的"洗牌"。以互联网为"第四媒体"和以手机移动终端为载体的手机短信、手机报纸、手机电视等"第五媒体"迅速崛起。这些新兴媒体正在蚕食着传统媒体特别是报刊业的"奶酪",不仅分流了报刊的目标读者,而且分流了报刊的广告市场,传统报刊业正面临着新兴媒体的严峻挑战。

据统计,到 2008 年初,我国网民数量已达 2 亿多户,超过美国,居世界首位,其中宽带网民数达到 1.63 亿,比 2006 年底的 1.04 亿人增加了5938 万人。目前,我国网站数量已达到 150 万个,比 2006 年底增长了 66万个。我国手机用户数达到 5.48 亿户,手机普及率为 41.6%。越来越多的人习惯用短信交流信息传递感情,2007 年我国手机短信发送量达到5921 亿条,比 2006 年增长了 37.8%。调查显示,网民平均每天使用互联网等新媒体的时间为 2.73 小时,看电视 1.29 小时,看报比例下降了 10%。

1.2.3 不断创新的技术环境

现代科技发展使报刊编辑处于崭新的技术环境。20 世纪电子技术的迅速发展,大大改变了新闻出版业的面貌。我国从 20 世纪 70 年代初开始研制电子排版设备,经过北京大学王选教授等专家 10 多年的艰苦攻关,终于在 80 年代初推出了举世瞩目的国产电子出版系统。1986 年,《经济日报》首次采用并获成功,实现汉字、图片从录入、修改、编排到制版的电子化。到 90 年代中期,全国绝大多数报社已经采用了电子排版,彻底废除了铅与火,结束了 100 多年来"热排"的历史。随着电子出版系统的改进和报业经济的发展,我国绝大多数报社从单纯的激光照排向采编全过程的计算机化迈进。从告别"铅与火"到告别"纸与笔"、编辑工具电子化,给编辑出版工艺流程、岗位职责、操作方式以至工作语言都带来一系列变化,提出许多新的要求。

21 世纪初,新媒体技术给传统报刊业带来的挑战势不可挡,实现报网融合,发展数字报业,已是大势所趋。传统报刊业应对新媒体挑战,必须加快报刊业科技创新的步伐,加大技术投入,重视数字报业人才队伍建设,尽快建立适应报业内容产业新的战略发展目标的数字技术、多媒体人才队伍。

1.3　报刊编辑的工作内容

1.3.1　报业与报社

报业作为信息产业的一部分,是由报刊生产、销售和经营三大系统有机组成。报刊生产包括产品设计、信息采集、编辑和制版印刷等环节,参与这一环节运作的主要有记者、通讯员、编辑、排版录入人员、制版印刷工人等;报刊销售也就是发行和零售,参与报刊销售工作的有报刊社发行部门人员、邮政和社会报刊发行公司人员、零售摊点的报刊零售员。目前,我国报刊发行主要有两条渠道:一是报刊社自办发行;二是通过邮局和社会报刊发行公司发行。报刊广告经营是报业经营重要环节,也是报刊社发展的经济基础,参与报刊广告经营的有报刊社广告经营部门和社会广告公司等。

1996 年 1 月 15 日,中国第一家报业集团——广州日报报业集团创建。目前我国经批准成立的报业集团有 39 家。

报刊社主要从事报刊编辑、出版、发行和经营。在社会主义市场经济条件下,报刊社既要承担政治宣传、引导舆论的政治任务,又要实行企业化经营管理,是"自主经营、自负盈亏、自我发展"的企业化管理的事业单位。

报社内部分工合作是以一定的组织形式固定下来的,它由三部分组成:负责报纸编辑出版工作的组织机构是编辑工作委员会,简称编委会;负责报纸印刷、发行和广告工作的组织机构是经营管理委员会,简称经委会;负责报社党务、行政等工作的组织机构是党务工作委员会。报社的最高领导是社长、总编辑、党委书记(一般是一人兼任)、总经理(由副社长兼任)。

报社编委会的办事机构是编辑部,下辖编委办公室(总编办)和各专业部(中心)。一般报社专业部门有政法、经济、科教、文体、理论、群工、记者、外宣等。现在多数报社实行的是编辑记者"采编合一"。

报社实行"编前会"制度,就是在每期报纸出版之前,由报社值班总编、总编室主任和各专业部门负责人等参加的版面协调会,协调和组织重大报道,安排版面。"编前会"召开的时间,晚报一般在当天上午八时左右;日报(早报)一般在出版前一天下午六时左右。"编前会"时间一般作为截稿时间。

1.3.2 报纸编辑工作的分类

报纸编辑工作指报纸编辑在报纸生产过程中所进行的一系列工作。报纸编辑工作的内容包括策划(组稿)、编稿(选稿)和组版等。策划指报纸的整体设计和新闻报道的策划与组织;组稿指分析与选择稿件、修改稿件和制作标题;组版指配置版面的内容和设计报纸版面。

报纸编辑工作是一项由众多环节组成的"系统工程",不同的岗位,不同的业务职能,形成了编辑工作的多种类型。

一、按管辖范围和责任大小划分

(一)总编辑

编辑部门总负责人。其主要职能是:拟订编辑方针、设计办报方案;指导编辑部办报工作;对编辑部工作中出现的问题进行协调解决;对重要的稿件、标题、报纸的大样、清样进行审读、签发。

(二)编辑部主任

编辑部下属各具体业务部门负责人。其主要职能是:拟订本部门计划并组织和调控报道;审读、挑选、修改、签发稿件,并分别提供给有关版面主编。

(三)版面主编

负责设计、组织报纸版面的负责人。其主要职能是:设计版面的报道内容与形式,审读、选择和修改稿件,修改标题,配置版面内容、设计版面,校对小样。

(四)编辑

协助编辑部主任和版面主编工作,担负一定范围的稿件编辑任务的人员。其主要职责是:审读、初选和修改稿件、制作标题。

(五)校对

从事新闻出版过程中校对工作的专职人员。其主要职能是:根据图文原稿,核对校样,订正差错,保证出版物质量。

二、按业务程序划分

(一)日班编辑

编辑部组织日常宣传报道人员。其主要工作包括策划报道、布置采访、联系作者、处理、修改和提供稿件等。

（二）夜班编辑

负责每期报纸最后发排工作的编辑，因需要上夜班而得名。其主要职能是处理日班编辑送来的稿件，确定当天报纸的内容，对版面内容进行配置，修改标题，设计版面等，并必须在规定的付印时间之前完成。

（三）内务编辑

又称编务人员，是负责编辑部内部业务事宜的工作人员，其主要工作是搜集整理内部情况，出版内部新闻业务交流刊物，接待群众来信来电来访，培训通讯员等。

三、按编辑内容专业划分

可分为政法编辑、科教编辑、文化编辑、体育编辑、经济编辑等。经济编辑又可分为农业、工交、商贸、财政、金融编辑等。

1.4　报刊编辑的工作流程

报刊编辑工作是报纸生产中最重要的部分之一，由多道工序组成，报刊编辑工作各工序安排的程序就是报刊工作流程。

在报刊编辑工作流程中，首先是以报纸（期刊）总编辑为首的编委会在调查读者和分析市场的基础上，根据办报（刊）方针和宗旨，设计办报（刊）方案，对报纸（期刊）规模、结构、风格、特色做出总体规划。报刊编辑、经营部门根据总体规划，按照当前形势和任务，确定宣传重点和报道计划，选稿、改稿、制题、组版、校对等，周而复始地出版、发行报刊。随着社会发展和技术的不断进步，报刊编排经历了铅字排版到电子编排的过程。

1.4.1　报刊铅字排版编辑流程

从 15 世纪中期开始，一直到 20 世纪 70 年代，报纸铅字排版经历了一个漫长的发展过程。1041－1048 年，我国宋代毕升发明的胶泥活字印刷术，于 15 世纪初传入西方。1450 年前后，德国的古登堡在中国胶泥活字印刷术的基础上发明了金属活字技术，逐渐应用于图书报刊印刷。

1815 年 8 月 5 日,由英国传教士米怜、马礼逊和中国印刷工人梁发等创办的我国第一份中文报刊《察世俗每月统纪传》,受技术条件限制,采用木版雕印。梁发被称为中国"报业之父"。1859 年,美国传教士甘布林在浙江省宁波市试制成功电镀汉字模,从此,铅活字取代木活字在中国的书报刊编排印刷中得到推广应用。

从新中国成立到 1986 年《经济日报》率先采用激光照排之前,我国报刊编排一直采用铅排。报刊一直沿用写稿依靠纸笔、传递依靠车辆、印刷依靠铅字、洗相依靠双手的传统生产工艺。报刊铅排不仅速度慢,而且质量较差。例如,编排对开报纸一个版面,一位熟练的铅排工人拣字排版需要花费 6 个小时左右;而利用计算机网络技术,不用 1 小时就能完成图文录入、版面设计等。

1.4.2 网络化报刊电子编排流程

网络化的报刊电子编排流程是以计算机技术、网络通讯技术等为基础的、全数字化的电脑网络编辑系统构成的报刊电子编排流程。电脑网络编辑系统的核心是采编流程管理系统,它将采、写、编、改、排、签发全部集中在网络中进行。这种编辑流程为无纸编辑形式,其主要特点是利用计算机技术进行写稿、编辑、发稿、组版,以代替传统的纸和笔。它是目前中外报刊普遍采用的一种高效率的电子编排系统。

计算机激光照排技术,最早在 20 世纪 60 年代由美国报业率先采用。从 70 年代初起,西方发达国家普遍采用了计算机激光照排新技术。

1974 年 8 月,我国有关部门组成工程组,启动了旨在使汉字进入计算机的"748"工程。1985 年,国产华光计算机激光编辑排版系统华光Ⅲ型成功推出。1986 年,《经济日报》使用华光Ⅲ型出版了世界上第一张采用计算机编辑、激光照排、整版输出的中文报纸,使我国报刊编排告别了"铅与火",迎来了"光与电"的新时代。1994 年,北大方正飞腾排版软件 1.0 发布。目前,全国各报刊普遍使用北大方正飞腾排版软件 4.0 或 4.1。仅用 10 多年时间,我国报刊的编排手段和印刷出版技术基本实现了以计算机为主体的电子化作业,完成了从铅排时代到光电时代的飞跃。

报刊电子编排与手工铅排,既有相同之处,又有相当大的区别。两者相同之处在于:一是报刊编辑的基础理论没变;二是传统的选稿、改稿、制作标题、组版等基本原则变化不大。两者的区别在于:因计算机、网络通信等技术的介入,报刊图文稿件录入、校对、输出和组版技术的电子化、网络化,带来了版面设计风格的变化和出版方式的创新,简化了报刊的编排流程,提高了报刊的质量和出版速度。

1.5　报刊编辑的基本素养

在报刊出版过程中,编辑肩负着"总设计师"、"总把关人"和"再创造者"的重要职责:制定报刊编辑方针,设计报刊整体形象,策划和组织报刊每一阶段宣传报道;对报刊作品素材重新选择和组合,对文章表现形式进行再创造,为读者提供导向正确、内容真实、形式多样的精神文化产品。所以说,编辑是报刊及其传播活动的"总设计师"、"总把关人"、"再创作者"。

1.5.1　高度的责任意识

在报刊新闻传播过程中,编辑人员处于"守门人"的地位,掌管舆论报道的话语权,握有图文稿件的生杀权。报刊编辑权力和影响越大,同时也意味着其社会责任越重。报刊编辑人员必须具有高度的责任意识。

高度的责任意识,首先表现为要始终坚持社会效益优先的原则。当社会效益与经济利益发生矛盾时,后者必须服从于前者,必须坚持正确的舆论导向。舆论导向正确是党和人民之福;舆论导向错误是党和人民之祸。胡锦涛总书记强调:宣传舆论工作关系事业兴衰,关系人心向背,关系社会稳定。这就要求编辑、记者等新闻工作者始终要把党和人民的利益放在最高的位置,把社会效益作为最高准则,做到守土有责、守土负责、守土尽责。

高度的责任意识,要求着力消除新闻报道的副作用。副作用是指随着报刊作品主要作用的产生而附带发生的不好的作用。例如报道农民逐渐脱贫致富,说明党的农业政策的威力,但是一些报刊一段时间集中报道"农民购飞机"、"农民造别墅",使人造成"农民富得不得了"的错觉。

高度的责任意识,包括多方面要求。大到版面与报道的宏观把握,小到文字标点的正确修改,编辑人员都要聚精会神,一丝不苟,认真负责。

1.5.2 丰富的知识结构

报刊报道涉及大千世界各种各样的事实,这就对编辑人员的知识提出了更高的要求。报刊编辑工作是一种独特的文化活动,因此,编辑人员知识结构应包括以下几个方面:

一、基础知识

基础知识是指文史方面的知识。编辑首先应具有"驾驭"文字的能力。著名语言学家、编辑家陈原先生希望编辑有驾驭文字的艺术,成为语言专家,甚至是语言文字运用自如的巨匠。他说:"完全有理由可以说,语言文字(口头语言和书面语言)是一切编辑工作的基础。"所以大众传播媒介特别是报刊编辑,应当毫无例外地掌握驾驭语言文字的艺术。

二、专业基础知识

专业基础知识主要指传播学理论、新闻学概论、中外新闻史等。这些知识是新闻专业知识的基石,又是能以指导新闻实践的专业理论基础。

作为报刊编辑,从制定报道计划、组织报道到选择稿件、修改稿件、组配稿件、制作标题、配写评论、编排版面等,要样样都能胜任。同时还要学会采访,既能当编辑,又能做记者。一位优秀的报刊编辑必须通晓新闻职业基础理论知识,因为这些基础理论源于实践又能用以指导实践。恩格斯说过,一个民族要想站在科学的最高峰,就一刻不能没有理论思维。那么,一个缺乏理论素养的报刊编辑,是难以胜任编辑工作、编写出有影响力作品的。

三、专业知识

专业知识主要是指采写、摄影、录音、编辑、版面设计之类的专业技术性较强的知识。这类知识仅从书本上学习是不够的,更要在实践中不断训练、总结、提高。

四、百科知识

百科知识是指包罗万象的知识,这是由报刊编辑"杂家"特点所决定的。之所以称报刊编辑为"杂家",是指报刊编辑应尽可能多地掌握各类知识,拓宽自己的知识面。

五、边缘知识

边缘知识是指非新闻专业知识。报刊编辑在某一专业领域要有所"专攻",政治、经济、法律、外语、文体、计算机、自然科学、社会科学等。只有这样,才能在该领域有一定的发言权。中国产业报协会曾于1997年提出倡议,应把计算机采编能力作为50岁以下编辑、记者必须达到的岗位要求之一,考核上岗。

1.5.3　综合的职业能力

报刊编辑职业能力结构应包括以下几方面:

一、认识形势和掌握政策的能力

形势就是事物变化和发展的形态及趋势。社会形势按地域划分,可以分为国际、国内、地区形势等;按内容划分,可以分为经济、政治、军事、教育、科技、农业、工业形势等。

政策是政党或国家为实现一定任务而制定的行为准则。政策按层次划分,可以分为总政策(总路线)、基本政策(中观政策)和具体政策等。

毛泽东曾经指出:政策和策略是党的生命。党的十六大将"不断提高科学判断形势的能力"列在加强党的五种执政能力建设的第一位。报刊作为党和人民的喉舌,编辑则是党和人民事业发展的宣传者、鼓动者、推进者和参与者。在我国进入全面建设小康社会、加快推进社会主义现代化建设的新阶段,面对风云变幻的国际形势和艰巨繁重的国内建设、改革任务,报刊编辑只有科学地认识国际、国内、地区、部门形势及其发展趋势,了解和掌握党的路线、方针、政策,才能提高自身的思想和业务水平,不断增强宣传工作的前瞻性、主动性,把握正确舆论导向,提高信息传播艺术,促进党和国家的政策在干部群众中的贯彻落实,推动社会形势朝着有利于人民利益、有利于构建和谐社会的方向健康发展。

报刊编辑可以通过读书学习、宣讲辅导、新闻宣传、社会考察等途径,及时认识国内外形势,掌握党和国家的方针政策。

二、发现线索和分析问题的能力

同记者一样,编辑也应具有高度的新闻敏感。新闻敏感是指新闻工作者敏锐地发现新闻和对新闻所具有的价值迅速做出判断的能力。

1978年11月15日,新华社发表《天安门事件完全是革命行动》,这篇只有 200 多字的消息像春雷一样震响了中华大地,对我国的政治生活产生了巨大的影响。它的成功发表,反映了新闻工作者在编采过程中所表现出来的新闻敏感和政治胆识。

1978 年初冬,当时人们最关心的是对 1976 年清明节为悼念周恩来总理而发生的天安门事件的看法,它究竟是一起革命行动,还是反革命事件?1978 年 11 月 14 日,北京市委召开常委扩大会议,市委领导在作总结报告时,中间脱稿念了一段对天安门事件看法的文字,称"完全是革命行动"。1978 年 11 月 15 日《北京时报》发表了 8000 多字的会议新闻,在文中只提了几句。新华社北京分社记者写了一条 2000 多字的会议消息,11 月 14 日发到总社,也写得很简略。新华社领导认为,为天安门事件平反,才是当时最重大的政治新闻。他们决定重新编写,单发这条消息,国内部值班室主任舒人作了醒目的标题:"中共北京市委宣布 1976 年天安门事件完全是革命行动"。同年 11 月 16 日,全国各大报纸都在头版头条位置刊登了这条消息。这条短消息从几千字的会议消息中被发现出来并能及时播发,说明了新华社领导和编辑人员具有高度的政治胆识和新闻敏感。

1995 年,笔者担任《安徽日报》社生活特刊责任编辑期间,采写编辑的《烈士后代的车子与房子》,写的是李大钊烈士长孙李宏塔担任厅级领导 15 年来一直坚持骑自行车上下班等为官清廉的感人事迹,荣获第六届中国新闻奖三等奖。这篇获奖作品是在一次上街头与路人的几句闲谈中偶然发现了新闻线索。

《烈士后代的车子与房子》发表后,在社会引起较大反响,被上海《报刊文摘》、广州《羊城晚报》等多家报刊转载,许多读者来信赞扬这篇文章。从这篇通讯的采编过程,笔者的体会是:新闻敏感是新闻从业人员的基本功之一,它不是天生的,也不是一朝一夕就轻而易举得到的。它是新闻从业人员在长期的新闻实践中不断学习、摸索、锻炼而获得的。培养新闻敏感的主要途径:一是及时学习、掌握党的新政策、新精神,懂得宣传政策和新闻价值。当时,中央和国务院办公厅专门下文,对领导干部坐车标准作了新规定,将干部坐车作为党风廉政建设的大事来抓,这篇通讯符合党中央最新文件精神。二是要熟悉实际情况,了解民情,关注民生,掌握宣传动态。三是要坚持"五多"、"五要"。"五多"即多学、多问、多听、多看、多想。"五要"就是脑要动、心要明、眼要亮、耳要灵、腿要勤。四是要重视实践经验积累,扩大自己的知识面。只有平时勤奋学习,处处留心,刻苦磨练,才能增强新闻敏感,提高新闻发现力。

三、新闻策划和组织报道的能力

新闻策划,又称报道策划。新闻策划是新闻工作者根据新闻规律,对报道运作诸环节预先谋虑,即报道什么和怎样报道的思考和设想,是新闻工作者高级的智能活动。《人民日报》原总编辑范敬宜说过:总编辑的主要任务:一是把关,二是策划。

随着报刊的产生与发展,新闻策划现象早已客观存在。20世纪初,世界上一些有影响的报纸就已注重对重要事件的报道进行策划。美国《纽约时报》编辑部主任范安达对豪华游船"泰坦尼克"号沉没事件的成功报道,是报刊新闻策划经典范例。1912年4月15日,范安达收到了美联社发出的第一份关于"泰坦尼克"号客轮从英国到美国的首次航行中撞上冰山的新闻简报。这艘巨轮曾被誉为"一艘不会沉没的轮船"。当时"泰坦尼克"号客轮是否会沉没,意见不一,情况也不明。范安达没有坐等消息,而是马上与"泰坦尼克"号的船主白星航运公司的办事处取得联系,获悉自收到第一个求救信号起半小时后,就没再收到"泰坦尼克"号的无线电报。范安达估计,这艘客轮可能已经沉没。

收到美联社的新闻简报是在凌晨1时20分,到凌晨3时30分之前,范安达已经组织好这次报道,为《纽约时报》头版准备了"泰坦尼克"号的照片,根据乘客名单准备了一篇背景介绍。这天上午,其他报纸对这一事件的报道还是不确切的说法,而《纽约时报》却以通栏标题报道了"泰坦尼克"号已经沉没的信息,在报道的完整性和结论性方面都胜过竞争对手,引起了世界的关注。

事实证明,一组好的策划报道,其题材、内容和所针对的问题应具备"五性"原则,即全局性、系列性、紧迫性、前瞻性和可行性。

所谓全局性,是指新闻策划要站在全局高度想问题,围绕事关大局做文章。所组织的报道、所抓住的问题,正是党和政府需要引起重视、需要着手解决的问题,这样的策划报道,才能赢得上上下下的关注。

新闻策划的系列性,不单指报道形式上的连续性,更强调题材立意的深度与广度。2003年6月8日《慈溪日报》用整整38个版的篇幅,系统报道了"杭州湾跨海大桥奠基"消息;浙江省丽水市《处州晚报》从2005年

12 月 5 日至 12 月 31 日连续报道了"'光影百年·丽水印象'纪念中国电影百年大型系列报道",都是比较成功的系列性新闻策划。

所谓紧迫性,主要指在新闻策划时,要紧紧抓住广大群众最关心、最感兴趣的热点问题。新闻策划的问题紧迫性越强,读者的关注度就越高。1998 年 11 月 2 日《安徽日报》经济周刊组织的"不堪重负'小化肥'"一组报道:读者来信、调查报告、编后,报道了电力部门乱涨价,造成部分化肥生产企业负担过重,影响农业生产的重要情况,引起中央有关部门和安徽省省政府的高度重视。国家六部委联合下文取消电力部门 560 项收费,仅安徽省涡阳化肥厂一次减轻负担 2400 多万元。这组策划促进了化肥企业和农业生产用肥问题的解决。

新闻策划所确定的选题、报道的内容要有前瞻性,事前要有较完整的计划安排,计划要切实、周到,只有这样,才能收到策划效果。

新闻策划要注重可行性和可操作性,要遵守新闻纪律,做到令行禁止。

四、社交活动与友好交往的能力

市场经济,既是法制经济,也是朋友经济,对于新闻从业人员来说,交友是做好新闻工作的重要条件之一。众多朋友能提供很多新闻线索,给编采工作带来方便。编辑工作能力的大小在一定程度上取决于社交能力的大小。当然,报刊编辑交友,既要广交,也要善交,更要慎交。

1.5.4 良好的职业道德

报刊编辑的职业道德是公民道德与职业特征的结合,主要体现在政治素质、敬业爱岗、品德修养、法制观念等方面。客观、公正、真实、全面、进取、严谨、奉献,是报刊编辑职业精神和职业道德中应该着力抓好的基本内核。1991 年 1 月,中华全国新闻工作者协会(简称"中国记协")第四届理事会第一次全体会议通过了《中国新闻工作者职业道德准则》,并在1997 年 1 月进行了第二次修订,它是我国新闻工作者必须遵守的行为准则。报刊编辑的职业道德体现在以下几方面:

一、明德求真,坚持"两为"

全心全意为人民服务,是我国新闻工作者的根本宗旨。为人民服务,为社会主义服务,也是中国特色社会主义新闻事业的根本方针。我国报刊等新闻媒介是党和人民的耳目喉舌,在构建社会主义和谐社会中,起着团结、鼓劲的作用。因此,报刊编辑要坚持正确的舆论导向,自觉遵守法律和纪律,维护新闻的真实性。报刊不得宣传色情、凶杀、暴力、愚昧、迷信、有害人们身心健康的内容。这是报刊编辑职业道德的核心问题,集中体现了新闻工作者必须坚持的职业方向、必须遵守的职业纪律、必须承担的职业责任。

二、公正严明,精益求精

保持清正廉洁的作风,自觉抵制拜金主义、享乐主义、个人主义的侵蚀,坚决反对"有偿新闻"之风,这是报刊编辑职业道德最基本的要求。

编辑对作者的稿件有处理的权利,但这并不意味着编辑可以随心所欲,应以公正、公平的态度对待每一位作者的来稿,始终将社会效果、新闻价值和稿件质量作为选用稿件的惟一尺度;在编辑过程中,要一丝不苟,精益求精,追求"吟安一个字,捻断数茎须"、"未得两三句,两行泪先流"、"语不惊人死不休"的境界。

三、甘为人梯,为人作嫁

编辑是无名英雄,要长期树立"为他人作嫁衣裳",乐于奉献、热情服务的精神。编辑常年累月、日复一日、默默无闻地编发图文稿件,花费了大量心血,把名誉让给别人,把辛劳留给自己。"衣带渐宽终不悔,为伊消得人憔悴。"编辑是尽职尽责的门卫,编辑是辛勤耕耘的园丁。

2002 年 11 月 26 日《中华新闻报》报道了《经济日报》编辑沈春波的感人事迹。沈春波从事报刊编辑校对工作 50 多年,为作者润色、修改、订正了许许多多的稿件,为党的新闻事业做出了巨大的贡献,却从来没想到自己应该得到一些什么,直到退休,他仍然是一位普通编辑。从沈春波编辑身上,人们懂得什么叫真正的奉献敬业,什么叫真正的吃苦耐劳,什么叫真正的无私忘我。

四、百花齐放,和谐互助

报刊编辑选择稿件、修改稿件,要尊重客观真实和作者风格,不要主观臆断,胡编乱改;对作者要谦虚热情,以礼待人,不要趾高气扬,目中无人。社会主义市场经济是一种高伦理的经济,报刊编辑在激烈的媒介竞争中,要发扬团结协作的精神,媒介之间、同事之间,要平等团结、友爱互助,不要相互拆台,相互攻击,做到融合互动,创新共赢。

【思考与训练】

1.《辞海》关于"编辑"概念的解释是什么？

2.请结合案例，谈谈版面语言与编辑权力的关系。

3.报刊编辑如何应对新兴媒体的严峻挑战？

4.印刷工人梁发为什么被称为中国"报业之父"？

5.目前我国经批准成立的报业集团有多少家，其中第一家报业集团何时创建？

6.报刊电子编排与手工铅排有哪些异同点？

7.报刊编辑应具备哪些基本素养？

8.在条件允许下，请参加报纸的"编前会"，了解新闻策划在报刊编辑中的作用。

【案例回放】

2004 年 12 月 8 日《新周报》第一版

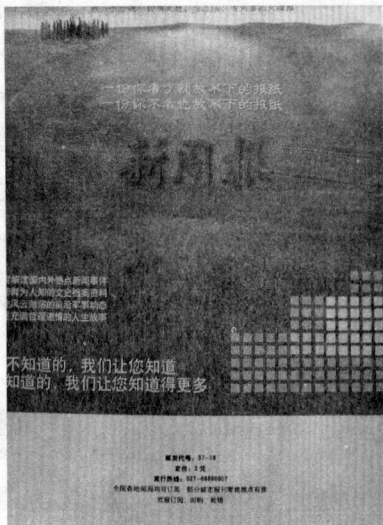

左图为 2008 年 3 月 4 日出版的《新周报》第 40 版。右图为第 25 版
《人文/温故》

【案例评析】

新周报:创刊 45 天即休刊的"流星纸媒"

由知音集团斥资 5000 万元创办,曾致力于打造"中国第一新闻周报"
的《新周报》,目标"在 3 年左右的时间内超过《南方周末》,成为中国最有
影响力的深度高端新闻周报"。

《新周报》于 2004 年 10 月 26 日在武汉高调创刊,至当年 12 月 8 日,
创刊 45 天只出版了 7 期就"暂行休刊"。如此短暂的办报命运,实在有些
令人惋惜。尽管现在《新周报》已经复刊,但与当初的"目标定位"和"新闻
理念"差距甚远,实际上它已变成一张纯粹的"文摘报"。《新周报》创刊
45 天即休刊,留给人们的思索是深刻的。究其原因,主要是"目标定位"
的"误读"和"产品设计"的"模仿"。

《新周报》目标定位是:面向主流社会,关注社会主流生活,为中国崛
起鼓呼呐喊,为社会进步推波助澜,做中国第一新闻周报。

《新周报》新闻理念是:关注中国改革开放的总体进程和体制变革带
来的各种矛盾;关注全球化趋势和中国的地缘政治;追求那些能够触及体

制矛盾，引发观念冲突，揭示法律空白，关切利益分配的有影响力的新闻；着力于新闻背后的深度挖掘，立志成为社会的守望者，以强烈的责任感关注社会，以探求事实真相为新闻内驱力，开展建设性的舆论监督。

《新周报》创刊的目标定位和新闻理念，应该说本意是好的。但是，《新周报》在具体办报实施过程中，只强调"关注矛盾"、"舆论监督"，而忽视"积极化解矛盾"、"正确舆论引导"的社会责任。像"南京师范大学女生停课陪舞事件调查"、"女播音员死在副市长家床上"等报道，必然引起社会的关注和争议，同时给报纸自身增添麻烦。

《新周报》"产品设计"的目标是"在3年左右的时间内超过《南方周末》"。愿望同样也是好的。《新周报》一问世难免带有模仿《南方周末》的"胎记"。毋庸置疑，报刊产品设计，如同开发经营任何产品一样，可以继承、模仿前人的优秀成果。但是，模仿只能是在创新基础上的"模仿"，必须是有自身鲜明特色的"继承"。创新是所有民族、国家、社会、企业和产品的灵魂，报刊创办经营也不例外。

《新周报》也想办一份《南方周末》。实际上，《南方周末》创刊20多年来坚持"爱心·正义·良知"办报宗旨，紧扣中国现实和民众焦点，是一张以发表批评全国各地的深度报道见长的"严肃周报"。广东作为我国改革开放的前沿，社会经济发展，思想观念解放，办报自然领先一步。要叫武汉这样一张报纸去批评全国，会受到政治上、行政体制上的种种限制。几篇批评报道一发表就惹来麻烦，很快宣布"暂停"。其实这是报刊产品设计出了问题。

对2004年11月份出版的4期《新周报》和《南方周末》进行文本分析，可以比较客观地概括两者在办报宗旨、版面设置等产品设计和内容安排上的相似与差异。

一、"时评舆论"版块比较

《新周报》的"时评舆论"版块由"评论"、"声音"、"舆论"3个版面和头版或2版的"时评"专栏组成；《南方周末》的"时评舆论"版块则由"众议"、"视点"2个版面和头版或2版的"方舟评论"组成。前者比后者多一个版面。

从文章作者所持的态度来看，批评性时评舆论，《新周报》4期共有46篇，占总数的75%；《南方周末》4期共有14篇，占总数的39%。赞颂性时评舆论,《新周报》4 期共有 1 篇,占总数的 2%;《南方周末》4 期共有 4 篇,占总数的 11%。

从文章内容所涉及的对象来看,时评舆论按其所评论的对象可以分为政治、思想、经济、文艺时评舆论等。就政治时评舆论来看,《新周报》4 期共有 29 篇,占总数的 48%;《南方周末》4 期共有 9 篇,占总数的 25%。

从时评舆论的数量和内容上可以看出,《新周报》比《南方周末》社会批判性更加浓厚,更加敢于涉及比较尖锐的和风险较大的政治性题材和内容。例如,25 岁的深圳女孩妞妞,根据自己创作的小说,改编、主演了电影《时差七小时》。深圳市委宣传部等五部门联合发文,要求全市小学四年级以上和大、中专学生观看这部电影。而妞妞的父亲是深圳市委领导,他(她)们的身份被披露后,引起了民众的强烈质疑。同样面对这个事件,《新周报》和《南方周末》的评论呈现出很大的差异。

在对该事件的态度上,两者截然不同。《新周报》在发表的《"妞妞事件"警示官员避嫌"瓜田李下"》等评论文章中持明确的批评态度。《南方周末》在《深圳有望形成一个新传统》等评论文章中则持明确的赞颂态度。

在对该事件的叙事框架上,两者也大相径庭。《新周报》的叙事框架是廉政和法治建设。《南方周末》的叙事框架则是深圳地方政府官员素质的提高和执政能力的加强。

二、"国内时政"版块比较

《新周报》的国内时政版块由"头版"、"焦点"、"时政"、"调查(2 版)"等 5 个版面组成;《南方周末》的国内时政版块则由"头版"、"纵深"、"时政"、"特稿"、"调查"等 5—6 个版面。《新周报》与《南方周末》版面数量差不多。

《新周报》4 期共有 27 篇,平均每期 7 篇;《南方周末》4 期共有 23 篇,平均每期 6 篇。从文章作者所持的态度来看,批评性国内时政新闻,《新周报》4 期共有 18 篇,占总数的 67%;《南方周末》4 期共有 9 篇,占总数的 39%。赞颂性国内时政新闻,《新周报》4 期 1 篇没有;《南方周末》4 期共有 5 篇,占总数的 22%。从文章内容主要的关涉对象方面看,关涉到威权部门的国内时政新闻,《新周报》4 期共有 18 篇,占总数的 67%;《南方周末》4 期共有 9 篇,占总数的 39%。由此可以看出,《新周报》比《南方周末》更加敢于进行批评性报道,更加敢于关注和报道威权性部门的新闻,对威权性部门进行监督。

三、"社会民生"版块比较

《新周报》的社会民生版块由"民生"、"直击"、"短闻"3 个版面组成；《南方周末》的社会民生版块则由"民生"、"观察"、"特别报道"3 个版面组成。从文章作者所持的态度来看，批评性的社会民生新闻，《新周报》4 期共有 18 篇，占总数的 75％；《南方周末》4 期共有 8 篇，占总数的 38％。赞颂性的社会民生新闻，《新周报》4 期 1 篇没有；《南方周末》4 期共有 3 篇，占总数的 14％。

《新周报》比《南方周末》社会批判性更加浓厚。同样面对复旦大学经济学院前任院长陆某某的嫖娼案这一事件，《新周报》的报道《复旦大学教授性丑闻追踪》和《南方周末》的报道《"复旦教授嫖娼案"追踪》呈现不同的特点：在对该事件的性质判断方面，《新周报》明确判断为：这是一个"性丑闻"；《南方周末》用"复旦教授嫖娼案"这个短语通篇都标注了引号，以说明这是约定俗成的说法，并不是自己的判断。《新周报》采用的是更接近公共新闻主义的新闻报道手法，而《南方周末》采用的是更接近客观主义的新闻报道手法。

四、对所在省市关注程度的比较

武汉和湖北、广州和广东是《新周报》、《南方周末》所在城市和所在省份，它们是报纸最重要的生态环境。《新周报》4 期对武汉的报道共有 8 篇报道或文章，其中有 5 篇是批评性的；对湖北的报道共有 3 篇，其中有 2 篇是批评性的。《南方周末》4 期对广州和广东的报道或文章各有 1 篇，都是赞颂性的，没有批评性报道。

《新周报》对武汉和湖北的高度关注程度，特别是毫不避讳地进行批评报道，一方面反映了它的勇气和责任感，一方面也反映出该报纸的不成熟。因为只有对自身生存的最重要的生态环境（尤其是政治生态环境）做出一定的妥协才能生存，而只有生存下来才谈得上责任、监督等。《南方周末》的成熟在很大程度上就表现在对这个问题的恰当处理上。

五、对高校关注程度的比较

《新周报》4 期对高校的报道或文章共有 10 篇，全部是批评性的；其中 5 篇涉及对象是师大，依次为南京师大、安徽师大、首都师大、四川师大和北师大。《南方周末》4 期对高校的报道或文章有 2 篇，1 篇是赞颂性的，1 篇是批评性的。

第二章

报纸期刊的产品设计

【本章要点】

报刊产品设计是指报刊编辑根据创刊意图、条件和市场,对报刊的方针、规模、结构和形象进行整体设计。任何报刊都要进行产品设计。报刊产品设计包括宏观思路、中观构架和微观措施的设计。编辑方针是报刊编辑出版工作总的指南,它明确了报刊的读者对象、传播内容、报刊水准和风格特色等,是报刊编辑必须遵循的准则。

2.1 报刊产品设计意义

2.1.1 报刊的特点

一、报纸的特点

(一)追求速度——日刊或周刊,出版周期短;

(二)突出高度——精神文化产品,指导性强;

(三)讲究深度——运用文字语言符号分析问题;

(四)着眼亮度——运用视觉语言符号美化版面。

二、报纸的"树状"结构

报纸→专刊→专版→专栏→稿件。

报纸作为"树"的"主干";专刊、专版、专栏是"枝干";稿件是"树叶"。

三、期刊的特点

(一)可读性强。期刊的可读性表现在,一是内容翔实、系统、周全。由于期刊编辑的时间比较充裕,可以有较多的时间去采访,广泛收集材料,详细加以分析、解释,还可以配合必要的图片和图表,完整、详细地报道事件的前因后果。每期期刊都有众多作者所写的多种文章,一册在手,可以满足读者多方面的阅读需要。二是期刊编辑在文字上有较足够的时间加以推敲,语言文字比较精彩、生动,富有较强的感染力;不像报纸的文章那样,往往是急就的文字。三是期刊印刷比较精美,色彩艳丽,图文并茂,能够再现报道内容的形象。

(二)传播质量高。从传播对象看,期刊受众的范围要比报纸更集中、更明确。受众明确、集中,编辑更容易明确读者的共同需要。期刊受众一般总是在闲暇时阅读,态度从容,情绪稳定,思想和注意力集中,因而感受性强,效果较为显著。由于期刊版面小,一页中内容比较简洁、集中,不像报纸五花八门拼排在一个版上,各种标题、图片、广告,同时涌到读者的眼里。因此,期刊读者阅读时干扰少,容易集中注意力。同时由于期刊传播内容耐久性较强,读者不必急于一次读完,可以选择适当的时间和地点反复阅看。与报纸的读者相比,期刊读者的文化水平往往较高。专业性的杂志,读者还必须具有一定的专业知识。所以,一般有文化的受众对期刊的信赖程度更高。

(三)使用价值大。期刊传播内容耐久性强,内容不易过时,读者阅读时间长,使用时间也长。由于期刊纸张较好,不是散装而是装订成册,便于存放和查阅、检索、携带、传递,所以往往被读者长时间地保存着。加上其售价低廉,又便于转让或交流。期刊连续在固定时间出版,具有及时性和连贯性,这又迫使读者养成连续阅看的习惯。

同时,期刊也存在一定的局限性,一是由于刊期较长,传播速度慢,传播内容受限制。比如对稍纵即逝、千变万化的经济信息的传播十分不利。二是杂志有印刷、装订的工序,不像报纸机动灵活,修改变动的主动权小。三是要求读者具有一定的文化水平和理解能力,对专业性杂志来说,还要求具有一定的专业知识和专门爱好,影响了销量;加上期刊受众人数少,而分布范围却较广,因此发行、销售工作就比较复杂。

2.1.2 报刊产品经营"四要素"

一、报刊产品经营"四要素"

报刊经营"四要素",是指资本、体制、人才和设计。资本是创办报刊的经济保障;体制是报刊社的制度支撑;人才是媒体发展的组织保证;设计就是特色鲜明的、创新的报刊产品设计及其实施方案规划。

近年来,我国上海、重庆、武汉等地投资新办的报纸,基本上都步履维艰。其中上海一家经济类报纸,想办成中国的《华尔街日报》,先后投入资金 6000 多万元,但是,几年过去了,报纸发行没有实现理想的宏伟目标。

武汉知音集团 2004 年投资 5000 万元,创办《新周报》,这份新生报纸从创刊到休刊不过 45 天,如此短暂的命运对于一家致力于"中国第一新闻周报"的报社来说实在是有些残酷。重庆某企业近 10 年先后投资了 5 张报纸,最后基本上都以失败而告终。

以上这几家报纸,从投资经营报纸的"要素"来看,资本、体制、人才,都具备了非常优厚的条件:资本雄厚,市场化运作,人才队伍也是比较优秀的。为什么有的会失败,有的办得不成功? 最主要的问题,就是"报刊产品设计"有问题。

报刊产品设计是投资报纸的一个关键问题,也是报刊编辑一项特别重要的工作任务。因为,不管体制怎样先进,资本多么雄厚,人才队伍如何优秀,最后是以报刊产品到市场上去打天下。20 多年来,我国都市类报纸之所以不断赢得读者欢迎,多数都市报的社会影响力和经济效益不断提高,就是因为"都市报"的产品设计是成功的,办报过程中的编辑策划经营也是成功的。

二、什么是报刊产品设计

所谓报刊产品设计,是指报刊编辑根据创刊意图、条件和市场,对报刊的方针、规模、结构和形象进行整体设计,形成一份办好报刊完整的系统的计划和具体实施方案。这种办报刊方案多数都用文字和图表表示。任何报刊都要进行产品设计。

报刊产品设计,包括新办报刊设计、报刊增刊、扩版设计等。

报刊产品设计通常从宏观、中观、微观三个层面深入展开,即宏观思路、中观构架和微观措施的设计。宏观设计是报刊的总体战略设计,包括报刊创办的方针、宗旨、编辑和经营思路等。它决定报刊发展的方向和成败,是报刊产品设计的基础和根本。因此,宏观设计具有决定性、全局性和长期性三大特征。中观设计和微观设计都在宏观设计的指导下进行,是体现宏观设计的具体措施和手段。

报刊产品的中观构架,就是支撑宏观设计的基本框架。它包括版面格局的设计、传播类型和风格的设计。报刊产品的微观设计,是将中观设计进一步细化和落实,要做出各个版面的实施方案,包括各个组成部分的特点、栏目的设置、具体的要求和操作办法,也包括版式风格等。

报刊产品设计不论宏观、中观,还是微观,都要做到定位准确、思路创新、内容具体、方案细致、市场检验、实施完善。

2.1.3　报刊产品设计的现状

报刊产品设计的现状,可以概括为"三多三少",即在报刊人才团队中,按照报刊产品设计方案执行的编采人员多,能设计报刊产品特别是新产品的设计人才少;在报刊产品设计中,改进成功报纸产品零部件的多,创造新的报刊品种的少;在新办报刊中,主办单位先决定创办报刊,后找人设计报刊产品的多,主办单位先有一个成熟的产品设计,后决定开办报刊(也就是说先拥有技术,后决定生产)的少。"三多三少"是报刊产品设计状况落后的典型表现。

一、理论研究和设计人才比较缺乏

目前,我国报刊有成千上万种,不论是报刊形式还是报道内容都大同小异,模仿、同质形象严重,不少报刊习惯于几十年一贯制地生产同一种产品。20 世纪 80 年代改革开放以来,虽然我国报业加快了市场化进程,但是报业市场化主要表现为都市报化,全国各个城市都办了一张甚至几张都市报。晚报、商报、都市报,大多数都是相互简单地"模仿"。新闻业界没有从产品理论和创新角度,深入探索报刊产品设计问题;新闻理论界、新闻教科书也没有全面地、系统地研究报刊产品设计理论问题,虽然有一定研究成果,但比较分散。

报纸产品设计理论,就是将新闻规律和市场规律结合起来进行研究的理论。正因为报纸产品设计理论的空缺,在少量的新闻理论著述中,关于设计的讨论,最多的是版面设计,主要指的是版式设计。版式设计只是报纸这个整体产品的一个微观的细节,属微观设计、细节设计。它的重要性远远无法与整体设计相比,只能是在整体产品设计的思路指导下进行。

报纸产品设计理论研究的空缺,也带来了报纸产品设计人才和机构的空缺。现在我国有那么多报业集团,每家都重重叠叠设置了很多机构,专门设置报刊产品研发机构的却寥寥无几。而其他行业的企业集团,特别是市场占有率高的名牌企业,都有产品研发机构,不遗余力地在做市场的产品开发、新产品设计和产品更新换代的研究。

当然,我国报纸产品设计研究的空缺,也和报业市场化时间不长、市场化发育程度不高有很大关系。因为只有市场竞争,才会促使人们研究开发新产品。市场竞争越激烈,市场越发达,产品设计的需求就越旺盛。产品设计是市场发育程度的重要特征。报业作为一个产业,它的产业链中包括体制、管理、办报思路、报道内容、人才队伍、广告经营和发行等诸多链节。随着报业市场的持续深入发展,各个链节的市场化程度将逐步完善。市场竞争的规律不仅使研究报纸产品设计的人员逐步增多,机构设置逐步完善,而且产品设计也会逐渐形成一个市场,传媒产品设计也作为市场产品进入流通领域进行买卖。有的传媒集团可以不设置产品设计研究部门,直接在市场上购买传媒的产品设计。

二、机关报的产品设计模式

虽然我国报刊产品设计还没有形成比较系统的理论,但是,报刊工作者还是在不断地对报刊产品特别是报刊的"零部件"和部分内容进行改革与探索。其中党报工作者对我国时间存在最长、影响最大的机关报,不断探索如何改变它的面貌,在坚持党和政府的工具与喉舌的宏观思路的前提下,中观和微观设计都作了许多改进,增添了许多市场化报纸的"零部件"。现在的机关报呈现出以下几种模式:

(一)传统机关报模式。以《人民日报》、各省、市、自治区的党报为代表。

(二)市场化机关报模式。以《广州日报》为代表。

《广州日报》是我国第一个建立报业集团,最早实现市场化的党报。《广州日报》作为广州市委机关报,得改革开放风气之先,20世纪90年代就以其丰富实用的厚报版面、灵活适时的早报服务、自办发行的务实体制,使党报走进了千家万户,成为广州读者喜爱的、市场广泛认同的报纸。有业内同行这样称赞《广州日报》:晚报和香港报纸什么东西受欢迎,它就拿过来照做;它用各种新闻形式和新闻表现手法,做市场上受欢迎的内容,但遵守党报的新闻宣传纪律,完成党和政府的宣传任务。2007年,《广州日报》根据新形势,在全面强化党报市场竞争力方面,认真落实"战略决定成败、创新创造价值、团队形成力量"的方针,在内容、广告、发行、品牌、印刷、团队等方面,进行了一系列的改革创新,并取得明显实效。2007年,《广州日报》日均发行量达180万份,同比增长15万份,在2007世界日报发行量百强排行榜中居第22位;广州日报报业集团营业额达到39亿元,同比增长23%,连续13年居全国平面媒体首位。

(三)与晚报嫁接的机关报。省会城市中有一部分市委机关报,报名就是晚报,办报风格也和晚报一样。以《合肥晚报》、《郑州晚报》、《西安晚报》等为代表。这类机关报比较成功地走向了市场。

(四)与都市报嫁接的机关报。以《南京日报》、《巴音郭楞日报》、《阿克苏报》为代表。新疆的《巴音郭楞日报》、《阿克苏报》与《都市消费晨报》联办后,将都市报的部分内容嫁接进去,全部进入零售市场,扩大了党报的发行和社会影响。

(五)与房地产市场报嫁接的机关报。以《深圳特区报》为代表。《深圳特区报》每天用几个版甚至几十个版专门做房地产报道,成为全国内容最好、最新、版面最多的"房地产日报",左右了深圳的房地产市场,垄断了深圳的房地产广告。深圳人买房子,都看《深圳特区报》。《深圳特区报》将机关报和房地产市场报有机地融为一体,使机关报有了一个强大的生存基础和支柱。

2.1.4　报刊产品设计的基本要求

任何行业市场,产品设计的运作规范过程是:调查研究——产品设计——市场论证——生产决策——小批量试生产——规模生产——研究改进创新。报刊产品设计也不例外。

一、报刊产品设计的三大原则

(一)创造设计新品种抢占市场空白。所谓市场空白,就是市场上还没有这个产品。市场空白就是进入市场的第一机会。当市场上还没有这个产品而又需要这个产品的时候,要毫不犹豫地去占领它,尽快地设计生产出来,争当市场第一后,再不断改进提高质量,就可以成为这个产品的市场老大。

报刊产品和其他产品的市场竞争,本质上都表现为两种形式:一是不同品种之间的竞争,创造一个新品种战胜旧品种;二是同一品种之间的竞争,对原来的产品进行零部件的改进和完善,用新的零部件代替旧的零部件。前者是品种战,后者是质量战。这是两个不同层次的竞争,前者是在宏观设计上比高低,后者是在中观和微观设计上较优劣。两者相比,如果能创造出更新的报刊品种,当然首选新品种;如果创造不出新品种,就应在原品种的改进上下苦功夫。

虽然,目前我国报刊新品种开发难度比较大,但是,创造性始终是人类的本性,任何事物都不可能穷尽到底,总还会有更新的创造。报刊产品更新换代的创造也会与时俱进,没有止境,比如,数字报业、报网融合、财经报刊、县市报纸、企业报刊、社区报刊等,都是新时期报刊产品设计开发大有作为的市场发展空间。

国家新闻出版总署在《全国报纸出版业"十一五"发展纲要》中提出:积极开拓具有发展潜力的传统报业市场,重点开发地市级报纸、行业类报纸、专业类报纸、海外华文报纸等报业市场的增长潜力,实施细分市场专业周报促进计划,引导报纸出版单位大力开发细分市场潜力和增值服务领域,充分满足受众阅读需求和行业发展需要,拉动报业经济增长。"细分市场"、"增值服务"是报刊业的潜在价值所在,也是纸媒体生态中的"隐形英雄"。

目前我国纸媒"隐形英雄"大体可分为四类:一是文摘类。据统计,全国正式出版的文摘类报纸约为32家,平均期发量为40余万份;二是学习类。鼎鼎大名的《英语周报》无疑雄踞全国乃至世界之首;三是政经类。以国内时政为主打的《南方周末》期发130万份,以国际时政为主打的《环球时报》期发180余万份,以财经为主打的《中国经营报》期发38万份;四是服务类。以《前程无忧招聘专版》周刊为代表,每周在全国发行超过500万份。

(二)根据读者需要设计报刊产品。无论宏观设计、中观设计,还是微观设计,都要从读者的需要出发,在遵守新闻宣传纪律的前提下,读者需要什么内容,就生产什么内容。读者是报刊的上帝,报刊是读者的公仆。

根据读者的需要设计报刊产品,就得认真研究读者的需要、读者的口味、读者的心理。1985年创刊的《中国企业家》杂志,定位的目标读者群是企业家,但在内容设计上没找到窍门,经营一直比较艰难。1996年,新任主编没有改变杂志的定位,还是面对企业家,但是改变了杂志的产品设计,每期杂志由封面挂帅,推出"研究企业失败"的系列报道和深度报道,受到企业家欢迎。在人们的印象中,报道企业的成绩和成功是受欢迎的,而研究它们的失败,揭人家的短,似乎不太好。但是实际上,每个企业的成功都有些特殊条件和机缘,也就是说成功的企业家各有各的路,别人很难仿效;可每个失败的企业却有许多共同之处,值得所有的企业深思和借鉴。《中国企业家》站在企业的角度去研究失败,在总结失败教训的基础上,提出积极性、建设性的建议和意见,一下子得到了企业家的广泛支持和好评。

《中国企业家》杂志经历的过程说明,定位和产品设计是不同的两回事。它定位的目标读者群一直锁定中国的企业家;其产品设计开始是失败的,失败在于没有弄清企业家需要什么;11年后改进产品设计获得了成功,成功在于弄清了企业家需要什么。

(三)市场是检验报刊产品设计成功与否的裁判。

设计产品,要对市场作深入细致的调查研究;怎样设计报刊产品,读者需要什么,要到市场中去探索和寻找思路;设计的结果到底如何,也要经过市场来检验。

设计报刊产品,一定要有市场意识和市场观念,以市场为导向,要下功夫研究市场,研究市场的空白,研究读者的需要和口味,研究市场供需的变化,研究竞争对手的长处和弱点等,在透彻研究市场的基础上,设计出与众不同但又适销对路的报刊产品。报刊产品设计出来后,要认真听取市场反应和读者意见。市场是千变万化的,产品设计要与时俱进,不断加以改进和更新。

报刊产品设计的三大原则,实际上是产品设计过程中三个问题的处理办法。产品设计的选项是报刊产品设计的第一原则。要首先选取市场上没有而又急需的新产品来设计,不要只是改进别人的设计。改进零部件的设计拉不开同竞争对手的距离,自己前进的速度也慢。

产品设计的思路和方法是报刊产品设计的根本原则。按照读者的需要设计,要下功夫研究读者到底需要什么样的内容,拿出读者最想知道的东西。产品设计正确与否的裁判是报刊产品设计的最高原则。市场是最高裁判官。产品必须放到市场中去检验,根据市场的反馈不断改进零部件,使其不断完善而趋于成熟。

二、报刊产品设计市场化道路的探索

随着报业市场化深入持久地发展,必将推动报业产业链的各个链条的市场化。报刊产品设计这个最重要的环节也会逐步市场化。

（一）报刊产品设计的分工明确化。现代企业的规范操作，产品设计是工艺流程中一个最重要的流程，由专门的设计部门来完成，和施工部门是完全分开的。产品设计出来后先论证，再试生产，最后才是批量生产，进入市场。这是科学的规范的生产流程。现在一些报刊的设计与生产混合进行，统统交给编采队伍，淡化、简化、甚至省略设计过程。单个报刊生产可以不单独设立设计部门和设计队伍，但一定要在流程中把产品设计明确独立出来，有专门人员负责产品设计。

（二）主办单位对新办报刊的产品设计方案可实行公开招投标。现在许多行业、许多企业的产品设计都公开招投标，这个办法可以引进到报业领域。通过招投标获取更多的方案来进行比较，集思广益，优中选优，选取更好的报刊产品设计方案，也可以通过拿出报刊设计方案的办法来竞选总编辑。公开招投标，必然要组成一个专家组评审论证，等于又进行了一次把关。

（三）进行报刊产品设计方案的买卖交易。发展市场经济，最重要的是走市场化道路，通过市场手段寻找、选择最好的产品项目。在知识产权等法律允许下，报业市场可以发展报刊产品设计交易市场，进行报刊产设计方案的买卖交易，既节约成本，少走弯路，也可以避免或减少投资风险。

三、报刊产品设计者的基本素养

现在我国报业人才队伍，能从事报刊产品创新设计的人才较少，大多数是采编、经营和行政管理人才。报刊产品设计人才与采编、经营、管理人才不同，一个是产品的设计者，一个是产品设计的执行者。许多优秀的记者、编辑，是采编稿件的高手，对报刊的版面、栏目等零部件的设计和改进可以提出很好的意见，但比较缺乏报刊产品整体设计的能力。所以要培养、选用一批既懂编采业务，又会经营管理，更能创新的高水平的复合性的报刊产品设计人才。报刊产品设计人才应具备以下基本素养：

（一）深入研究市场。优秀的报刊产品设计者，既能从宏观视野观察分析问题，发现可以开拓的新领域；又能从微观深处发现现有产品的问题，拿出切实可行的改进办法，或者研究设计出"新部件"以代替"旧部件"。不论是开发创新，还是发现问题，都需要对报刊市场现有产品进行深入地研究，在习以为常中用独到的眼光去观察问题、发现问题，用创新的方法去解决问题。

（二）增强创新能力。思路决定出路。思维方法对创新具有重要的作用。1995年1月1日创刊的《华西都市报》在产品设计时,使用了平移、优选、杂交、组合、分析、归纳、裂变、聚合、多维等多种思维方法,以"导向正确让党和政府满意,贴近生活令市民百姓喜欢"为办报宗旨,努力做到"用市民的语言来反映市民的生活,用市民的话语来叙说市民的故事",充分凸现"市民生活报"的独特魅力。

（三）理论功底深厚。理论源于实践,又指导实践。报刊设计人员要善于从理论上归纳、梳理、总结报刊市场中存在的各种各样问题,发现其中带规律性的东西,按照事物规律去洞察市场的发展变化,发现现有报刊产品的优劣,以理论指导报刊产品设计。

（四）实践经验丰富。丰富的报刊实践经验是创造设计报刊新产品的重要保证,实践经验的积累依靠长期的磨练和独到的观察与研究。

2.2　报刊设计思想

报刊设计,包括新报刊创刊、已有报刊改版、扩版、增刊的设计。报刊设计工作的成败,首先取决于报刊设计人员有没有良好的报刊设计思想,即明确报刊产品的生态环境、编辑方针、目标效果,以及实现方式等。

2.2.1　报刊产品的生态环境

报刊作为传统的、平面的大众传播媒体,是一定社会环境与历史条件下的精神文化产品。报刊的社会环境决定了报刊生存状态。构成报刊生态环境的因素很多,有政治、经济、人口、法律、文化、技术等。这些因素共同影响着报刊的发展,并且在不同时期各因素影响力的大小及影响方式不同,比如在市场经济条件下,经济因素对报刊的影响与在计划经济条件下的影响不一样;网络时代,多媒体技术因素对于报刊的影响也与改革开放以前不同。因此,要分析报刊的发展前景,就要研究报刊生存环境中各相关因素的变动。社会环境的各项因素对报刊发展的影响,主要表现在以下几方面:

一、目标读者

读者是报刊的服务对象,是新闻传播的接受者,是报刊文化产品的消费者。每一种报刊都拥有相对固定的目标读者。读者群体的变化直接制约和影响报刊市场的变化。读者是一个复杂、多变的因素，读者的数量、年龄结构、职业结构、文化程度、收入水平，以及读者对报刊的消费心理和行为等，都影响着报刊业发展。随着现代科技的发展和数字报业的出现，报刊传播手段与模式在不断改变，越来越多的读者参与传播活动，从过去单纯的"受传者"向"受传者＋传播者"转变；读者对于信息的需求也在不断变化，这些都是报刊设计策划必须考虑的因素。

二、报刊控制者

报刊控制者是指对报刊有领导权、管理权的组织者或投资者。我国报刊特别是主流报纸大多接受各级行政机构的领导，如各级机关报必须接受各级党委或政府的领导；行业报刊要接受主管部门的领导；晚报、都市报要接受所在报业集团的领导；企业报刊要接受所在企业集团的领导；各类报刊都要在上级党委宣传部门的统一领导下工作，政府新闻出版部门对各类报刊进行行政业务管理等。

因此，报刊的控制者对于报刊的定位和发展具有重要影响。报刊控制者的意见、新闻管理法规和政策，是报刊产品设计、编辑、经营等活动必须考虑的要素之一。

三、广告客户

广告是现代报业的经济支撑。报刊的生产和报刊社的生存发展，都要依靠广告提供资金保障，因此，读者市场、广告市场的变化、广告客户的需求、广告经营的规模越来越成为制约报刊定位和设计的重要因素，报刊广告经营的好坏与报刊的质量优劣，已经成为现代报业发展的"孪生姐妹"，两者将一荣俱荣、一损俱损。所以，报刊设计、编辑、经营策划要始终将广告客户作为重要参照因素。《三联生活周刊》主编朱伟曾经这样说过："刊物的衣食父母一个是广告商，没有广告商，刊物就没法办；另外一个就是读者，都非常重要。"

四、营销中介

任何产品都包含生产、流通、消费诸环节。报刊产品从编辑、印刷、发行到读者手中，需要依靠各种营销中介，包括信息中介、广告中介、产业中介、发行中介等。信息中介是指通过电脑网络、电话传真、邮政信件等收集报刊生产需要的大量信息；报刊的广告经营需要通过报刊社内外广告公司来完成,广告中介是报刊生存发展的重要依托;报刊的生产还需要产业中介,如纸张、油墨、PS版、印刷机、计算机、通讯技术等;发行中介包括报刊社发行部门、邮政、社会发行公司、零售摊点等整个报刊发行网络。支撑报刊营销中介的元素非常复杂,既有主要靠人力构成的中介,如报刊发行网络;又有主要靠科技设备构成的中介,如国际互联网络。报刊营销中介因素牵涉到诸多与报业相关的多种产业,所有这些中介因素都影响与制约报刊产品的形态和规模,成为报刊设计策划的重要依据。

五、竞争对手

改革开放以来,我国各类传媒在数量和类型上发展迅速,媒介市场竞争日益激烈。报刊不仅要面对传统媒介如广播、电视、新兴媒介如网络、手机等不同类型媒介之间的竞争,还要面对同类型媒介即报刊之间的竞争,如报与刊(报纸与新闻期刊)、报与报(党报与晚报、都市报)、刊与刊(同类期刊)之间的竞争。媒介受众市场不断"分众化"已成为大势所趋。能否找准合适的市场定位并生产出高质量的媒介产品,决定着媒介的兴衰成败。报刊产品定位设计必须知己知彼,充分研究竞争对手,寻找竞争对手的薄弱环节,发现市场空白点,从而选择正确的发展战略,做到"人无我有、人有我优、人优我特、人特我精"。

2.2.2　报刊产品的内部条件

报刊社自身的内部条件也是影响报刊发展的重要因素。报刊产品发展的内部条件主要有以下几方面:

一、报刊社的资金、设备和技术条件

这是报刊生产进入良性发展的"硬件"。无论是报刊新创办还是报刊改版、扩版、增刊都需要"硬件"保障,包括启动资金、办公场所、编采网络、通讯技术、摄影器材、印刷设备、交通车辆等。

二、报刊社的人力资源、体制与管理水平

这是报刊生产顺利运行的"软件"。人力资源就是人才队伍,是指报刊社拥有各类专业人员的数量、人员素质及其水平,包括年龄、性别、资历、学历、学缘、职称、品德、特长等方面的合理构成。人力资源是制约报刊设计的重要因素,因为报刊产品策划实施效果首先取决于人的努力。《广州日报》报业集团事业能够迅速发展,一个很重要的原因就是他们重视集团内部的人才结构和使用。

体制指报刊社的组织制度,包括用人制度、分配制度、机构设置等。目前我国报刊社的体制是有差异的,有的已经实行全员聘任制,真正实现了社会招聘、择优录用和人才流动;有的还维持着计划经济时期形成的旧体制,人员难以流动,人浮于事的状态难以改变。体制的差异会直接影响从业者的工作态度和业务水平的发挥,形成对报刊设计策划的制约力。

报刊社的管理水平也是影响报刊设计和传播的一项重要因素。管理水平高的报刊社能以高效的流程、完善的制度和严格的纪律保障报刊策划方案的实施,而管理水平低下的报刊社则有可能使产品策划变成纸上谈兵,人浮于事,人才流失,报刊业发展举步维艰。

媒介内部的各项因素是互相关联且能够彼此转化的。比如报社拥有雄厚的资金实力,可以吸引优秀人才,可以添置现代化的技术设备;报社拥有体制方面的优势,也能够吸引人才和资金投入。

2.2.3 报刊编辑方针的制定

一、报刊方针、编辑方针、报刊宗旨

报刊方针是规定报刊性质、立场、宗旨的指导思想,是指导报刊社所有工作的基本纲领。报刊方针有广义和狭义之分,广义的报刊方针包括编辑方针和经营方针;狭义的报刊方针指的是编辑方针。

编辑方针是报刊编辑出版工作总的指南,它明确了报刊的读者对象、传播内容、报刊水准和风格特色等,是报刊编辑必须遵循的准则。编辑方针一旦确定,整个编辑工作都应按照编辑方针行事;同时,随着形势、环境、读者的变化,必要时对编辑方针作出适当调整。

编辑方针常常可以用最精练的语言进行高度概括,提纲挈领地反映报刊的宗旨,成为办报办刊的"口号",同时也是报刊进入市场的推介词。不同的报刊都在编辑方针中阐明了自己的性质、定位及宗旨,比如,近代著名报纸《大公报》的"不党、不卖、不私、不盲";上海《新民晚报》的"飞入寻常百姓家";北京《新京报》的"负责报道一切";广东《南方周末》的"深入成就深度";浙江《现代金报》的"讲真话、办实事、树正气";安徽《新安晚报》的"为老百姓办,办给老百姓看";香港《商报》的"立足香港、在商言商";北京《财经》杂志的"独立、独家、独到"等等。

报刊方针由报刊控制者、主办单位或发行人制定；编辑方针和宗旨由报刊编辑部根据报刊方针制定。在实际运作中，报刊方针、编辑方针和宗旨并不一定截然分开。

报刊在创办之初或者改版之时，通常在报刊上以"发刊词"、"致读者"等形式公开宣告报刊方针、宗旨和编辑方针。

二、编辑方针的主要内容

（一）目标读者。目标读者或传播对象是报刊编辑期望中的可以成为报刊受众的人群。如何界定目标读者，是编辑方针涉及的核心问题。在编辑方针中，目标读者的界定与分解一定要非常明晰。在确定目标读者时常常要考虑：他们是精英还是大众？是高端读者还是中低端读者？是主流人群还是边缘人群？是专业人士还是普通受众？是党政机关的传统读者还是新兴社会阶层读者？是孩子还是成人？是男性还是女性等等。

受众对报刊的需求有相同的一面，也有不同的一面。这种不同，是受众的自然差异和社会差异在需求上的必然反映。报刊要研究自己的受众，他们的年龄、性别、教育程度与文化水平、经济状况、籍贯、职业等，都要认真了解分析。任何报刊不了解自己服务的读者对象，不去分析它们的兴趣、爱好和需要，是肯定办不好的。

南京师范大学新闻与传播学院曾对《扬子晚报》作过一次读者调查，结果表明，这份报纸的读者：年龄在 35 岁左右，高中以上文化程度，城市企事业单位的普通职员，自费订阅或购买；基本上天天看，每天看半小时左右，读报目的是为了了解国内外大事和娱乐消遣。因此，《扬子晚报》的编辑方针和风格，很大部分是定位在这些人的阅读兴趣上。《扬子晚报》发行量目前居全国晚报、都市报首位。

编辑方针不仅要确定目标读者的总体范围，还要进一步规定读者群中的主体是哪类人，次要的读者又是哪类人。比如《北京青年报》历史上曾经有过三种不同的读者定位，20 世纪 50 年代至 60 年代主要面向团的干部和团员，20 世纪 80 年代前期主要面向中学生，20 世纪 80 年代后期至今全面走向社会，以全市广大青年为主。

读者对象是编辑方针中最重要的内容，它对其他几项内容会产生制约作用。比如《北京青年报》历史上三种不同的读者定位决定了该报在各个时期的传播内容不同，报纸的水准和风格特色也不同。在报纸全面走向社会以后,主体读者的范围扩大了,新闻报道的内容便不再局限于青年的活动,只要是青年们关心的新闻,《北京青年报》都积极报道,而且报纸的水准提高了,更具有锐意创新的风格特色。

(二)传播内容。报刊的传播内容是指报刊信息传播的总的报道面,包括报道对象的分布、报道的领域、报道的区域等。报刊的传播内容是由报刊的性质、类型、宗旨和读者对象的需要等因素决定的。传播内容与报刊类型紧密相关,报纸还是刊物,机关报还是都市报,都市报还是行业报,日报还是晚报,全国性的还是地区性的等等,传播内容都不一样;传播内容也取决于报刊的出版周期,周报与日报,晚报与早报,周刊与月刊等有很大不同。

传播内容中要考虑涉及报道的范围和主要面对的行业。比如中央级报刊多报道中国与世界大事,而地方性报刊多以当地新闻为主。行业报刊的报道内容则主要是行业范围之内的信息。编辑方针对报刊传播内容的规定,将直接指导报刊总体规模和内部结构的设计。报刊版面的分工、栏目的设置、报道的重点等都要在编辑方针中加以考虑;同时,编辑方针还要重视视觉内容,包括以什么方式展现图片、封面设计包括哪些元素、版面形式如何与新闻主体配合等。

(三)报道质量。世界著名质量专家塔古奇博士对质量的定义被世界工商界广泛应用。塔古奇将质量定义为"质量是客户感受到的东西"。海尔集团总裁张瑞敏认为,"质量是产品的生命,信誉是企业的灵魂"。

报道质量是指报刊传播信息所具有的深度与广度,以及表达方式美的魅力与感染力。报刊承担着"以科学的理论武装人,以正确的舆论引导人,以高尚的精神塑造人,以优秀的作品鼓舞人"的重任,以实现"统一思想、促进发展、维护和谐"的目标,要讲究新闻规律和读者需求,推进新闻改革,提高报道质量。以质量求生存,以创新促发展,是报刊产品设计生产中必须遵守的原则。

要保证报刊报道质量,就需要在编辑方针中,对报道的总体思路、策划构架和稿件审定等关键环节做出具体规定,对采编业务中的报道质量和数量应提出具体要求。不少报刊都在编辑方针中提出,新闻必须真实、全面、客观、准确、鲜明、生动,新闻要素必须齐备,文章要注重社会效果,要为读者喜闻乐见,文风上要大气、清新等。对于正面宣传、舆论监督、热点引导、突发事件报道也需在编辑方针中加以明确。对成品稿要有明确规定,包括格式、长短、署名等问题。有时还需要提出特别注意事项,比如,针对采编工作中的"事故多发区",可以作出重点规定,包括奖惩措施。

（四）风格特色。报刊的风格特色,是指报刊的整体结构、传播内容、传播方式和版面形象等综合表现出的格调和特点,它是由报刊的性质、宗旨、编辑方针和读者对象决定的。比如,党报的风格比较严肃,而晚报的风格则比较活泼。报刊不同的宗旨,不同的受众,其风格也不同。如《人民日报》作为中共中央机关报,强调以权威性、指导性、理论性为主要特色,这种特色具体表现为重要言论多、对全国各行各业有指导意义的新闻多、报道稳健而有深度、版面庄重大方等。团中央机关报《中国青年报》,读者对象和《人民日报》不同,其风格特色也相应不同,以生动活泼、富有朝气受到年轻人的喜爱。

报刊的风格,一方面从所刊载的稿件内容中来反映,另一方面从报刊的版面设计中求得。比如,《三联生活周刊》是一家很有独特风格的周刊,这本由三联书店主办的新闻综合类杂志带有浓厚的中国知识分子的阅读色彩。相对于《三联生活周刊》的"高姿态",上海《新民周刊》则带有一种温和海派气息,更加"市民化"。

三、编辑方针的制定及实施

（一）制定编辑方针的基本步骤。制定编辑方针是一项复杂繁琐的工作,也是一个十分慎重的过程。首先要确定总的意图,即创办或者增扩成一个什么样的报刊。意图确定后,就要充分组织力量,搜集各种信息,进行调查研究,拟订初步方案,进入试刊创刊。

（二）编辑方针实施中的常见难点。报刊编辑方针一般会定得比较理想化,但在实施过程中会与实际情况有一定冲突。首先是外部环境的影响。比如,地方领导的开明程度、当地舆论氛围的变化等,这些因素都影响着报刊编辑方针的实践。

其次是内部管理的影响。报刊编辑方针的实施、质量和效益的提高,很大程度取决于报刊总编（主编）"一把手"。有的喜欢独揽大权,事无巨细,统统过问,弄得部下无所适从;有的从行政岗位"转业"而来,报刊业务不熟悉;有的只唯官唯上,"不求有功,但求无过";有的内部矛盾错综复杂,互相扯皮,效率低下。这些因素会对编辑方针的实施形成阻力。每一位编辑的人生经历、知识结构和业务能力等,也会影响其对报刊编辑方针和核心理念的认同和贯彻。因此,有的报刊社提出,核心层的和谐是最重要的。编辑部要实现良性运作,必须是"决策之前讲民主,决策之后讲效率"。

2.3 报刊设计程序

2.3.1 报刊设计的内容

一、报纸的设计

报纸设计是将报纸的编辑方针具体落实为操作方案的一种创造性的工作,它包括整体规模设计、内部结构设计和外部形象设计等。

报纸的整体规模,是指报纸的版面总量构成,包括日均出版多少版,每周版面总量有多少等;报纸的内部结构是指报纸全部版面的分工与组合形态,包括新闻版、专版、专刊、副刊、广告版面,以及各个版面在空间上的排列顺序、出版时间的安排等;报纸外部形象主要由报纸的报头、版式、色彩等视觉性元素组合而成。

无论是报纸的整体规模、内部结构还是外部形象,都是根据报纸的编辑方针确定的。

报纸整体规模与内部结构的设计不仅是一种定性的考虑,而且要进行精确的定量安排。许多报社都是以"每周版面运行表"的方式来表现这种设计并具体付诸实施的。

报纸的设计要充分考虑读者对象的阅读需求,如机关报或其他以公费订阅为主的报纸,在双休日一般读者较少,版面规模就应相应缩小,而工作日版面则相应可以多一些。一些读者定位比较特殊的专版专刊,也需要根据特殊读者群的需要合理地安排出版时间,以争取更高的阅读率和更好的传播效果。

在设计好报纸整体规模与内部结构之后,还要对报纸的每一个组成部分进行局部设计,也就是设计报纸的每个版组、专刊、专版、每个版面,以及版面中的各个专栏,对每个版组、专刊、专版、版面的名称、定位,以及版面中每个专栏的内容、篇幅、体裁、作者、版面位置、风格等都要有明确的规定。具体地说,报纸的局部设计包括:确定各个单元及其中各版的读者定位和编辑思想;确定各版名称、报道范围和重点;确定具体版面的主要专栏名称、内容、篇幅、体裁、风格等;确定广告在各个版面所占的篇幅和位置,以及广告的类型;确定具体版面的版式特点和风格特色。

　　需要注意的是,报纸的局部设计是整体设计的一部分,要注意局部风格与报纸整体定位相一致。各个版的风格设计既要相互协调,共同构成报纸整体风格,又要根据各自的定位和内容特点与其他版面有所区别,表现出个性。报纸设计的成果由书面文字表现出来,是报纸设计方案。这一方案往往作为报社内部文件发至有关采编人员。方案内容包括阐述报纸编辑方针、报纸的整体规模和内部结构、报纸各个版组、版与专栏的设计等。

　　比如,新疆《吐鲁番日报》2006 年改版时在"把握正确导向、体现时代特征、走进百姓生活、突出地方特色"编辑方针的指导下,对单元中的每个版做了精心设计:

　　第一版:要闻版:时政要闻、重点报道

　　报道内容:报道地委、行署的重要决策、活动;报道地区各地、各行、各业、各单位的新经验、新成就;报道地区内重大事件和百姓关注的热点;报道党、国家及自治区内、国际上重大活动和事件。

　　操作方法:重要的、人们关注的内容突出处理,一般性的淡化安排。地区内的按三分之二分量,国内外的按三分之一分量。把握及时性、新闻性、重要性。

　　第二版:专版:经济生活

　　报道内容:工业经济、农村经济、旅游经济、商流经济、金融经济等。

　　专版设置:《经济报道》专版(常设专版)、《市场消费》专版(每周五)、《旅游》专版(每月 2 期)。

　　《经济报道》定位:报道经济动态,解读经济政策,反映经济形势,做深经济专题。

　　版面设置:深度专题、政策解读、动态报道、资讯传递、经济观察、行业报道等。

　　主要栏目:经济时评、产(财)经资讯、新农村视窗、经济观察、创业吐鲁番等。

　　《市场消费》定位:报道市场动态,关注消费变化,服务大众生活,引导理性消费。

版面设置：有形市场、无形市场、消费资讯、投资理财、市场管理、市场观察。

主要栏目：市场论坛、投资理财、消费资讯、商海泛舟、时尚消费、生活3·15。

《旅游》定位：反映发展成就，报道旅游动态，提供旅游服务。

版面设置：旅游建设、旅游资讯、旅游管理、旅游服务、景点介绍。

主要栏目：精品景点、旅游资讯、出游提醒、游人评景、外旅经验介绍、旅游茶座。

第三版：专版：社会 文化

报道内容：科教文卫、公检法、工青妇、社会保障、百姓生活等。

专版设置：《社会生活》专版（常设专版）、《西域文化》专版（每周五）、《党建·理论》专版（每月一期）。

《社会生活》定位：关注社会热点，突出专题新闻，报道行业动态，反映百姓生活。

版面设置：重点专题、工作新闻、舆论监督、行业报道、社会新闻。

主要栏目：社会时评、法治时空、科教在线、健康导航、百姓故事、竟有此事。

《西域文化》定位：解读文化现象，引导文化消费，弘扬丝路文化，打造文化强区。

版面设置：文化动态、文化市场、历史风貌、民风民俗、文化资讯、文物典籍。

主要栏目：文化时评、文苑人物、史海钩沉、民俗典故、歌舞之乡、文化观察、文物发现等。

《党建·理论》定位：报道党建动态，介绍理论信息，刊发理论文章。

版面设置：党建动态、理论文章、党风廉政、理论资讯。

主要栏目：理论资讯、党建新闻、纪检之窗、观察与思考、时代先锋、警钟长鸣。

第四版：副刊：天下事 休闲娱乐

报道内容：国内外读者关注的热点、焦点、冰点事件新闻背景解读、休闲娱乐生活。

专版设置：《公众关注》专版（常设专版）、《休闲娱乐》专版（每周五）、《葡萄园》专版。

《公众关注》定位：解读读者关注的国内外新闻事件、政策。

版面设置：事件报道、背景链接、相关报道、评说集纳。

《休闲娱乐》定位：报道休闲娱乐资讯，引导大众健康生活，倡导多元化生活方式。

版面设置：休闲娱乐、影视艺术、花卉艺术、健身美容、琴棋书画、网络生活、时装发布、购物美食、家居常识、茶肆酒吧、生活感悟、养生之道、收藏天地、名山秀水。

主要栏目：时尚资讯、琴棋书画、影视点评、家居常识、健身美容、教你打扮、游走四方、花鸟虫鱼、读书时间、知识讲座、智慧人生。

《葡萄园》定位：文学副刊

版面设置：纪实散文、微型小说、时评杂文、随笔小品、书评争鸣。

广告安排：根据广告量，第二、三版一般占版面1/4左右，第四版可占半版或整版。

版式风格：以"H"型版式为主，即纵向分列式、横向版块结构；每个专版突出自身的视觉识别特征。风格要端庄、大气、清秀、疏朗。

二、《北京青年报》2006年改版设计实践

共青团北京市委机关报《北京青年报》创刊于1949年3月，其间3次停刊，3次复刊，1981年第3次复刊以来，以改革创新的作风，敢为人先的胆识，对市场经济条件下报业经营运作的新模式进行了有效探索，使报业发展取得了骄人的业绩，目前拥有"十报四刊两网"，连续三届荣获"全国地方报社管理先进单位"。《北京青年报》复刊20多年来，大大小小的改版已经有几十次。但无论是改版内容，还是改版时机，每次改版的整体思路都始终围绕着"读者与市场"这一核心概念和创办"最具亲和力、最有影响力的大都会报纸、城市主流人群的首选报纸"的编辑方针而进行。

《北京青年报》2006年改版从四个方面进行：一是报相，也称版面设计；二是报序，也称报纸版面阅读顺序；三是编辑内容；四是出版流程控制。

（一）报相改变：适应发行策略。《北京青年报》浓墨重彩的版式风格在业界独树一帜，并在相当长的时间内影响了国内不少都市报的版面设计。"浓眉大眼"风格在应用之初，开创了我国报纸非传统版面设计理念的先河，醒目的大标题、大图片、多图片，用明显的直线作为区分文章的栏线等,一改传统的"咬合式"版面设计,即用细小的,甚至有花纹的栏线巧妙地将多篇中小型文章组成像拼图一样的大块文章区域。

当时的"浓眉大眼"风格很好地配合了《北京青年报》打开北京零售市场的策略。在报摊上,浓眉大眼的视觉冲击力有效地抓住了读者。2006年报相的改变主要基于《北京青年报》的读者不再是以零售为主,订阅市场占据绝对优势,那么,版面设计也应该适应订阅读者的阅读特点,并符合《北京青年报》成为一张成熟主流都市大报的发展方向,与国际主流大报的报相靠近,于是与之相适应的"清秀、雅致、疏朗、美观"便成了这次报相改变的主要基调。

报相改变使报纸版式设计所占用的空间减少了一些,相应的版面留给了文字和图片,内容信息量随之增加。读者反馈《北京青年报》变得眉清目秀了,阅读起来的视觉感受轻松了,内容也增加了。广告商的直接反应是广告在报纸版面上的视觉效果比以往突出了。

(二)报序调整:方便读者阅读。报序是报纸编排出版的顺序,这个顺序影响编者对新闻陈列的顺序,也影响读者看报纸的阅读顺序。改版前,《北京青年报》沿用的是报纸传统印刷排版的顺序,报纸最后到读者手中时是插成一叠的报纸,如果从第一页看到最后一页,报纸页码的自然顺序往往找不到。2006年的新版将《北京青年报》正报在常态下分为A、B、C、D四叠,其中,A叠由要闻、本市新闻、国内新闻构成;B叠由国际新闻、财经新闻构成;C叠由体育新闻、文化新闻构成;D叠是天天副刊。每一叠版面按照自然流水码顺序编排,这样,读者看《北京青年报》就可以像看书一样,一页一页地翻看,不用像以前那样一张一张地抖开,或是前前后后反复搜索。许多读者都反馈说,《北京青年报》阅读方便了。

(三)内容提升:突出权威性。编辑内容包含编辑数量和编辑质量两个方面。数量指的是灵活调整版面数量以保证新闻版面和广告版面的适当比例,如在广告高峰时增加新闻版面规模,以扩充新闻容量。目前,周六、周日24版,周一、周二32版,周三、周四、周五扩至40版,力求控制新闻版面和广告版面在数量上的平衡。

编辑质量的提高,在此次改版过程中是着力最多、关注最广的一个方面,从编委会到各部门都倾其全力,制定全新的报道方案,力争面目一新。为此,编辑部首先把提升新闻品质、建立《北京青年报》的公信力、权威性定为不断追求的目标。然后,编辑部各个业务部门根据这一发展方向重新梳理编采工作,不断挖掘报纸编辑工作的内在潜力。

深度报道和评论是这次改版的两个亮点版面。深度报道的形式并非创新,而是将深度报道版面作为当天报纸新闻的深度之最,醒目地展现在读者面前,深度报道包括焦点新闻、调查新闻和封面故事三个主要方面。这是构成当天报纸灵魂的"主菜"。评论版是报纸的思想理论高地,起着引领读者、把握舆论的作用,能够适时地帮助读者准确认识事物本质,也很好地体现了报纸的权威性。

(四)流程控制:保证新闻时效。这是报纸内部优化新闻制作流程的改进,主要目的是建立报纸生产规范,加强生产流程监控,提高报纸制作效率,缩短报纸制作时间,保证报纸准时上市。根据国内印刷出版的现有水平,控制报纸制作时间十分必要。具体到操作层面,就需要采编、排版制作、印刷和配送部门的协同合作。首先是采编部门需要在规定时间内完成每天的版面编辑工作。报纸分叠后,每一叠版面的签字付印时间得以细化,即叠数在后的版面先签字,依次从后往前,A叠最后签字,以保证每天的最后重要消息不漏报。其次,按照每一叠版面签字时间不同,排版制作的部门也分时段分批次地把完成的版面传送到印刷厂。第三,印刷厂可根据接收到的版面,从后往前分叠依次完成印刷,这样就减少了众多版面同时完成传送、同时等待印刷的单位时间压力。报纸的配送部门也可以分叠次有效率地开始分拣工作,直至每天能够按时把报纸发送出去。目前,《北京青年报》基本能够在早8点以前送到读者手中。

三、期刊的产品设计

(一)期刊的定位。期刊的定位,就是确定本刊在社会上和同类期刊的位置。只有明确了定位,才能在这个位置上更好地发挥作用。

期刊的定位包括三个方面:一是确定主要读者对象。这是期刊设计中最重要的问题。如果读者对象不明确,读者需要什么就不清楚,要办好杂志也就无从谈起。主要读者对象在期刊创刊前就应调查清楚确定下来,期刊创办后还要经常了解,心里要始终有数。

二是确定期刊的属性,就是期刊的立场、属性的问题。在我国,期刊的立场是共同的,当然要站在党和人民的立场上来创办期刊。但是,期刊的属性和类型是有差别的。期刊在组织、部门领导上,有党刊、团刊、群众团体刊物等;在类型上,是新闻性还是文学性,是通俗性还是学术性,是综合性还是专业性,是全国性还是地方性,期刊的属性不同,宣传的角度、说话的语气等也就不同。类型不同,所需要的稿件也就不同。因此,期刊的隶属关系、类型,同样是期刊设计时不可忽视的问题。

三是确定期刊的宗旨。期刊的宗旨,指的就是办刊的目的、意图,也就是创办杂志的用意是什么,要起什么作用,达到什么要求等。两家主要读者对象相同、性质相同的期刊,由于宗旨不同,内容也就不同,所起的作用也不同。比如《瞭望》和《环球》,这两家期刊都是新华社创办的,主要读者对象和期刊的性质基本相同,但前者是传递国内重要信息,评述国内重大事件,展望国内形势和发展趋势的周刊;后者是介绍国外新情况、新动向和历史性材料的月刊。各自有明确的办刊宗旨,也就各自找到了自己的位置。

(二)期刊的个性、特色。鲜明的个性和特色是期刊的生命,它包括内容和形式两个方面。在内容安排上:首先要明确内容范围,确定主要内容。期刊要有自己的个性和特色,就要根据主要读者对象的需要和各种主客观条件,如编辑部所处的环境特点、编辑部的能力、作者队伍情况等,来确定主要内容。比如,同是社会科学的学术性杂志,《江汉学报》历来侧重于经济研究,而《内蒙古社会科学》在蒙古史和蒙古语文的研究方面具有权威性。其次要根据期刊的方针、宗旨、特点、读者需要和形势变化等,来设置主要栏目,以精品栏目招揽优秀文章,用多样文章吸引众多读者阅读。

2.3.2　报刊设计的操作过程

报刊设计是一种集体性的创造活动,从事这种创造活动的是由"核心力量"与"外围力量"组成的集体。所谓"核心力量",是指具体参与设计操作的领导、设计人员和编采人员,通常是报刊社总编辑、编委会成员、专业部门负责人等,有的还聘请业内专家和社会上视觉艺术人员参与设计。他们组成专门的设计策划小组,领导与实施设计策划活动。他们是策划过程的组织者、策划方案的制作者、方案试行的指挥和监督者。

所谓"外围力量",指所有为报刊设计出谋划策、不固定地参加策划活动的人员,包括报刊社采编人员和管理人员,从社会各界邀请来献计献策的政府官员、专家学者、热心读者等。报刊设计是在这样一种复杂而庞大的创作集体中,依靠不断的信息交流和思想碰撞,经过不断的比较、论证和修正才最终完成的。

报刊设计是一项难度极大的系统工程,设计过程大致可分三个阶段。

一、设计预备阶段

指从产生策划意图、着手准备,到方案设计之前的一段时间。这一阶段的主要任务是调查传媒市场与报社内部情况,细分读者与广告市场,寻找报纸发展的空间。

信息是决策的依据。在报刊设计策划中,需要收集两方面的信息:

(一)外部信息。即构成报刊生存环境的、与报刊发展直接有关的信息。具体包括:读者信息、控制者的信息、竞争者的信息、相关产业信息。

(二)内部信息。即构成报刊内部环境的、与报刊发展直接有关的信息。具体包括:资产信息、技术信息、人才信息、管理信息等。

收集信息的方法有:一是外出走访调查,即走访其他新闻媒介、有关部门的领导、专家学者、受众等获取各类外部信息;二是抽样调查,即通过抽取读者样本、发放问卷、统计数据的方法获取读者信息;三是召开座谈会,即邀请有关领导、专家或受众进行座谈,或组织报社内部工作人员进行座谈,获取有关的外部信息和内部信息;四是公开征集意见与建议,即通过报刊发起征集意见与建议的活动,吸引社会各界为报社献计献策;五是内部个别交谈,即与有关采编人员、管理人员个别交流,获取内部信息;六是文献研究,即通过对有关报刊的资料文献的研究,获取对报刊设计有价值的信息。

获得信息之后,还要对各类信息加以归类、处理,以分析媒介市场,发现报刊发展的空间。20世纪中期,美国市场营销专家温德尔·斯密提出"市场细分化"概念,即根据消费者的不同特征,把市场分割为若干个消费者群,其中每个消费者群是一个子市场,各子市场都是由需求相近的消费者组成的,这些子市场间的差异比较明显。市场细分理论对于企业寻找目标市场很有意义。报刊作为一种文化产品,在确定自己的市场定位时,同样可以借鉴这一理论。比如,报刊的读者市场可以按地理、收入、人口、心理标准等多重标准进行细分,再进一步分析每个子市场中已有媒介的情况,即市场占有情况,从而找到市场的空白点或薄弱地带,发现报刊发展的机会,确定目标读者。

比如1995年《华西都市报》在创办之初,总编辑等人对报业市场进行了细致的考察,认为随着市场经济的进一步发展,我国将出现一批区域组合城市,四川的"经济一条线":成都、德阳、绵阳、乐山,已经在向这个方向发展,实际上形成了成都经济带。成渝高速公路的贯通,使成都和重庆两城市靠近了,加上聚集在周围的一批中小城市,最后必然成为区域组合城市。区域组合城市的读者群体人口众多,并且具有相近的生活方式和读报需求,而已有的省市机关报、城市晚报和其他专业性报纸都不能满足区域组合城市市民的这种需求,于是,决定将《华西都市报》定位于"区域组合城市报"。根据这种市场定位,确定了办"市民生活报"的编辑方针,并对报纸的内容、形式和风格特色作了精心设计。报纸在重庆开设了记者站,新闻报道面覆盖所有区域组合城市。这一市场定位后来被证明是正确的,报纸创办第一年就打开了局面,社会效益与经济效益都很好。由此可见,报刊设计策划之前,对信息的获取和分析,对市场的细分,对报刊发展空间的把握,是报刊设计策划取得成功的前提。

二、方案设计阶段

指确定报刊的编辑方针,以此为基础拟订报刊设计方案并优选方案的这一过程。方案设计阶段是报刊设计的核心阶段。

(一)确定目标读者,制定编辑方针。在充分占有和处理了有关信息的基础上,设计者要根据对市场机会的分析,确定目标读者,即确定报刊信息传播的主要对象,这也是报刊编辑方针中最重要的一项内容。读者是个集合概念,"市场细分理论"告诉我们,根据读者的年龄、性别、职业、居住地区、文化水平、兴趣爱好、消费水平和消费习惯因素,可以用不同的标准将其划分为不同的群体,形成不同的读报需求组合。因此,报刊设计首先要确定自己的受众群体是哪一类人,然后才能针对这一人群的特殊需求,结合报刊的性质、宗旨等确定报刊的传播内容、报刊水准和风格特色,然后再设计报刊方案。

(二)拟订与优选报刊设计方案。设计方案一般由策划小组责成专人起草,形成初稿后,经过多次讨论,经过优化选择,不断修改完善,直至定稿。方案拟订与优选过程中,要注意做好以下几方面工作:一是鉴别、筛选。经过前一阶段广泛收集信息,设计者获得了大量的意见、建议可供参考;在设计方案时,需要对这些庞杂的信息加以鉴别和筛选,去伪存真、去粗取精。鉴别与筛选一般要经过多次讨论、磋商来实现,有时,出现意见分歧,还需要进行补充调查和反复论证,要对每一条意见和建议可行与否,以及施行中可能出现的问题做出预测,通过权衡比较,做出最佳选择。

二是创意、设计。报刊设计方案不是由零碎的点子和建议拼凑成的,方案的产生首先需要策划者的创意。也就是设计者要充分运用创造性思维,进行大胆的设想、构思,形成报刊的总体构架。而经过鉴别与筛选出来的好点子、好主意,可以用来填补、完善这一初具雏形的总体设计,使其每一局部、细部更加精彩。方案设计既要以系统观点把握报刊的整体结构与整体形象,又要以层次化手段处理每一个局部的设计,做到以科学的组合将优秀的局部集纳为优秀的整体,实现整体效果优于部分之和的目标。

三是协调、完善。在制定与修正报刊设计方案的过程中,设计者还要反复征求报刊社内部采编人员的意见,并将方案初稿在一定范围内加以讨论磋商,以及时发现问题和漏洞,修改完善,形成能为大家普遍接受和认同的设计方案。

四是比较、优选。报刊设计策划是一项影响重大的工程,因此,往往会同时设计若干种方案供比较选择,选择最佳方案。方案优选应以整体效果为评判标准,而不能只看某一局部的效果;应以充分发挥报刊社内部潜力、扬长避短为评判标准,而不能以己之短攻人所长;应以低投入、高产出的效益原则为评判标准,而不能不考虑投入水平和风险因素。报刊设计方案经过广泛征求各方意见,反复修改和论证,最终定稿试刊。

三、方案试行阶段

指将报刊设计方案投入试行,以验证其可行性,最终修正确认的阶段。报刊试刊有时是公开进行的,面向所有读者发行试刊的报纸;有时是在报社内部秘密进行的,试刊的报刊只在小范围内传阅。在试行方案这一阶段,设计者担负着指挥操作、监督运行、修正方案等职能。方案试行需要注意下列问题:

(一)慎重选择试刊的内容。要根据报刊试行方案的时间、人力、财力、物力等条件,对试行内容有所选择。原则上应选择方案中最主要、最重要的内容,以及改版时新增设的内容进行试刊,因为这些内容可行与否、效果如何,是检验策划成败的关键。

(二)慎重选择试刊的时间。试行方案的时间不宜选在特殊的日子,如节日期间,或有重要活动、重要会议的时候,因为这些时候正常的采编任务较重,有许多重要稿件必须刊登,会影响试行方案的人员和设备安排,难以保证试行效果。而且在特殊时期公开试刊报刊,还会因为要发表一些重要稿件而影响试刊的版面,使一些应该试刊的内容不能按计划试行。

(三)适当把握试行方案的次数。试刊多少次,要根据报刊社的具体条件和目标而定,一般不应少于 3 次,否则一旦在试刊中发现了严重问题,无法在修正以后再次接受检查。对于新办的报纸,试行方案的次数应该更多一些,以全面检验报纸的定位是否合适、各部分设计是否可行。如1997 年,《解放日报》创办《申江服务导报》,在筹备过程中,正式试刊前有两个多月的"试制样报"和内部练兵。编辑们试编了几次版面,负责电脑设计和拼版的美编们更有几十个版面的经验积累。他们说:"做样报,把脑子里朦胧的想法清楚明白地落到纸上,看得真切也就想得更真切,有助于修正思路和做法。同时,在这一过程中,我们也在摸索工作流程安排和工作规范,这是为正式出报后的正常运转'预设保险'。"

(四)广泛征集各方面意见,修正和确定设计方案。试行方案的目的是为了及时发现方案中的问题与漏洞,尽可能将问题解决在正式出报之前,因此,要注意接受方案试行后的意见反馈。报刊如果公开试刊,应有意识地增加发行,对某些部门和个人免费赠送,并主动上门征集意见,还可采用召开座谈会等方式广泛收集社会各方面的反应。对各方面反馈回来的信息要认真整理、分析,采纳其中的合理部分,对试行效果不好的内容找出原因,做出调整,对整个设计方案做最后的修正和确认。

报刊设计方案通过试行和修正、正式运用于开办之后,有时还会根据客观需要不时作局部的调整。因此说,报刊设计是随着报刊编辑出版不断接受反馈、不断运行的过程。

【思考与训练】

1. 报刊的特点有哪些?
2. 影响报刊生存发展的因素主要有哪些?
3. 什么是报刊方针和经营方针?
4. 谈谈你对报刊编辑方针这一概念的理解。
5. 报刊设计主要包含哪些内容?

6. 简述报刊设计的程序。

7. 结合《北京青年报》2006 年改版设计实践，谈谈设计的作用。

8. 请为一家企业设计一份周报，写出创刊设计方案。

【案例回放】

《安徽商报》2003 年 5 月 22 日第 16 版整版全文转载
《青年参考》2003 年 5 月 21 日刊登的《女大学生卖淫现象调查》

《江南》因发表小说《沙家浜》而道歉，沙家浜如今成为旅游胜地，
左图为阿庆嫂茶馆

【案例评析】

《青年参考》"致歉声明"

据中新网 2003 年 5 月 24 日报道：《青年参考》编辑部 2003 年 5 月 23 日在报纸上刊登"致歉声明"，就《青年参考》报 2003 年 5 月 21 日刊登《女大学生卖淫现象调查》一文，向湖北省教育部门和广大读者表示诚挚的歉意。

以下是声明全文：《青年参考》报 2003 年 5 月 21 日刊登《女大学生卖淫现象调查》一文，该篇报道内容严重失实，特别是关于"湖北高校女生 8－10％存在卖淫现象，25％从事陪侍活动"的内容，没有任何根据，这严重伤害了湖北省高校女大学生的感情，损害了大学生形象。对此，特向湖北省教育部门和广大读者表示诚挚的歉意。主管部门已责成《青年参考》主编和该报道记者停职检查，待进一步调查后做出严肃处理。

凤凰卫视 2003 年 5 月 30 日消息：《青年参考》日前发表揭露武汉女大学生当妓女的报道后，立即引起轩然大波。报道被指责严重失实，报社很快发表了道歉声明。但事情到此并没有结束。

美联社 29 日发自北京的消息说，撰写文章的记者已被开除，两名资深编辑被停职。美联社指出，该报道被中外华文媒体广泛转载，但遭到武汉教育部门和大学生的强烈反弹，指责报道严重失实。

《江南》杂志公开道歉

　　大型文学双月刊《江南》杂志 2003 年第一期发表了中篇小说《沙家浜》，小说不仅与现代京剧《沙家浜》同名，而且小说主要人物的姓名也和京剧《沙家浜》相同，但是却将现代京剧《沙家浜》的故事情节进行了歪曲。小说将阿庆描写成"武大郎"，将阿庆嫂描写成"潘金莲"，而将众所周知的反面人物胡传魁塑造为"抗日英雄"。在京剧《沙家浜》中被赞为"这个女人不寻常"的阿庆嫂，在小说《沙家浜》里，竟被描写成一个"可以令人失去理智"的风流女，她既是胡传魁的姘头，又是新四军某部指导员郭建光的情妇。这一"戏说"在沙家浜引发强烈愤慨，引起广大读者的强烈不满，纷纷提出了尖锐批评。

　　东方网 2003 年 3 月 30 日消息：2003 年 3 月 29 日上午，中共常熟市委宣传部邀请江苏省和苏州市文联、作协领导，上海新四军研究会专家、江苏省文学创作与评论界人士、上海沪剧院《芦荡火种》创作演出人员代表、新四军老战士和沙家浜驻地部队代表召开座谈会，谴责中篇小说《沙家浜》歪曲历史事实、玷污英雄形象。

　　东方网 2003 年 5 月 8 日消息：2003 年 5 月 8 日下午，上海市新四军历史研究会秘书长刘石安告诉记者，刊登小说《沙家浜》的《江南》杂志社日前已公开赔礼道歉，表示对不起沙家浜人民，对不起新四军战士，愿意接受读者对他们的批评与帮助，在《江南》杂志公开刊出"认错书"，以取得读者的谅解。

　　小说《沙家浜》梗概：故事发生在抗日战争时期的沙家浜镇，主人公阿庆开着春来茶馆，因为阿庆嫂没有生育能力，阿庆在高家村有着女人章翠花，且也有着一个孩子金贵。而阿庆嫂和胡传魁司令、新四军某部指导员郭建光也有着两性关系。一次阿庆带着金贵去放羊被鬼子发现，金贵被打死，阿庆中了鬼子的毒子弹……在策划怎样救助受伤的新四军战士时，胡传魁和郭建光联合策划，准备将鬼子的炮楼炸掉。受伤很重的阿庆在听到他们争论该由谁将这炮楼炸掉时，挺身而出，最终牺牲。

第三章
报刊编辑的策划组稿

【本章要点】

稿件,是指报刊编辑部、出版社等单位收到的作者的精神文化作品,包括文字作品、图表等。稿件的基本要求是真实、正确、适时。编辑策划是报刊组稿的需要,几乎成为所有报刊社的日常工作。编辑策划的方法有参照法、逆向法、系统法。"外稿"是指本报刊信息采集系统之外的其他渠道稿源,包括业余作者自发来稿、通讯社电讯稿和编辑组织通讯员、专家撰写的稿件。

3.1 报刊稿件来源与要求

3.1.1 稿件:人类精神文化作品

稿件,是指报刊编辑部、出版社等单位收到的作者作品,包括文字作品、图表等。报刊等媒介收到、采用的作者作品,有新闻稿、评论稿和文艺稿等。

所谓新闻稿,是指作者从现实生活中采取具有新闻价值的新闻素材,并经过创造性精神劳动所产生的、以一定的物质手段如语言符号或非语言符号为载体的一切新闻产品。

新闻稿也叫新闻报道,新闻报道是报纸的主体,它包括消息、通讯、特写、深度报道等,它来源于本社记者来稿和社外来稿;评论稿也叫新闻评论,新闻评论是报纸的旗帜,它包括社论、评论员文章、编者按、短评等,新闻评论大都是报社编辑根据需要写作或特约来稿。每一个运转正常的报刊编辑部每天必须要有大量的稿件作为原材料,以保证报刊正常出版。

一、报纸稿件来源

报纸稿件来源有以下几个方面：本报记者、编辑采写的稿件；特约作者、通讯员来稿；通讯社电讯稿；受众自发来稿；有关部门或专家的专稿；内部报刊、简报和总结材料；网络适用信息等。

二、期刊稿件来源

期刊稿件来源包括自发来稿和期刊编辑主动组织的稿件。自发来稿又称自投稿或自由来稿，是作者自选题目写作并邮发给杂志社的稿件，自发来稿还包含专家、朋友、单位的推荐稿。主动组稿，是指期刊编辑根据编辑部的选题计划，通过个别征稿、公开征稿、专访、召开座谈会等方式，主动组织来的稿件。

3.1.2 稿件的基本要求

一、真实

真实、准确是对报刊稿件最基本的要求，特别是以新闻报道为主体的报纸和新闻类期刊必须讲究新闻的真实性。新闻的真实性是指新闻报道反映客观事实的准确度，即新闻报道中的每个事实必须符合客观实际，并能准确反映时代潮流、社会趋势的总体真实。

我国新闻界一直强调新闻的真实性，与新闻失真失实现象作斗争。解放战争时期，延安曾进行过一次大规模的反"客里空"活动，打击新闻报道中的虚浮不实的作风。"客里空"是前苏联剧本《前线》中一个习惯于弄虚作假、吹牛拍马的战地特派记者的名字，"客里空"已成为假新闻的代名词。

中宣部在1985年1月15日发出《关于新闻单位应在整改中认真解决新闻失真失实问题的通知》。1994年1月23日《人民日报》发表评论"新闻也要打假"，号召新闻界也要实施质量监督和检查，像打击、制售假冒伪劣商品那样，开展新闻打假活动。但是，近年来，假新闻泛滥成灾，成为危害社会的"新闻公害"。上海《新闻记者》杂志从2001年开始，每年都评选出"全国十大假新闻"。

新闻报道失真失实的表现大致有以下方面：一是夸大其辞。比如《中国少女改写牛津大学800年校史》（2001年十大假新闻之一）；二是恶劣歪曲。比如《汤加出现一股反华浪潮，汤加当局限令六百多华人离境》

（2001 年十大假新闻之一）；三是虚假报道。比如《千年木乃伊出土后怀孕》（2002 年十大假新闻之一）；四是态度偏颇。比如《意韩赛主裁判（厄瓜多尔籍英雷诺）惨死于乱枪》（2002 年十大假新闻之一）；五是遗漏隐瞒。比如《六元钱摸奖喜中摩托，六天后外出车毁人亡》（1993 年十大假新闻之一）。

新闻失真失实的主要原因：一是故意失真失实。其表现为一些地方领导好大喜功，虚夸浮躁，吹牛造假，一些媒体充当造假"吹鼓手"。新闻媒体出于商业的目的，不择手段编造新闻。一些单位和个人为了达到宣传自己的目的，借助金钱诱使新闻工作者采写内容不实的稿件，并堂而皇之地登上报纸版面。一些媒体和新闻从业人员为名利所驱动，不顾新闻的社会效益，一味向"钱"看，迎合社会上不正之风，导致新闻失真失实。一味追求猎奇的新闻观，也是导致新闻失真失实的重要原因。例如："河南发现 161 岁老人吴云清"、"1990 年美国妇女在月球生一男孩"、"人类生育奇闻多：5 岁当妈，93 岁当爸"等，这些假新闻十分离奇荒唐。

二是非故意失真失实。新闻传播者知识素养欠缺，采访不深入，有的媒体和从业人员为了抢新闻，未经核实，急于发稿，导致失真失实。2000年 7 月，著名表演艺术家赵丽蓉去世。7 月 8 日南京某晚报 A1 版《赵丽蓉昨晨在京逝世》，称赵"有三个儿子"，而在同一份报纸上的 A4 版《音容宛在赵丽蓉》一文则说赵有"二子一女"。这两种说法有一种是失真失实的，只要核实一下，就能避免，但报纸没有这样做就匆匆发稿了。

二、正确

以正确的舆论引导人。要按照事实的客观面貌向受众描述新闻事实；以公正的态度来选择客观事实，让所报道的新闻事实符合客观事实。

三、适时

"适时"包括两层意思：一是指新闻报道要及时迅速，善于抓"活鱼"不能让新闻成为"明日黄花"。美国传播学者施拉姆认为，迅速应与正确、真实并重。他强调，编辑和记者的责任之一是要设法"迅速而正确地报道新闻"。

"适时"的第二层意思是指新闻报道要合"时宜"，即在最合适的时间内报道特定的新闻信息。有的新闻报道并不是越快越好，还有一个发表的时机问题。比如 1976 年 7 月唐山大地震死亡人数 20 多万人，一直到

1979 年才对外公开报道。

3.2　编辑策划

　　报纸的编辑策划，又称新闻策划、报道策划，是报纸编辑根据新闻规律，对新闻报道运转的各个环节、报道什么和怎样报道所作的、具体的、细致的设计和组织，它追求良谋和创意，旨在优化报道效果。

　　期刊的编辑策划，又称选题策划、组稿策划，是期刊编辑将一个个选题按照期刊的宗旨、定位等制定的组稿计划。期刊的选题策划要有创意，符合客观实际，弘扬时代主旋律，以读者需要为重要依据。

3.2.1　编辑策划的意义

　　对报道进行组织策划，是近年来我国新闻业务研究的热点。有人反对提"策划"概念，认为这等于"制造新闻"。事实上，编辑策划早在 19 世纪末 20 世纪初就盛行于西方新闻界，当时的西方报刊强调编辑策划的作用，核心是突出编辑的指挥权。1912 年 4 月 15 日美国《纽约时报》对"泰坦尼克号"巨轮沉没的报道，就是中外新闻史上一次成功的编辑策划。

　　在我国新闻实践中，编辑策划的应用也十分常见。我国媒体在 20 世纪 50 年代就有了"报道设计"或"报道计划"。改革开放以后，受众需求越来越高，媒体竞争越来越激烈，新闻媒体要巩固和扩大自己的受众群体，必须提供更多更好的新闻，这就迫切需要报刊编采人员充分发挥主动性和创造性，加强报道选题的研究和设计，改进报道的内容和方法。上海《解放日报》原总编辑秦绍德说过："在新闻竞争日益激烈的今天，哪个媒介要不在策划上下功夫，没有自己的一手，就势必在竞争中失败。"人民日报社原总编辑范敬宜说："总编辑的主要任务：一是把关，二是策划。"

　　编辑策划是"厚报时代"适应新闻竞争的需要，几乎成为所有报刊社的日常工作。编辑策划实际上是编辑对可预知或突发的新闻事件或者选题计划，提前并及时进行的报道统筹安排。编辑是选题策划的牵头人，而本报本刊的记者则通常是计划方案的执行者。报刊如果缺乏编辑策划，往往会导致这样的后果：记者采访回来，手忙脚乱地整理一堆文字材料却不得要领，不知从何入手，拼凑成稿，缺乏主线，耽误了出报出刊。若遇到大型报道，则更是杂乱无章、纰漏百出。

"新闻策划"与"策划新闻"有着根本的区别：新闻策划是在事实存在的基础上进行策划，优化报道效果；而策划新闻则是无中生有，制造假新闻。

3.2.2　编辑策划的类型

编辑策划因主体、对象和功能等因素的不同，可以分为多种类型。类型不同，要求也有区别。把握这种区别，有利于策划到位。根据目前情况，编辑策划一般分为长期策划、中期策划、短期策划和冷、热策划等。

一、按照报道时间分类

（一）长期策划。通常是提前半年、一年、两年的策划，主要涉及可以预见的重大趋势性或战役性报道，往往需要投入重兵，进行长期深入采访。比如，纪念红军长征胜利 70 周年，有的报刊提前一年便着手筹备，跋山涉水，实地采访幸存的老红军。

（二）中期策划。通常是重大战役或热点问题报道，比如，党代会、人大政协"两会"和年终报道等，都可以在几个月或一个月的时间段内做准备。

长期和中期策划，对于期刊编辑来讲，就是年度计划和每期的编辑计划。年度计划主要考虑一年当中每期之间的安排、连续与变化；每期的编辑计划主要考虑本期共发多少文稿，各是什么内容等。由于期刊印刷周期较长，通常期刊都要提前三四个月订好计划，组织实施。

（三）短期策划。通常是针对突然发生的新闻事件或时局需要立即关注的问题进行策划，要求报刊编辑在几天、一天甚至几小时、几分钟内，拿出报道方案或选题计划。这里有日常报道的策划，也包括突发性事件报道的策划。比如报刊对 2008 年初我国南方抗雪防冻救灾的报道策划等。

报刊编辑部应建立新闻预报制度，这是编辑策划工作的一个基本形式，即对中长期和近期（未来几年、一年、几个月、几周以及几天、一天）将要发生的重要新闻事件提前做出预报，列出报道日历，做到心中有数，早做准备。新闻预报制度，既包括国内外重大会议、展览和赛事、将出台的法规、重要的天象、夏种秋收等预定事件，也包括一定时期内的社会热点问题如上学难、看病难、住房难等的发展变化趋势，还包括对突发事件的预测。

二、按照报道性质分类

（一）突发事件报道。突发事件报道，也叫即时性策划报道。事件或信息的突发性，决定了对它们的报道不可能进行事先策划。而突发性事件或信息往往具有很高的新闻价值，是新闻媒体竞相报道的对象，这就需要临场加以策划，以利于在竞争中取胜。编辑在突发事件报道策划中要关注详情和时效，始终把握事态的发展，首发新闻和后续报道要一气呵成。这类策划既需要报刊编辑的功力，更需要积极进取的敬业精神，是对报刊编辑人员综合素质的一种考验。

比如，2003 年 3 月 20 日《现代快报》的头版头条报道"战争将于 11 点打响？"。当国内其他早报 3 月 20 日以"准备开战"、"战争随时打响"为题对"伊拉克战争"作预测性报道时，《现代快报》以较准确的报道，在国内媒体中独树一帜。这与该报夜班编辑发挥主动性和创造性是分不开的。当时，美国总统布什宣布的最后期限是 3 月 20 日上午 9 时（北京时间）。战争何时打响，媒体只能是不准确的预测。3 月 20 日深夜 1 点 20 分，正准备签发付印的《现代快报》编辑突然接到特派记者陆云从科威特打来的电话，说他得到最新消息，伊拉克战争很可能在北京时间 20 日上午 11 点打响。原来，陆云和路透社记者经过美军检查站时看到一些美军士兵笑嘻嘻地向他们打出"6"的手势。陆云凭直觉判断可能是战争将在科威特时间 6 点（北京时间 11 点）打响。《现代快报》夜班编辑听完陆云的电话，立即和值班总编商定，将头版标题换成"战争将于 11 点打响"，为稳妥起见，在标题后面添了个问号。伊拉克战争打响是北京时间 3 月 20 日上午 10 点 35 分，《现代快报》编辑提前 9 个小时比较准确地预测到战争时间。而全国一些早报不得不出"增刊"，报道"战争打响"的消息。

（二）热点问题或重大战役性报道。这类报道是全社会关注的焦点，比如，房价上涨、"嫦娥 1 号"发射、杭州湾跨海大桥通车等，各种媒体对这类报道要调集精兵强将，全力以赴，早作安排、周全策划。竞争的关键点在于报道的深度和角度。

（三）日常报道。编辑要注意日常报道的创新。报刊能否在平淡中出奇制胜，日常报道策划同样十分重要。

三、冷策划与热策划

这是结合时间和报道性质的一种分类。"冷策划"是指编辑围绕可以预料的事件和非事件性新闻报道而进行的策划;"热策划"是对重大突发性事件或突然出现的社会重大热点问题而进行的策划。重点和难点在于"热策划",要求编辑在极短的时间内,迅速形成策划方案,并立即执行,拓展后续报道领域,对报道进行立体、及时而有力的组织指挥。

3.2.3　编辑策划的内容与方法

一、编辑策划工作的主要内容

(一)确定选题,创新实施。一是抓准选题,确定报道主旨。编辑策划工作的关键是抓好选题。抓选题要"吃透三头",即"上头"、"下头"和"对头"。"上头"就是党和政府的方针政策、中心任务等;"下头"就是读者的愿望和需求;"对头"就是了解同类报刊的选题行情。二是找准切入点,选择报道形式。这是编辑策划的一个核心问题,也就是如何抓住事件和问题的焦点,考虑应用多种手段,做出特色,做出精彩,达到理想效果。三是安排报道力量,选定采访对象。要根据报道的规模和时间,妥善安排和分配人力。对策划实施中可能发生的意外情况要有充分的估计和预测。四是从新闻事件、社会问题和读者需求三个方面考虑报道的时间和时机。五是编辑策划的统筹。报刊编辑部对策划工作要有绝对的主导权,发挥中枢效应。要形成上下畅通的高效率信息渠道;要理顺编采、技术、行政后勤等部门的关系;要关注报道的组合,把整个版面纳入策划视野。要发挥好联动机制的作用,包括文字报道与图片报道的联动、传统报道业务与网络等新兴业务的联动等。

(二)撰写报道计划。通常情况下,编辑策划结果应形成报道计划或方案,供报刊编辑部内部讨论及领导审批,并作为执行中遵循的文本,印发放到每位参与报道的编辑记者手中。写报道计划的关键是要做到主旨突出、框架完备、要点细化,并具有可操作性。

(三)形成策划机制。很多报刊社都建立了比较规范的组织策划机制,比如,以编委会为中心的报道策划机构、日常报道的首席策划制度、突发事件的应急指挥机制等。组织策划通常以采编业务会议的形式来完成,包括年会、月会和周会,以及一天三会制(采前会、编前会、定稿会)。如遇重大突发事件发生,通常由编委会负责人临时召集采编人员,进行应急策划。策划会是编辑部的一项基本制度,也是完成报道组织策划的基

069

本手段。出彩的策划往往是业务民主、协商讨论的结果。

（四）编辑策划工作中的误区。在策划工作中,应注意克服一些不良倾向:一是重策划,轻报道。有的编辑部把最主要的精力用在写策划方案和总结报告上,而报道却草草了事,不顾事实,闭门造车。有些假新闻就是这样"策划"出来的;二是时时开会,事事策划;三是编辑一定要关注最新动态,不能只策划,不变化;四是流程失控,执行乏力。编辑需要认真监督报道方案的实施进度,并与记者保持密切联系,保证策划要点得到落实;五是把策划变成炒作。任何滥用煽情手段、人为扩大新闻的影响,都不是真正的策划。

二、编辑策划的方法

（一）参照方法

编辑策划是媒介竞争的产物。竞争必须知己知彼,而参照正是达到知己知彼的途径。作为创造性模仿,最好方法是以别人成功的经验或失败的教训为基础,通过对比、评论获得最有价值的信息或观念,并将其运用于自己的实践,因此而大大降低创新的风险。美国学者库普斯和莱布兰得在调查美国和加拿大 1600 家公司后得出结论:一个企业要想在市场竞争中取胜,最好的方法是创造性地模仿行业内的领先者。当今社会,参照已成为西方一种新的管理方法和管理理论,为越来越多的企业所采用。

实践表明,编辑策划时运用参照方法同样可以获得成功。《华西都市报》1996 年 7 月 1 日扩版时推出每日一版的"特别报道"专版,不断受到读者欢迎。这个版每天用一个整版四五千字或者介绍一个新闻事件,比如《惨无人道的兽行》;或者报道一个新的人物,比如《别忘了,你是怎样跨进大学门》等。《华西都市报》的"特别报道"专版成功经验之一是,明显嫁接了其他报刊的优势,为我所用,加以改造,形成自己的特色。它参照了《文汇报》的"独家报道"、《新民晚报》的"五色长廊"、《南方周末》的"人与法"、《故事会》的传奇故事等,显示出杂交优势,创新出"天天都有"的特色,成为该报的名牌专版。

当然,参照不是为了照搬,而是为了了解,为了拓展视野,获得启发,为了推陈出新。参照如果是跟在人家后面爬行,亦步亦趋,那就陷入误区,失去了意义。

（二）逆向方法

逆向思维是报道策划中常用的方法。在编辑策划中运用逆向方法，既可以给人新感觉，也有利于全面地反映客观事物。20 世纪 80 年代中期，各新闻媒体竞相报道社会热点，以"热点"、"焦点"命名的栏目如雨后春笋不断涌现。但是，《中国青年报》却反其道而行之，开设了名为《冰点》的专栏，着重报道容易为媒体所忽视的普通人的生存状态。这个栏目被评为中央主要新闻单位名专栏。

（三）系统方法

所谓系统方法，就是对报道所涉及的各种关系和各个环节，进行纵横交错的全方位思考。报道对象的形成都有一个发生、发展的过程，并且都与周围其他事物存在着互动关系。运用系统方法策划，可以促使报道更加充分，从而全面、深刻地提高吸引力和影响力。

3.3　组织稿件

3.3.1　报纸组稿

要保证报纸正常出版，除本报记者、编辑根据编辑部的策划意图和实际情况，组织采写稿件外，大量稿件来自"外稿"。"外稿"是指本报新闻信息采集系统之外的其他渠道稿源，包括业余作者自发来稿、通讯社电讯稿和编辑组织通讯员、专家撰写的稿件。在个人通讯、传播技术迅速发展的今天，"公民新闻"日益兴盛，来自业余作者在特殊时空中得到或掌握的新近发生的重要的第一手信息，已成为当今报纸尤其是晚报、都市报的重要稿源。

除了自发主动投稿外，"外稿"也常常由本报编辑组织通讯员、专家撰写。比如，1978 年 5 月 11 日，《光明日报》发表的一篇题为《实践是检验真理的唯一标准》的特约评论员文章，影响了我国改革开放的进程。文章作者胡福明当时是南京大学哲学系教师，他写了此稿，投给《光明日报》。编辑在发现和处理这篇稿件中起到了重要作用。

进入 21 世纪，一些报纸为了共享稿件，建立了"报联网"。2003 年，《北京青年报》每月平均采用报联网稿件 100 条，图片 80 张左右。2003 年"非典"期间，因无法派记者采访，该报的外埠新闻全部来自报联网。

一、"外稿"中的约稿

（一）本报记者不能胜任的重大报道和核心报道。有时，事发紧急，本报记者不能赶到现场，比如 2008 年初我国南方部分省区发生 50 年未遇的特大冰雪灾害袭击，导致京珠高速大量车辆和旅客滞留。中央和其他地方报纸记者无法赶到现场，便约请湖南当地记者采写报道。还有一些只有业内人士才能了解到的重大信息，比如涉及纪检案件的稿件，有的报纸也会约请纪检部门有关人士撰写。当然，许多重头稿件离不开通讯社的电讯稿。

（二）为重要新闻配发的支撑性文章。往往是本报记者写的主体新闻之外，需要外稿来配合，构成组合报道。比如，发生了突发事件，需要请相关的权威人士分析事件原因。

（三）社论、时评和专栏文章。不少报纸的社论和时评，不是本报编辑、记者所写，而是约请社会上的权威人士、知名专家来写。约请知名人士写作各种专栏文章，也是报纸的常见现象。

（四）副刊作品。包括随笔、小品、杂文、诗歌、小说等文学类体裁和评论、理论文章、知识性文章等非文学类体裁，多数报刊发表的这类稿件绝大部分都是约稿。

（五）专家、学者的专稿。当今报刊操作中，遇有政治、经济、社会和国际风云变化热点或突发事件，编辑常常邀请专家、学者对新闻进行解读，发表看法或主张，有的还直接约请专家、学者撰写文章和评论。《新京报》建立了专家库，与全国上千名专家、学者保持联系，新闻发生时，随时能找到合适的人发表意见或写评论文章。

报刊编辑请专家、学者发表意见或写评论文章，需要注意的问题：一是不要轻信或"迷信"专家，轻易地对一些不全面、不成熟、不宜公开甚至不正确的"专家观点"作报道，形成误导。比如，某财经期刊发表《专家建言适当减税》，是根据某大学财政金融学院教授在一次座谈会上的发言稿改编的，对国家现行税收政策这样重大而敏感的问题发表异论，被认为易引起纳税者的思想混乱。二是不要把专家的个人观点当作政府部门的"新政策"、"新精神"。比如某报在 2004 年初连续发表多篇评论，突出宣传《强国、富国得靠重化工业》，使人容易把专家的个人观点当作政府的"新政策"、"新精神"。

二、通讯社稿件的使用

我国的两大通讯社是新华通讯社和中国新闻社。新华社是国家通讯社,担负着向海内外媒体供稿的业务;中新社是一家向海外媒体供稿的外宣机构。

1982年,五届全国人大常委会第24次会议进一步明确了新华社作为"国家集中统一的新闻发布机关"的职能。党和国家的重要通知、公告和重要法律、法令、法规、条例、规定,党和国家重大庆典、纪念活动的新闻,党和国家的重要会议和其他重要活动的新闻,党和国家领导人的重要活动、重要讲话、重要文章的报道,重要外交、外事新闻,港澳台重要事务的新闻,重大军事行动的新闻,重大灾情、震情、疫情的新闻,重要人事任免等,一般都授权新华社发布。因此,报刊编辑要注意不得漏掉新华社播发的重大新闻,同时还要留心新华社播发的预报、改稿、撤稿通知,以免造成失误。按规定,国内报刊不可直接采用外国通讯社的稿件,此类稿件的转发权也属于新华社。

报刊编辑处理通讯社稿件,一般采取以下几种方式:一是原文照用。特别是一些授权发布的党和国家领导人重要活动的新闻,采用时要严格使用新华社电头的全文,即"新华社×地×月×日电",并要有记者署名。二是删节采用。删节后的通讯社稿件,前面要加"据"字,即"据新华社×月×日电"。有时可省略日期和记者署名。三是综合采用通讯社稿件。即把几篇通讯社稿件合为一篇,或是与其他来源的稿件综合成篇,直接用"本报综合报道"。

三、报联网稿件的使用

20世纪末21世纪初,我国兴起了"报联网"。所谓报联网,就是各地方报纸为及时报道新闻、共享资源而建立的联谊会形式的跨地域稿件交换组织。报联网于1998年由《成都商报》发起建立。异地新闻同步发稿是报联网的一大特点,外埠新闻当日发稿使报联网的加盟者越来越多。报联网的稿件以国内社会新闻为主,所提供的稿件大多是各成员报纸当天准备上版面的稿件,这使入网报纸能够与新闻事件发生地的报纸实现同步发稿,使都市报在本地报业的时效竞争中抢占了先机。2001年,由《北京青年报》牵头在北京制订并签署了使用报联网稿件协议,规定实现地域性新闻资源共享,采用稿件要给合作伙伴署名,由入网报社统一向作

073

者支付稿费,稿费由各报根据自己的标准支付。

报联网实行"一个地方只能有一家报纸"参加的组织规则,主要也是从机制上保证本报能够得到独家的外埠新闻。到2004年,报联网已覆盖了几乎所有省会城市。报联网的最大的问题就是新闻失实现象比较严重,一些都市报的记者新闻从业素质较差,报道片面性较大,编辑需要反复核实。

3.3.2 期刊组稿

期刊选题确定之后,责任编辑就要组织作者写稿。组稿过程中,需要给作者写作、邮发约稿信、退改信和退稿信。

一、约稿信

约稿信也称组稿信,是期刊编辑部向作者约稿的信件,一般由责任编辑来写。写约稿信的目的,是要明确地告诉作者写什么、怎么写、写给谁看、有哪些参考书和写作要求等。主要包括以下内容:

(一)文稿的题目:提供所选定的文稿题目,或者提供几个题目供作者选择;如果作者对题目不满意,也可根据内容自己另订题目。

(二)写作的内容和要求:选题内容的大致范围,该期刊的性质、读者对象、文字风格、要求等。

(三)可供参考的资料:可适当介绍相关报刊图书等文献资料供作者参考,并提醒作者避免重复。有时,编辑可要求作者先写个提纲或部分章节,以便进一步了解作者的写作能力。

(四)具体要求:文稿字数、交稿日期、交稿方式、编辑部地址、接稿人邮箱、发表时署名、稿费标准及支付办法等。

例文:

《××××》编辑部约稿信

××同志:

您好!

欣闻您和其他二位同志合作的《××××》项目通过了省科委鉴定。你们研究的这一课题对我国现有化工生产的精细加工有较大的指导作用,你们能否将这一研究成果改写成论文,阐明你们所使用的方法与国内现实使用的生产方法的改进和提高,应用于实际生产所产生的效益,推广此种方法的要求与意义。

　　文章以 3000—5000 字为宜，请按学术论文形式撰写，言简意赅。请于 6 月 30 日前交稿，文稿中的图请用硫酸纸描绘。文中的表要用三线表。文稿的署名请你们三位同志协商好。文稿写好后请直接邮寄到编辑部（附带电子稿）。

　　若还有不甚明确的事，请找编辑部的××同志联系。电话：（略）邮箱：（略）

　　顺颂撰安

《××××》编辑部（盖章）

×年×月×日

二、退改信

　　退改信就是要求作者修改稿件的信。作者来稿（包括组稿和自投稿），经编辑部审定后，认为基本可用，但尚有不足之处，责任编辑可发出书面的退改信。内容大致如下：对稿件质量的中肯的评价，肯定优点；指出稿件的不足之处，提出相应的修改意见和建议；如有可能，编辑还可以有针对性地提供一些修改用的参考资料；写明修改后的交稿时间。

　　例文：

《××××》编辑部稿件修改信

收稿日期：　　年　　月　　日

××同志：

　　您（们）的文稿（编号：　　　）经我们研究，有以下几点修改意见和建议。如蒙同意，请予酌情修改。此外，对文稿作了某些修改与删节，仅供参考。请将修改稿，连同原稿及退改意见一并于　　月　　日前退还我们，修改稿请用 A4 纸打印（附带电子稿）。有关格式请按本刊的要求书写。

　　具体修改意见和建议如下：

《××××》编辑部（盖章）

年　　月　　日

三、退稿信

　　稿件审读后，不拟采用的，应退还给作者。一般由审稿的编辑写退稿信。退稿的情况主要有：

（一）自发来稿的退稿。一是稿件质量差、观点不正确、写作水平差或抄袭之作。二是内容重复。有的是来稿之间的重复；有的是来稿与已发稿件的重复。三是不属于本刊发表范围。每个期刊都有自己的定位和内容范围，对于投错的稿件，应该退回，也可以介绍给相关期刊编辑部。来稿虽有一定的水平和价值，但由于条件限制，一时不能刊用的，应实事求是地向作者说明情况，退回稿件。

（二）组稿的退稿。组织来的稿件基础差，几经修改，仍达不到发表要求的；或者对来稿中的某些重大问题，几经指出，仍坚持不改的；或者交稿后形势发生变化而退稿的。写这样的退稿信，只能如实向作者说明实情；如果订有合同，应按合同规定补偿作者的损失。

编辑写退稿信时，应措辞得当，注意分寸，做到退稿不退人，并希望作者继续撰写稿件。如果有的编辑部人手少，工作忙，应该备有退稿通知单，把被退稿件的共性列出几条，根据情况，在所选项前划"√"，说明退稿的大致理由。

例文：

《××××》编辑部退稿信

××同志：

您的来稿（编号：　　　）经审查不拟采用。限于人力，简要提出如下意见（有"√"），不一定正确，供参考。现随信原稿寄还，请查收。谢谢您对本刊的支持，并希望继续供稿，多提宝贵意见和建议。

此致

敬礼

《××××》编辑部（盖章）

×年×月×日

附：退稿原由：

1. 此稿与本刊宗旨、选题不甚吻合，建议投寄它刊。

2. 此方面的研究我刊已有登载。

3. 此项研究的某些方面（选题，设计，资料统计等）尚有不足，具体意见附后。

4. 本文内容涉及保密，不宜公开发表。

3.3.3 报刊组稿的基本策略

一、组稿的方法

(一)制定具体组稿计划。报刊编辑策划、选题最后都落实在具体稿件上,每一种策划都要有具体的组稿计划,包括每一期、每一版、每一篇稿件(文字、图片、表格等)。组稿计划既要符合编辑方针,也要符合客观实际。

(二)选好合适的组稿对象。合格的报刊编辑要有众多的作者、通讯员,形成"召之能来,来之能用"的作者队伍。作者队伍要多元化。编辑要有作者"联络图",包括作者姓名、单位、联系电话、邮箱、家庭住址、特长,根据组稿计划,有目的选择作者,指导他们完成组稿任务。

二、组稿的注意事项

(一)要了解作者背景。多和作者交朋友、善于听取记者和通讯员的意见,注意发现和培养有写作潜力的作者。作者队伍要有梯队,有骨干队伍,有一般队伍。对于一些背景不明的作者的情况,最好询问当地有关主管部门。

(二)组稿时,向作者讲清稿件的具体要求,包括内容、形式、字数、交稿时间等。报刊编辑不能强作者所难,让作者写不熟悉的东西。作者应约写的稿件,编辑收到后,要及时阅看,并及时向作者反馈意见。如果需要修改,要提出修改或补充材料的意见;如果不能采用,一定要讲明原因。组织来的稿件应尽可能地刊发,以保护作者的积极性。

(三)组稿要注意权威性。相关话题,最好请选择最有发言权的人物来提供。对一些在思想学术界有影响的人物,不能随随便便"召之即来,挥之即去",要保持联系。在专家学者圈里,报刊编辑要有"人脉"。

(四)积极依靠自由撰稿人,但要认真核实,排除"地雷"。社会上活跃的自由撰稿人很多,他们写稿积极性强,出手很快,有的人水平较高,有的建立了自己的工作室,成为专业供稿户。但要看到,他们中有一些人是为利而写,编辑对其稿件的内容需鉴别斟酌,以防失实。要防备一稿多投,编辑事先要与作者有所约定。

(五)尊重每一位作者。不论作者是什么身份,每一篇稿件的处理情况,都要对其有所交代。要修改稿件中的差错,但一般不要改变作者的风格。要及时支付稿酬。约来的稿件若不能采用,要向对方说明原因,并表示歉意。

(六)要组建稿源库,有备用稿,约来的稿件如果不行,可以替换。

【思考与训练】

1.什么是报刊稿件?

2.报刊稿件的来源有哪些?

3.请结合案例分析新闻失真失实的主要原因与防范对策。

4.编辑策划的类型有哪些?

5.请简析"新闻策划"与"策划新闻"的根本的区别。

6.编辑策划的内容与方法包括哪些?

7.什么是"公民新闻"?

8.简要分析"外稿"的类型与作用。

【案例回放】

2003 年 1 月 6 日晚 7 时 15 分左右,合肥工业大学校门口附近发生一起车祸,一名女大学生当场被撞身亡。《新安晚报》有关这起交通事故的一篇只有 213 个字符的报道,造成了极其严重的社会影响。

大学门前　飞来横祸

本报讯　昨晚,合肥工业大学门前发生一起重大交通事故,一名横穿马路的该校女学生被驶过的一辆大货车碾死。

据了解,昨晚 7 时 15 分左右,一辆带挂货车由西向东行驶至屯溪路和宣城路交叉口附近时,正巧与由北向南横穿马路的合肥工业大学 3 个女学生相汇。大货车主车左后轮正好碾到其中一女生安某的头部,致其当场死亡。

事故发生后,合肥市交警三大队民警迅速赶到现场进行勘查,并将货车司机带回讯问。目前,此事正在处理中。(梁天习　本报记者　楚杰)

(原载 2003 年 1 月 7 日《新安晚报》第 3 版)

"一·六"车祸责任查清　肇事者被刑拘

本报讯　今年 1 月 6 日,合肥工业大学校门口附近发生一起交通事故,一名女学生被撞身亡。合肥市公安局交警支队经一天奋战,已查明案件事实,肇事车辆违反道路交通管理条例,肇事司机张敏对这起车祸负全部责任,目前张敏已被警方刑拘。

据了解,1月6日晚7时18分,合肥市公安局指挥中心接到报警,称在屯溪路合工大门口附近发生一起交通事故。交警支队三大队事故科值班民警受指派出警,并于7时24分到达现场,同时,120救护车也赶到现场,发现一辆车号为皖A 63483号的大货带挂车停在屯溪路和宣城路交叉口附近路中,驾驶员弃车逃离。经检查,女性伤者已不幸身亡。经现场勘察、调查访问,公安部门于当夜确定了死者身份。

经查,肇事司机为张敏(男,20岁,肥西县新仓建筑公司聘用驾驶员),事故发生后即逃离现场。为尽快将肇事司机捉拿归案,7日上午8时,三大队民警迅速赶往肥西缉捕犯罪嫌疑人,并对其家人进行教育,促其投案自首。当日,张敏迫于强大压力,前往三大队投案自首。目前,此案正在进一步审理。

此案发生后,省委省政府及合肥市委市政府有关领导高度重视,要求尽快对肇事司机依法惩办。同时,决定在合工大门前抢修人行天桥,以彻底改善这里的交通状况。目前方案正在抓紧设计中。

合肥市有关方面还决定,在人行天桥施工前,由公安部门增加学校门前的交通警力,以确保师生的交通安全。合肥市将继续加快建设畅通工程,加强交通管理,给全市人民创造一个良好的交通环境。

080

致歉　有关"1·6"车祸的情况,本报在1月7日第3版曾有报道,但事实不清,责任不明,报道失误,特此更正,并向合工大师生及广大读者致歉。

(原载2003年1月9日《新安晚报》第1版)

【案例评析】

新安晚报:2003年新年第一场"血"

《新安晚报》2003年1月7日第3版发表的一篇题为"大学门前飞来横祸"短消息,所有文字加标点符号,总共只有213个字符,可以说是一块小小的"豆腐干"。但是,它当时所造成的社会影响是极其严重的。

2003年新年伊始,安徽省合肥市"1·6"车祸,无情的车轮吞噬了合肥工业大学一名女大学生年轻美好的生命,制造了"血"的惨痛教训。《新安晚报》在这起交通事故报道中,"事实不清,责任不明,报道失误",激起了合肥工业大学学子的强烈愤怒,纷纷自发到《安徽日报》社及其下属的《新安晚报》社表示抗议,引发了社会震荡。《新安晚报》不得不于2003年1月9日在第1版发表"更正"和"致歉","向合工大师生及广大读者致歉"。

仔细分析《新安晚报》这起交通事故的失误报道,主要有以下问题:

一是事实不清。事实客观存在,新闻报道必须以客观事实为基础,做到及时、准确、真实。真实是新闻的生命。这是所有新闻从业人员必须牢记的最基本的职业准则。这起交通事故发生后,肇事司机弃车逃离现场,第二天(1月7日)迫于强大压力,才投案自首。而《新安晚报》1月7日第3版"大学门前 飞来横祸"的报道中却写成"合肥市交警三大队民警迅速赶到现场进行斟查,并将货车司机带回讯问"。

交通事故中,"肇事司机弃车逃逸"与民警现场"将货车司机带回讯问",是两件性质完全不同的事实。这起交通事故是1月6日晚上7时左右发生的,到《新安晚报》1月7日中午12时印刷发行,作者与编辑还有足够的时间进行核实,而且核实起来也不复杂,只要打个电话与公安交警部门联系一下就会弄清真相。但是,由于作者采访不细,道听途说,编辑把关不严,审核不力,从而导致这篇报道"事实不清"。

二是责任不明。交通事故中的"责任"有无或者大小,也是最重要的客观事实。这起车祸的全部责任由肇事司机负责。但是,《新安晚报》1月7日报道对这起事故的"责任"用词含糊不清,比如受害者"横穿马路"等,容易给人造成错觉。

三是用词不当。《新安晚报》发表"大学门前 飞来横祸"报道中的"正巧……相汇"、"正好"等词,都属于褒义词,用在血淋淋的交通事故报道中,只能说明作者、编辑在这方面的无知或者无情。关注民生,人文关怀,是近年来新闻界大力倡导的新闻理念之一,它强调的是对人的关心、尊重和维护人权,摒弃的是对人的生命、痛苦的漠视。媒体只有关心人、理解人、尊重人,给读者以真切的人文关怀,才能赢得读者的欢迎。

第四章
报刊编辑选稿与审稿

【本章要点】

报刊稿件选择,是编辑根据报刊方针、宗旨和社会实际,对稿件进行分析、鉴别,从而筛选出值得报道的信息,并准备加工传播的过程。稿件的基本条件是真实、正确、价值、适时、简练、生动。报刊选择稿件有社会评价、新闻价值、新闻政策和新闻法规。构成新闻价值的要素是真实性、时新性、重要性、接近性、显著性和趣味性。期刊审稿包括内审与外审。

4.1　报纸选稿的意义

4.1.1　选择稿件的作用

选择稿件,是把握报纸方向,彰显报纸特色,保证报纸质量的基础环节,是编辑处理稿件的第一项工作。只有稿件选择得好,才可能借此通过其它编辑手段,编排出好的版面,编辑出好的报纸来。

报纸所用的稿件,通常要经过两次选择:第一次是编辑部各专业部门编辑根据各自承担的任务和要求,对所有来稿(包括组织来的计划内稿和自发来的计划外稿)进行筛选,也叫"粗选",主要解决可用与不用的问题;第二次是在组织版面时根据版面要求进行筛选,也叫"定选",主要解决怎么用,用在什么地方的问题。

稿件在见报之前都要经过筛选,这是所有报纸必不可少的工序。

一、数量上——强迫性选择

强迫性选择是受报纸容量有限这一客观条件制约,对稿件所进行的选择。强迫性选择主要解决新闻信息无限与报纸容量有限之间的矛盾，取得新闻稿件选用量与报纸版面容量之间的平衡。

　　大千世界每时每刻都在发生着各种变化，反映这种变化的信息难以胜数，其中一些以文图稿件的形式，通过各种渠道源源不断地传送到报社编辑部，来稿数量要远远大于报纸可刊登的容量。而每家报纸的版面是相对固定的。受报纸容量的限制，编辑也不得不对来稿进行强迫性选择，以保证报纸质量。

二、质量上——需要性选择

　　需要性选择是稿件选择的主要方式。编辑之所以要对稿件进行选择，并非仅仅是由于报纸客观条件的限制，而是有其更重要的原因。报纸每天收到的稿件，内容涉及广泛，导向不尽相同，写作水平也参差不齐，它们都期待着编辑"放行"能与读者见面。报纸版面不可能对所有稿件完全敞开的。编辑的责任就在于对稿件进行准确的判断，然后做出取舍选择。这是报纸编辑根据新闻传播需要所进行的选择，是一种需要性选择。需要性选择的意义有以下几个方面：

　　（一）守门把关。新闻传播不仅是一个传播信息的过程，而且也是对信息进行评价的过程。这种评价蕴含在新闻信息的采集、写作、编辑的每一个传播环节之中，都表现为传播媒体对信息传播的守门行为。美国传播学者卢因曾提出过"守门人"（"把关人"）理论，他对信息流动中的筛选现象进行调查和研究后明确提出：新闻报道并不是"有闻必录"的，而是一个不断筛选的过程，"编辑舍弃许多新闻的决定"就是一种"最值得注意的守门行为"。报纸选择稿件总是以报纸所代表的一定阶级、集团的利益和需要为重要尺度的，这也是报纸编辑"守门"的最重要职责之一。选用什么稿件，往往是与报纸的办报宗旨、方针联系在一起的。我们之所以要对稿件进行选择，重要原因之一就是"守门"——确保以正确的舆论引导人，确保社会和谐、科学发展。

　　（二）创造特色。特色是报纸生存、发展的基石。每个报纸由于具体任务、发行地区、读者对象、出版时间等条件的不同，对新闻的取舍也有不同的侧重。随着改革开放和社会主义市场经济的推进，我国新闻媒体发展迅速，传媒市场竞争日益激烈，读者选择媒体的空间越来越大。在这种情况下，稿件的选用强调具有报纸特色显得尤为重要。

（三）保证质量。质量是报纸的生命。选择好稿件是确保编辑工作其他环节的质量和报纸"出精品"的重要条件。从编辑的工序来看，稿件修改、制题、配置、组版等都是以已经选定的稿件为对象的。这些环节的质量是受选稿这个环节的质量制约的。所以，对稿件进行选择是保证报纸质量的一个重要环节。

（四）阅读需要。读者阅读报纸也有一个选择过程，读者根据个人兴趣喜好、环境条件和报纸质量特色等来选择报纸、阅读新闻。报纸编辑选择稿件归根结底是为读者服务的，编辑选择稿件并不能代替读者的选择，但可以为读者的选择创造良好的条件，提供一个坚实的平台。从这一角度来说，编辑对稿件进行需要性选择的意义，就在于确保读者最终能在报纸上选择到最满意的新闻信息。

4.1.2　选择稿件的程序

一、选择稿件的程序

报纸每天都要刊登一定数量的稿件，这些稿件的选出并非是一次完成的，而是一个不断筛选的过程，既包括编辑个人不断筛选，从海选（从所有来稿中选取备用稿），到优选（从备用稿中选取可适用稿），再到精选（从适用稿中选取急用稿）；也包括一篇稿件从编辑部编辑的初选，到部主任、版面主编的复选，再到值班总编辑的选定等层层筛选环节。

首先，新闻稿件作为报纸的一种原料，与一般工厂的原料并不相同。报纸无法控制新闻的发生，新闻的发生也不会顾及到报纸的需要。新闻稿如同溪流源源不断地涌入编辑部，在编辑阅读之前，并不十分了解甚至完全不了解将会收到什么样的新闻稿，会收到多少新闻稿，因而需要随着新闻稿流的涌入，不断进行选择。

其次，选择新闻稿虽有一定标准，但还需要通过稿件间的比较才能达到择优的目的。这种比较往往也需要随着新闻稿的流入而不断进行。

再次，客观世界的情况是在不断发生变化的，为了确保新闻能及时、准确地反映最新的情况，选用一些新收到的更适用的稿件，而淘汰一些原已选定的稿件，这是经常发生的事。因此，只要报纸没有截稿，编辑对新闻稿的选择和调整就不能终止。对新闻稿进行选择，最终就是要选出适用的新闻，而排除其他不适用或相对来说不甚适用的新闻。

　　报纸编辑每天随时阅读来稿；建立备用稿库和急用稿库。时效性强、新闻价值高的稿件及时编发；时效性不太强、需要核实的稿件作为备用。

　　选择稿件的程序如下：

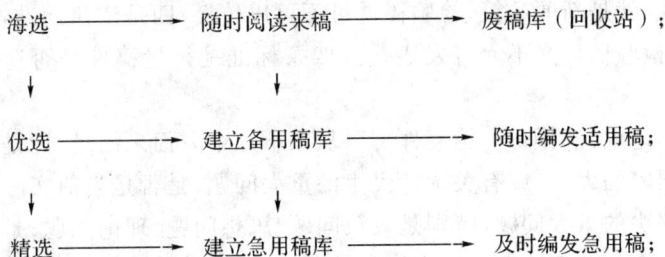

海选 ———————→ 随时阅读来稿 ———————→ 废稿库（回收站）；

↓　　　　　　　　　↓

优选 ———————→ 建立备用稿库 ———————→ 随时编发适用稿；

↓　　　　　　　　　↓

精选 ———————→ 建立急用稿库 ———————→ 及时编发急用稿；

二、稿件具备的基本条件

　　一条适用的稿件，应该既有好的内容，又要有好的表现形式。要符合以下基本条件：真实、正确、价值、适时、简练、生动。前四个条件主要就内容而言，后两个条件主要就表现形式而言。具体地说，就是事实真实、导向正确、传播适时、新闻价值、语言简练、形式生动等。

　　编辑不能简单地将上述条件笼统地作为选择稿件的标准。因为稿件初选出来之后，还要经过编辑的修改加工。因此，对于文字是否简练、生动，不必苛求。一篇稿件如果基本符合其他四个条件，就可以初步入选。

　　选出适用的稿件，突出矛盾是速度问题。新闻是易碎品，今天可以采用的，到明天就可能失去时效，从而丧失发表的机会。因此要确保稿件选择的速度，必须采用最佳的选择程序，尽量减少选择的时间。要减少选择的时间，确保选择的速度，就不可能对要选的稿件按上述内容四个条件同时进行考察。根据稿件本身就能基本做出判断的，比如导向正确、具有新闻价值、符合报纸需要的，即可暂时入选，然后再对这些已入选的稿件的真实性进行考察。

　　对于时间性特别强、经过审核、导向正确的重要稿件，目前我国一些报纸采取了一些新的措施，如不经一般常规的层层筛选过程，而直接交总编室乃至总编辑定稿。这种方法有利于迅速处理稿件，确保新闻的时效。

4.2　报纸选稿的标准

　　报纸编辑判断、选择稿件是否适用，既要从稿件本身所具备的基本条件来检测;同时,更要从社会环境、政策法规等外部因素来检验。报纸选择新闻稿件通常有四个标准:一是根本标准,就是社会评价,检验稿件利不利于和谐;二是义务标准,就是新闻价值,检验稿件值不值得报道;三是政治标准,就是新闻政策,检验稿件可不可以传播;四是法律标准,就是新闻法规,检验稿件允不允许发表。这四条标准是衡量稿件是否适用的综合尺度。

具体地说,选择每一篇稿件可以从以下八个方面来衡量,即是否是有关党和国家的大事,或有关国计民生的重大问题;是否是当前实际工作中迫切要解决的重大问题,特别是政策问题、思想问题、理论问题;是否是广大人民群众一致而迫切的呼声、意见、愿望和要求;是否是当前各战线、各部门涌现出来的新成绩、新纪录、新成就、新创造、新发现;是否是当前实际生活中的新情况、新动向、新问题、新经验、新见解;是否是新人、新事、新道德、新风尚;是否真实、扎实、朴实,言之有物、言之成理、言之成章;是否富有时效性、知识性、趣味性,是否与本地区、本行业、本阶层的关系特别密切。

选择稿件的政治标准和法律标准,将在本书第 10 章等章节中作阐述,本章重点讲述社会评价和新闻价值。

4.2.1 社会评价

一、社会评价的标准

(一)社会评价就是社会效果评价。社会评价是指新闻发表后所产生的社会效果的评价。新闻是客观事实的报道,新闻一旦经报纸传播之后,就可能对读者的思想、行为和社会产生影响和效果。这种影响和效果有积极的,也有消极的;有显性的,也有隐性的,等等。因此,报纸选择新闻,不能不注意新闻发表后可能产生的社会效果。对新闻可能产生的社会效果的好坏、利弊的评价,就是社会评价。在阶级社会里,报纸选择新闻稿,总是自觉或不自觉地把社会评价放在优先的地位。

对新闻的社会评价,包括对可能产生的政治、经济、法律、文化、道德等各方面的社会效果的评价。其中政治评价占最重要的地位。社会评价在阶级社会里总是以一定阶级的利益、需要为标准。许多国家为此制定了新闻法,把这种标准用法律形式固定下来。有的国家的报纸和报业集团,还制定了自律道德规范,使这种标准能自觉为编辑所接受。

(二)社会评价的标准。为人民服务和为社会主义服务,是我国报刊的宗旨,也是对新闻进行社会评价的最根本的标准。我国评价新闻的社会效果首先要考虑"舆论导向是否正确"。正确的舆论导向是新闻工作的生命,也是提高社会舆论引导能力的灵魂。江泽民同志强调,"舆论导向正确是党和人民之福;舆论导向错误是党和人民之祸"。坚持正确的舆论导向,就是要看新闻是否有利于进一步推进改革开放、建立社会主义市场经济体制、发展社会生产力的舆论,是否有利于加强社会主义精神文明建设和民主法制建设的舆论,是否有利于鼓舞和激励人们为国家富强、人民幸福和社会进步而艰苦创业、开拓创新的舆论,是否有利于人们分清是非、坚持真善美、抵制假恶丑的舆论,是否有利于国家统一、民族团结、人民心情舒畅、社会和谐的舆论。这"五个有利于",已作为我国新闻工作者职业道德准则被确定下来。

当然,对新闻的社会评价是不能离开新闻的特点和功能来进行的。新闻的主要特点和功能在于向人民群众如实报告和分析客观存在的事实,帮助读者正确认识这种事实。新闻要达到"五个有利于",就必须尊重、发挥新闻的特点和功能。

(三)新闻事实与社会效果的关系。新闻所报道的事实与所产生的社会效果,两者之间既有区别,又有联系。首先,新闻所报道的正面事实,可以产生正面的社会效果,也可能产生负面的社会效果。比如,有的新闻报道表扬先进,却有意无意地贬低群众;突出报道英雄人物带病忘我工作,却忽视了友情、亲情、人文关怀等。

其次,新闻所报道的负面事实,可能产生负面的社会效果,也可以产生正面的社会效果。事实是客观存在,是不以人们的意志为转移的。新闻是对事实的一种反映,这种反映表现了人们对客观事实的态度。即使所反映的客观事实本身是不利于人民的,只要反映事实的态度是正确的、积极的,而不是错误的、消极的,就有助于人们去正确认识客观外界的实际情况,激励人们去和这种不利因素进行斗争,从而使本来不利于人民的因素,可能转化为有利于人民的因素。比如,天灾、车祸、工作中的错误、实际生活中的困难,这些事情本身对社会是不利的,是坏事,但是,绝不能由此得出结论,反映这些情况的新闻报道的社会效果就是负面的。因为,新闻不是事实本身,只是反映事实的一种信息。只要报道这些事情的态度是正确的、积极的,就可能激励人民起来改变这些不利因素。因而,这样的新闻就可能有利于人民,而不是不利于人民。它的社会效果就是正面的,而不是负面的。那种认为有关这类不利因素的报道必然会产生负面效果,不利于人民,从而予以压制,是不正确的做法。因此,编辑在对新闻稿进行社会评价时,既要看到新闻可能产生的社会效果与新闻事实二者之间的区别,也要看到二者之间的联系。任何片面性,都不可避免地会影响报纸舆论导向功能的发挥。

二、社会效果的分类

报纸报道新闻所产生的社会效果是极其复杂的。这就要求编辑在考虑一篇新闻可能产生的社会效果时,要有全面的观点,要顾及新闻全部内容可能产生的社会效果的各个方面。根据不同的视角,新闻的社会效果有不同的分类。

(一)以社会效果的性质来区分,有正面效果、负面效果、中性效果。正面效果就是新闻能对读者、对社会产生良性的积极影响;负面效果是指新闻对读者、对社会产生的影响是消极的、不利的,比如宣扬色情、暴力、迷信等新闻就可能产生负面效果;中性效果就是新闻对读者、对社会产生的影响,既无明显的积极意义,也无明显的不利影响,比如某些趣味性新闻等。编辑选择新闻稿时,应首先注意选用具有正面效果的新闻,适当兼顾具有中性效果的新闻,避免选用可能产生负面效果的新闻。

(二)以社会效果的主次来区分,有主效果、副效果。主效果是指新闻产生的主导效果。副效果是指新闻可能产生的次要效果。编辑在选择新闻稿时,既要着重考虑新闻的主效果,也不能忽视新闻可能产生的副效果。如果一篇新闻发表后,虽然会产生积极的效果,但也可能产生相当大的消极影响,它的副效果是严重的,这样的新闻稿通常不宜采用。

(三)以社会效果的表现来区分,有显性效果、隐性效果。显性效果就是新闻所产生的效果是外露的,是短时期便能观察到的;隐性效果是指新闻产生的效果不是外露的,往往是潜移默化的。编辑选择新闻稿,对新闻可能产生的显性效果和隐性效果都要兼顾。

新闻的社会效果是在传播之后才产生的,编辑在对新闻稿进行选择时,只能对其进行预测。这种预测主要是以公认的社会规范如法律、政策、道德为判断依据的。当然最终要经受社会实践的检验。

4.2.2 新闻评价

报纸编辑对新闻稿进行选择,不仅要对新闻可能产生的社会效果的利弊、好坏进行社会评价,而且要对新闻稿本身的好坏、得失进行评价,这种评价就是新闻评价。新闻评价,包括新闻真实性评价、新闻价值评价、新闻适用性评价、新闻表现评价等。其中新闻真实性评价和新闻表现评价将在本书有关章节中进行阐述,这里将着重讨论新闻价值评价和新闻适用性评价这两个问题。

一、新闻价值的提出

"新闻价值"这一概念以及新闻价值理论,是中外报刊在长期新闻实践中形成并提出的。19 世纪 30 年代以后,随着美国经济的发展和报纸商品化、大众化格局的形成,美国报业迅速扩张,新闻竞争日益激烈,许多报人为了生存和发展,千方百计地采编读者感兴趣的新闻,以迎合读者的需要。

(一)普利策与《世界报》。被称为"报界怪杰"的普利策(1847—1911),1883 年接办纽约《世界报》(1860 年创办)后,注重社会热点问题的报道、评论和新闻图片运用,大量刊登社会新闻、民生新闻、人情味新闻等。他要求报社记者、编辑去采编"与众不同的、有特色的、戏剧性的、浪漫的、动人心魄的、独一无二的、奇妙的、幽默的、别出心裁的"新闻。他大胆改革,在《世界报》星期刊上专门刊载"黄色少年"的连环画故事,"黄色新闻"由此而得名。

普利策在办报和经营中适应了当时社会发展的需要和广大读者的心理,因而获得成功。到 1893 年,普利策接办《世界报》10 年,报纸发行量由 1883 年的 4 万份扩大到 34 万份;报社资产由 35 万美元扩充到 1000 多万美元;报社职工达到 1300 多人。19 世纪 90 年代以后,普利策双目失明,仍指挥着报社的业务活动。1911 年,他去世前遗嘱捐赠 200 万美元创办哥伦比亚新闻学院,并设立普利策新闻奖,这是目前美国新闻界最高奖项,到 2007 年,普利策新闻奖已举办 91 届。

(二)杨乃武与小白菜。在我国新闻史上,凡能取得成功的报纸都重视报道引起社会共同兴趣的问题,提出了新闻选择的标准。《申报》从 1872 年 4 月 30 日创刊之日起,就开宗明义地提出,报纸刊载的内容应是

"一切可惊可愕可喜之事"。《申报》注意刊登一些反映社会生活和基层群众不平遭遇的社会新闻,比如对杨乃武与小白菜案的连续报道,深受读者欢迎。杨乃武是浙江余杭人,因抗拒余杭县令滥索钱粮,而得罪知县刘锡彤。刘知县刑逼小白菜诬陷杨乃武毒害其夫,判杨乃武死刑。杨乃武之妹上访申冤。《申报》从 1874 年 1 月 16 日至 1877 年 4 月 11 日一直跟踪报道,促使当局为杨乃武与小白菜平反,知县刘锡彤被革职发配边疆。《申报》抓住读者感兴趣的社会问题连续报道,发行量大幅上升。

(三)新闻价值的提出。1903 年出版的美国新闻学著作《实用新闻学》,首次提出"新闻价值"概念:"新闻是以动全体之兴趣者,当注意新闻价值。"

在我国,"新闻价值"这一概念最早是由徐宝璜提出的。他在《新闻学》一书中指出:"同一新闻,其价值不同,以发生及登载之时间为反比例"、"同一新闻之价值,以发生及登载之距离为反比例"。其意思是,新闻事实发生与报纸刊载,时效越快,价值越大;距离越近,价值越大。

那么,什么是新闻价值呢?新闻价值这一概念最早是由西方新闻学界提出的,但却未给它下一个科学的定义。因此,人们对"什么是新闻价值"有很多说法。

一是素质说:新闻价值是事实本身所包含的引起社会大众共同兴趣的素质。这是从新闻事实的角度来理解的一种说法。

二是标准说:新闻价值就是选择与衡量新闻可否报道的价值。这是从新闻工作者的角度来阐述的一种说法。

三是效应说:新闻价值是指为受众所喜闻乐见的程度以及它在实践中产生影响的大小。这是从受众的角度来理解新闻影响力的一种说法。

究竟哪种说法最准确呢?《辞海》是这样解释的:"新闻价值是衡量事实能否成为新闻、新闻能否传播的客观标准"。

多数学者比较赞同《辞海》对"新闻价值"的定义。简而言之,新闻价值就是事实具有报道和传播的意义。新闻价值的有无决定新闻是否成立;新闻价值的大小决定新闻意义的大小。值得报道和传播的事实就有新闻价值,不值得报道和传播的事实就没有新闻价值;意义大的事实新闻价值大,意义小的事实新闻价值小,没有意义的事实就没有新闻价值。对新闻稿进行新闻价值评价,就是要选出最具有新闻价值的新闻,而舍弃没有新闻价值或者相对来说新闻价值比较小的新闻。

二、新闻价值的构成因素

新闻价值包括获知价值、获益价值、激励价值、借鉴价值、指导价值和娱乐价值。

构成新闻价值的要素包括真实性、时新性、重要性、接近性、显著性和趣味性。事实越真实、越新颖、越重要、越显著、与受众生活越接近、越有趣味,其新闻价值就越大。

(一)真实性。真实是新闻存在的基本条件,也是新闻的生命,是新闻价值中最根本的因素。新闻的真实性既是我国新闻工作的基本要求,又是我国新闻工作的优良传统。新闻的真实性具体表现在以下几个方面:一是构成新闻的基本要素要完全真实;二是新闻中引用的各种材料要真实可靠;三是能表现整体上、本质上的真实;四是对人、单位、事件的评价要客观;五是不能脱离新闻来源随意发挥;六是新闻报道的语言必须准确。

新闻与哲学、文学、宗教等都是反映社会生活的表现或表达形式,都有"真"的要求,但是内容是不一样的。新闻的真实,是指报道事实的真实,所以,李大钊说过:"新闻是现在新的、活的社会状况的写真。"文学的真实,是指反映生活、反映自身感受与情怀的真实。宗教的"真",是指善,以及信仰的真,所以有"诚则灵"一说。

近年来,在我国新闻界,虚假新闻和失实报道表现相当突出,形式多种多样,手法不断翻新,对媒体的公信力和权威度以及整个舆论环境,都造成了很大的负面影响。从媒体分布来看,虚假新闻大多出现在都市类和晚报类报纸上。从报道领域来看,娱乐、体育、经济等领域是虚假新闻的多发区和重灾区。

虚假新闻和失实报道的严重泛滥,已经引起受众的强烈不满。治理虚假新闻,防范失实报道,是新闻工作者的天职,也是新闻媒体义不容辞的神圣职责。坚持新闻的真实性,确保新闻真实,最重要的是新闻工作者要始终贯彻辩证唯物主义思想路线,坚持发扬实事求是的作风,提倡新闻工作者树立调查研究的工作作风,使新闻工作建立在调查研究的基础上,努力做到从总体上、本质上把握事物的真实性。要明确新闻宣传的根本任务,就是以正确的舆论引导人,全面、准确、真实地报道新闻事实,善于用事实说话,通过事实本身的力量来说服人、引导人、打动人、鼓舞人,从而在全社会形成积极健康向上的舆论氛围。要强化责任意识。作者必须亲历亲为,深入现场,不能道听途说、无中生有、闭门造车;必须获取第一手材料,保证消息来源准确可靠。报道要事实准确,细节准确,对事件的分析评价要客观公正。要建立严格的运作机制,完善稿件审核签发程序,建立编辑、部门负责人、值班总编三级审稿制度,明确各自责任;要建立有效的监督与进退机制。要像维护生命那样,维护新闻的真实性,维护新闻媒体的公信力和权威度。

(二)时新性。新闻,顾名思义要新。新闻的时新性包含"及时"、"时宜"和"新意"。"及时"是就新闻和时间的关系来说的。新闻的"及时"是指在新闻事实发生以后,要迅速予以报道,要抓"活鱼"、"抢新闻"。

"时宜"是指新闻报道不仅要讲究时间,也要讲究时机。报纸编辑对那些及时报道可能影响社会和谐的新闻,该压的要"压",要遵守新闻政策和宣传纪律。比如,1979 年 11 月 23 日《人民日报》刊登新闻《唐山地震死亡 24 万多人》,这个数字是 1979 年 11 月 17 日至 22 日召开的中国地震学会成立大会上首次公布的。唐山地震是 1976 年 7 月发生的,当年我国社会处于最敏感时期,由于周恩来、朱德等老一辈革命家相继去世,毛泽东病危等原因,当时新闻没有报道地震死亡人数,主要是从稳定社会的角度来考虑新闻的"时宜"。

"新意"是就新闻和读者的关系来说的,它包括新闻的内容和新闻根据。新闻不仅要求所报道的事实是新近发生的,而且要求新闻的内容具有新意,即能告诉读者原先不知晓的事实。新闻的新意是相对于事件的常态而言的,新意来源于对常态的改变,具有首创性、新异性的新闻事件更引人关注。

事件的常态并非是绝对不变的。在一定的时间、空间、条件下,本来是常态的可以成为非常态。因此判定一个新闻事件是否改变了常态,必须联系具体的时间、空间和条件来考察。

新闻的新意不仅来自新闻事件常态的改变,而且也来自帮助读者对常态的新的了解。有时一条新闻虽然讲的只是一种常态,但由于是从一个新的特点、新的角度来表现的,内容具有一定典型性,它深化或扩展了人们对常态的认识,也能给人带来新意。

(三)重要性。新闻的重要性是由新闻所报道的事件、现象对社会所产生的影响所决定的。新闻事件、现象影响所涉及的社会领域、社会成员越广泛,影响的程度越深刻,其重要性就越显著。像政局变动、战争、就业、治安、自然灾害、流行疾病、与生活直接相关的政策颁布等,都会对人们的生活产生直接影响。影响的人越多,影响越直接、越迅速、越持久的事件,也就越能够激起受众普遍关心,因而越有新闻价值。比如,发生在美国的"9.11"事件,无论是在时间上还是在空间上,都是具有影响力的事件,其新闻价值是其他事件无可比拟的。

当然,由于报纸的读者对象不同,报道范围不同,因此,不同报纸对以同一事件、现象为内容的新闻的重要性会有不同的估量,这是很自然的。比如,一条报道农业夏收的新闻,对于农民报纸来说是重要的,对于工人报纸来说,就不太重要了。

要准确评价事件、现象可能产生的影响,不能只是孤立考察事件、现象本身,而必须把事件、现象与现实生活中的矛盾结合起来考察。当一个事件、现象的发生可能激化、推动或解决现实生活中的矛盾特别是亟待解决的重大矛盾时,这个事件、现象可能产生的影响就越大,也就越具有新闻价值。现实生活中的矛盾是发展的,也是多方面的,不仅因时而异,而且也因地、因条件而异。正因为如此,各个地区、各个领域的报纸在选择新闻时,既有共性,又有个性,这也是很自然的。

要准确评价一个事件、现象的影响,还必须对事实本身的构成有准确的把握。任何一个事件、现象都可以分解为人物、地点、时间、事件、原因等要素。不同的要素及其不同的结构,可能产生的影响是不相同的,因而它的重要性也是不相同的。比如,就人物这个要素来说,英雄、模范、先进人物的言行往往要比一般人更能引起舆论的关注,因为他们是群众的榜样。有些事件中的人物由于是当事人、关系人,往往也能使这个事件具有较高的新闻价值。比如,南京大屠杀的幸存者谈南京大屠杀的真相,驳斥日本某些人歪曲事件真相的谬论,要比第三者具有更大的说服力。

(四)显著性。名人胜地和著名团体、单位的动态往往为世人所瞩目。比如,生老病死,是现实生活中天天发生的事情,对一般人来说,当然不会登在报上当新闻;但著名人物的生老病死却成为新闻。香港著名女艺人、有着"娱乐圈开心果"之称的肥姐沈殿霞2008年2月19日病逝,香港特首曾荫权表示"好难过,她的笑声带给香港人很多欢乐"。国内外许多媒体都及时报道了沈殿霞病逝的消息,表示对肥姐的怀念。据报道,美国前总统克林顿卸任后与美国哥伦比亚广播公司签约,将在一个电视节目中担任评论员。一般人担当电视评论员，不会成为新闻，而克林顿是名人，所以成为人们关注的新闻。

显著性还表现在重要单位和知名胜地。据报道，2003 年 3 月 12 日上午 10 点半，黑龙江省一名男子自称携带炸弹闯进路透社驻京办事处，被警方制服。路透社是英国也是世界上著名的通讯社，这名男子闯进，自然成为轰动全国的新闻。如果他跑到不知名的地方，也就成不了新闻。在西方的新闻教科书中提出一个著名公式：名人＋普通事＝新闻；普通人＋不寻常的事＝新闻。

（五）接近性。新闻的接近性是指因新闻事实同受众在地理上和心理上的距离，而对于受众所产生吸引力的那种因素。新闻发生地与传播地的距离，与新闻价值有重要关系。一般来说，新闻事实同受众的距离越近，新闻价值就越大，反之就越小。新闻的接近性包括地理上的接近和心理上的接近。

地理上接近——读者首先要知道自己周围发生的事情，因为本地发生的事情与他们生活有更直接的关系。

心理上接近——有些事情虽然发生在远方，但由于经济上、文化上、人事上有密切联系，远方发生的事情会引起公众感情上、心理上的共鸣，"天涯若比邻"、"千山万水不隔心"就是这种心理上较近的反映。

（六）趣味性。新闻的趣味性就是新闻事实的内容使读者感兴趣的那种因素，它可以影响读者的感情，引起读者的共鸣。趣味性也就是人们常说的奇闻趣事，令人激动、兴奋，幽默搞笑。趣味有高下雅俗之分，富有人情味和高尚生活情趣的新闻，能使人们感情上产生共鸣，而低级趣味的奇闻趣事则令人反感。2003 年 3 月 15 日《现代快报》报道的"善良妻舍肾救夫"新闻讲的是，湖北省一位 36 岁的妇女陈爱春将自己一个肾捐给患尿毒症的丈夫，这种夫妻间的恩爱之情，读后令人佩服感动。而另两则趣事就会让人反感：2003 年 3 月 12 日上海《申江服务导报》上的"最荒唐的公司"，讲的是德国柏林一位艺术家日前申请到了一张"狗妓院"公司的开业执照；2003 年 3 月 14 日《现代快报》上的"'婚介'帮狗找情人"，说的是成都一些商家推出一项新服务——收取一定服务费，帮宠物介绍"对象"。这两则新闻离奇古怪，并没有什么新闻价值，除了使人"搞笑"之外，就是让人觉得报道"无聊"。

那么，对奇闻趣事怎样报道，才能达到丰富版面内容、吸引读者的目的呢？很重要的一条就是要透视奇闻的本质，提升报道价值，实现既有趣味性又有教育意义的目的。

综上所述，新闻价值构成的六要素，有的是必要因素，比如真实性、时新性、重要性等，有的则不是必要因素，比如趣味性、接近性等。任何一个事件，只要具备了真实性、时新性、重要性，再加上其他任何一个因素，就有可能成为供新闻媒体选用的新闻。一个事实所具备的新闻价值因素越多，其新闻价值就越高，越能引起人们的阅读兴趣。

所有新闻体裁，包括消息、通讯、特写、评论等，都要具有新闻价值。但对于每一种体裁来说，新闻价值因素构成的要求并不完全相同。所有消息必须讲究时新性；而一些通讯、特写、调查报告，更强调重要性，只要它报道的内容依然是目前广大群众和现实生活所需要的，则时间上迟早一点并无很大影响。

三、新闻适用性评价

选择新闻稿，不仅要进行新闻价值评价，而且要对新闻的适用性，即是否符合报纸需要做出评价。这种评价要注意以下几方面：

（一）选择新闻稿必须考察新闻是否符合报纸的特点。报纸有特点才能使自己与别的报纸区分开来，才能赢得读者，从而在报纸的竞争中获得生存的可能。报纸的特点是报纸根据它的特定对象、特定的发行地区、特定任务等客观条件，并经报纸工作人员的主观努力和创造性劳动，在长期实践中逐渐形成的。读者作为社会的人，对新闻内容的需求是多方面的。任何一份报纸都难以完全满足读者的多方需求，而只能有所侧重。比如，党委机关报（日报）侧重于信息性、指导性的新闻；晚报、都市报则侧重于社会性、服务性新闻；专业性报纸则侧重于满足特定读者对某一专业的新闻需求。各个报纸的特点正是通过这种侧重表现出来，因此，选择新闻稿必须在稿件的数量和质量上有所侧重。

在强调选择新闻稿要突出报纸特点的同时，报纸选用新闻稿，既要突出个性，又不能回避共性。只有正确处理好共性与个性的关系，才能选出最适用的稿件。

（二）选择新闻稿必须注意报道的平衡。新闻不仅要符合报纸特点，而且要注意报道的平衡，这是评价新闻是否符合报纸需求的一项重要内容。新闻报道的平衡不是要求各种新闻报道完全等量，而是根据实际情况和报道的要求,使它们符合一定的比例。

一是要注意报道重点与报道面的平衡。现实生活中充满着各种矛盾,其中主要矛盾和矛盾的主要方面,往往制约着矛盾的发展。编辑在选择新闻稿时,必须顾及矛盾的这种存在状态。对于反映社会主要矛盾和矛盾主要方面的稿件,应该作为选择的重点,使报纸唱响社会的"主旋律"。但是,编辑选择新闻稿在突出重点的同时,也要注意扩大报道面。因为现实生活中的主要矛盾和矛盾的主要方面并非是孤立的、一成不变的,而是与其他矛盾和矛盾的其他方面相互依存、相互转化的。因此,编辑选稿的视野既要有重点又要开阔。社会生活多宽广,新闻报道面就应该多宽广。

二要注意各种报道内容之间的适当平衡。报纸是社会生活的反映。社会生活的内容是极其丰富的,它包括政治、军事、经济、文化、艺术、教育、卫生、体育等各个方面。其中每一方面又由若干具体的方面所组成。社会生活的这种多样性,就规定了报纸的综合性。因此,选择新闻稿也应该适应这种综合性的要求,注意使反映社会生活的各方面的稿件能够取得适当的平衡,即合于一定的比例。这种比例的具体确定,因报而异。每一个报纸都因为所在地的不同情况而有它的不同重点。

三是要注意报道地区、单位的适当平衡。一般来说,先进地区、单位的报道比较多一些,这是正常的,因为它们的先进经验、先进人物对实际工作有较大的指导、示范作用,是广大群众所关注的。但不能因此忽视其他地区、单位的报道。选稿时适当注意平衡,这样有利于调动各种积极因素,促进后进向先进转化。

要照顾全面,注意平衡,关键是编辑必须具备全局观念,对发稿情况有通盘考虑;要积极主动组织稿件,有充足的稿源,以求得报道的平衡。

(三)选择新闻稿时要充分利用稿件。无论是"群众办报"时代,还是"公民新闻"时代,绝大部分受众给报纸写稿不是为了个人,而是为了传播信息,交流经验,反映问题,这是群众行使自己民主权利的一个重要方面。受众给报纸投稿,付出了辛勤劳动。因此,编辑应满怀热情地对待受众的每一份来稿,尽量充分利用。

要做到充分利用来稿,需要注意:一是计划内外的关系。既要选用计划内编辑主动组织的稿件,也要注意选用计划外由作者自发邮来的稿件。二是技巧与内容的关系。不要因为文字技巧上的缺陷,而忽视稿件的内容。一篇新闻稿件是否选用,首先要考虑它的新闻价值,一篇内容好而文字技巧有缺陷的稿件可以通过修改来校正。三是全体与部分的关系。不要因为稿件一部分写得不好,而忽略了其中可以利用的部分。编辑选稿应该有沙里淘金的精神,充分利用来稿中一切可以利用的材料。比如利用来稿部分材料编写综合报道、专栏等,或者作为报道线索深入采写,补充完善。

4.3　期刊的选稿与审稿

4.3.1　期刊选稿的标准

一、正确性——观点正确、情调健康、表述准确;

二、真实性——新闻性、艺术性、学术性期刊,都有真实性问题;

三、新颖性——内容新鲜、时间新近、史实未闻;

四、有益性——具有认识价值、实用价值、娱悦价值。

4.3.2　期刊审稿的内容

一、稿件的内审与外审

（一）审稿是保证期刊质量的关键环节。期刊审稿也叫审读,是期刊选题策划、组稿集稿的继续,是期刊编辑为修改加工稿件做准备,起着在整个期刊编辑过程中承上启下作用。审稿是对准备选用的稿件进行通读审查,做出正确判断、鉴定和评价的一种思想性、学术性很强的工作。因此,审稿是保证期刊质量、导向正确的关键环节。

（二）期刊稿件的内审与外审。审稿对象包括组织的稿件、自投稿件（自由来稿）、推荐稿、外转来稿。不管是什么稿件都要坚持审稿制度,坚持在质量面前一视同仁的原则,正确处理好稿件质量优劣同其他因素的关系。审稿分为内部、外部审稿两种。由期刊编辑部编辑、主编等审稿,叫内部审稿。由期刊编辑部聘请社外有关专家或相关部门领导审稿,这叫外部审稿。

外部审稿一般有两种情况:一种是专业性强的稿件,而期刊编辑部中缺乏这种人才时,就请有关专家审稿,或者稿件内容涉及敏感问题,编辑

097

部难以完全把握,就请有关部门领导审稿;另一种是编辑力量不足,而稿件较多,一时难以处理,尚需社外专家协助润饰修改把关的。外审的稿件,送出前编辑应提出意见,说明外审的理由,提出具体的审稿人或单位,经批准后送出。应向审稿人讲清该选题的重要内容、读者对象、审稿时注意的事项、主要解决哪些问题,以及时间进度和其他具体要求,便于审稿人抓住主要问题,按时提出审稿意见。稿件送回后,责任编辑应提出自己对外审者的意见有什么看法和处理意见,上报审定。

内部审稿一般采用"三审制",即责任编辑初审、部门负责人复审、期刊社负责人终审。这种制度有助于保证稿件质量。但时效问题值得考虑,应以因稿件的不同和责任编辑的不同而采取不同的办法为宜,但总体上重要稿件,最好"三审"甚至开会讨论。有些期刊社编辑人员很少,因而采用两审制。先是由一般编辑审查后,即交主编定夺。

二、审稿的准备与内容

(一)审稿前的准备。审稿准备工作主要包括两方面:一是情况方面的准备。查阅图书、报纸、杂志、网络上的有关文章等文献资料,明确稿件中有关题材,发表过哪些文章,通过比较提高审稿的准确性。二是知识方面的准备,就是在审稿前,对稿件所讲的有关知识,如果是编辑不太清楚的,就要临时"现炒现卖",收集有关资料,学习相关知识。

要做好这两方面的准备,必须懂得工具书使用和资料检索方法。资料检索和工具书的使用是期刊编辑的重要基本功之一。编辑善于使用工具书、进行资料检索,就能有效识别来稿中的抄袭行为,以保证期刊质量,减少因抄袭带来的法律纠纷。

(二)审稿的具体内容。审稿的目的,在于决定稿件的取舍,所以审稿时主要看它总体上的质量,不要把注意力放在一些局部性、枝节性的问题上。首先要注意全局性、导向性问题。一是政治思想方面,包括保密,政策、方针,法规等。二是学识方面,包括真实性,是否失实或抄袭,文学艺术作品是否符合艺术的真实;成熟性,内容是否经得起检验;准确性,提法上是否掌握好分寸。材料和引文是否准确、恰当;先进性,有没有独到的见解和新发现的材料。三是文字写作方面,针对性是否强,从内容到形式是否符合读者的需要;篇章结构是否严谨,文字表达是否简洁、顺畅。最主要的是文章内容是否值得发表,有没有新的见解、新的观点、新的材料和一定的现实针对性。

三、审稿应注意的几个问题

（一）处理好总的倾向与局部问题的关系。审稿的艺术之一，就是善于透过稿件中的缺点发现其真正有价值的内容。要努力把握稿件的总倾向或基本面貌，从大处着眼，做到恰当的处理：对局部有问题的稿件，修改局部，挽救全稿命运；有的稿件从全篇看不行，但局部很有可取之处，就可以独立成篇，修改后刊用，不要轻易否定。

（二）处理好原则性问题与枝节性问题的关系。审稿时编辑首先要抓住原则性问题。原则性问题一定要让作者明确，不至于一改再改，仍不宜发表。当然也不能忽视细节问题，尽可能实现内容与形式的比较完美。

（三）处理好文字的表达问题和作者文风的区别。语言文字表达一定要准确、通顺，符合规范，但不要把作者写作的个人风格，误为表达问题。注意容纳作者的不同写作风格。

四、审稿后的处理

审稿后，对稿件的处理有如下几种方式：

（一）采用。稿件一旦决定采用，应立即通知作者，避免作者的心理等待和一稿多投。

（二）备用。有经验的编辑，往往有备用稿。稿件决定留作备用，也应通知作者，征求作者意见。

（三）退改。对基本适用但需要修改的稿件应及时考虑退改。退改时必须向作者说明对稿件的基本评价，提出存在的主要问题和具体修改意见，以及交稿时间和方式等。如果退改后仍不刊用的，要付给作者一定报酬。

（四）退稿。稿件质量低劣或者内容不符合本刊发表的要求，就要退稿。但要做到"退稿不退人"，保持编辑与作者的鱼水关系。

【思考与训练】

1.选择稿件有哪些作用？

2.请结合案例，谈谈您对卢因"守门人"理论的理解。

3.报纸选择新闻稿件的标准有哪些？

4.我国新闻工作者职业道德准则和新闻的社会评价标准是哪"五个

有利于"?

5.中外新闻界分别最先提出"新闻价值"这一概念的,见于哪部专著及其表述?

6.新闻价值的构成因素有哪些?

7.新闻适用性评价要注意哪些问题?

8.如何认识期刊稿件的内审与外审?

【案例回放】

1999 年 12 月 20 日《安徽日报》第 5 版头条消息"江泽民朱镕基会见桑帕约和古特雷斯"的导语中，将"国家主席江泽民"中的"国"字丢掉，造成重大差错。

101

2001 年第 4 期《家庭》刊登的《与母亲拔河,她赢得牛津大学第 73 号校长令》一文失实,被评为"全国 2001 年十大假新闻"之一。

【案例评析】

报刊"体检":差错太多 令人担忧

据报道:国家有关部门先后两次对部分报刊进行了"体检"。抽查结果表明,我国报刊差错太多,逻辑混乱、语言失范现象越来越严重。中国编辑学会会长、国家新闻出版总署原副署长桂晓风称:报刊质量问题的严峻性到了"令人瞠目结舌、不可容忍的程度"。

2006 年 5 月至 2007 年 2 月,由中国编辑学会、中华新闻报社、光明日报社等单位共同主办了"全国报刊逻辑语言应用病例有奖征集活动"。挑错的范围是 2006 年 1 月 1 日至 8 月 31 日全国公开出版的纸质中文报刊文章。这次活动共挑出无可争辩的语言逻辑差错 14883 处,涉及 2000 多种报刊。以 2006 年 7 月 14 日出版的 4 份中央级报纸和 24 份省市级报纸的 1 至 8 版正文为例,共挑出逻辑和语言应用方面的病例 1289 个,平均每份报纸有 46 个语言逻辑错误,每版 5.8 个,其中有一份报纸的错误高达 184 个,平均每版 23 个。错误的主要类型有:错别字多、用词不准、概念混淆、语义重复、搭配失合、标点用错等。

2005 年至 2006 年 3 月,由国家新闻出版总署报刊司委托中国记协组织了"全国晚报质量检查活动",随机抽取了 39 家晚报 2005 年 3 月 26 日和 4 月 2 日两天的报纸作为标本。此次检查是《报纸出版管理规定》和《期刊出版管理规定》出台后进行的第一次报纸质量检查,检查范围涉及报纸版面内容、编校质量、广告监测、印刷质量等。2006 年 3 月 17 日,国家新闻出版总署、中国记协在北京召开"全国晚报(部分)质量检查通报暨提高晚报质量研讨会",中国记协书记处书记李存厚在会上通报了检查结果。各项质量指标综合评分排名前 10 位的晚报是:福州晚报、西安晚报、新晚报、海口晚报、羊城晚报、新民晚报、长沙晚报、武汉晚报、合肥晚报、钱江晚报。综合质量较差的晚报有:新安晚报、辽沈晚报、燕赵晚报、南昌晚报等。

这次全国 39 家省级和省会城市晚报质量检查结果呈现出 3 个特点:一是出现了一些重大差错;二是差错量大、差错率高;三是差错面广(涉及到了用字、词语、句子、标点、数字、计量单位等各个方面）。平均每版文字差错率4.24个，万分之差错率最高的是南昌晚报，高达万分之十一点九，而国家新闻出版总署公布的报纸文字合格率为万分之三。

一、部分晚报"体检"报告

（一）出现重大差错。首先是在关键数字和关键字眼上出了不可原谅的差错。比如：2005年3月26日某晚报A16版在刊载《开国大典内部警卫大揭秘》一文中，竟把"国民党"错成"同民党"，把"为了阻止宋庆龄北上"中的"阻止"错成"阻上"等，像这些带有政治色彩的内容，绝对不能出现差错。其次是标题出现不少错误。标题在报纸上有着非常重要的作用，标题出差错，属于重大差错。2005年4月2日某晚报第15版标题《女植物人夏沃接受尸检》。"植物人接受尸检"这种说法是不通的，也是不可能的，人死后的身体才能称为尸体，才能对其进行尸检。此标题应是《女植物人死后接受尸检》。

（二）用字错误。字错得最多的是5个字：的、地、得、黏、账。"的"、"地"、"得"几乎100%被用错。北京晚报2005年3月26日、4月2日两天的报纸上就错了10多处。《现代汉语词典》对这3个字的注释是"的"、"地"、"得"分别作为定语、状语、补语的标志。比如："激动的说"，"的"应为"地"；"好的快"，"的"应为"得"。

"黏"和"粘"用法很不相同，一是发音不同：黏(nián)，粘(zhān)；二是词性不同：黏是形容词，粘是动词。关于"黏"和"粘"的用法，《现代汉语词典》有明确解释，也明确标出了二者所构成的词。但相当多的晚报都把"黏膜"、"黏液"、"黏土"、"黏结"中的"黏"用成了"粘"。

"账"错用成"帐"、"像"错用成"象"的情况也很普遍。"账"和"帐"的用法不同，金融领域用"账"，"帐"用于"帐篷"、"蚊帐"等。"像"用在形象上相同或有某些共同点方面，"象"用在动物、形状、仿效方面。

（三）词语错误。错得最多的词语如下（括号内为正确的用法）：订(定)做、登陆(录)、诞辰(生)百年、排泻(泄)、装璜(潢)、座(坐)落、啦啦(拉拉)队、老俩(两)口、源(原)动力、牟(谋)利益、不烦不燥(躁)、违反(犯)纪律、尊(遵)纪守法、翻来复(覆)去、倍(备)受青睐等

"截至"和"截止"两个词的混用也是各报普遍存在的问题。"截至"和"截止"的用法不同，"截至"表示"截止到（某个时候）"，"截止"表示"到一

定期限停止"。

（四）病句。比较普遍的病句有三种：一是"当……时"，错成"当……以后"或者"当"后面没有"时"。二是"是……的"，这种句式的特点是句中有"是"，后面必带"的"，没有"的"句子就造成语句不通。三是由于不搭配造成的病句。比如："为您解决马桶的烦恼"，"解决……烦恼"不搭配，应为"为您消除马桶的烦恼"。

（五）标点错误。错得最多的是引号、破折号和阿拉伯数字序号后的齐线圆点和比号。

一是引号。引号主要用在强调、借用、否定、引语等方面。会议、单位、产品名称、报告题目、报刊电视栏目等，只要不引起歧义，一般名称都不要打引号。"文革"、"三项学习教育活动"等一定要用引号。二是破折号。破折号的正确使用方法是二字连线，即占两个字节位置，中间不能断开。三是阿拉伯数字序号后的标点用法。正确的用法是阿拉伯数字后用齐线圆点，即1.2.3.4……，不能用成顿号（、）。四是比号。比号的正确用法是两个圆点居中。比如"以3：1获胜"。比号的两个圆点靠下就成了冒号（：）。时间应该用冒号，比如"上午8：30"不能错成"上午8 ： 30"。省略号的正确用法是6个圆点，而不是3个圆点；省略号不能放行首，不能移行分开。

（六）数字错误。一是世纪、年代、年份。按国家标准规定，世纪、年代、年份必须使用阿拉伯数字，年份必须写全，比如1996年、20世纪90年代。二是按照国家标准《出版物上数字用法规定》，保持局部体例上的一致，不能在汉字数字中夹用阿拉伯数字或阿拉伯数字中夹用汉字数字，比如"3万3千6百美元"，应为3.36万美元。汉字的兆、亿、万可作数量单位，千、百不能作数量单位 三是约数的两个数字之间不能出现顿号，且数字必须使用汉字。如"有5、6家之多"，应为"有五六家之多。四是几万（亿）到几万（亿），前面一个数字后的单位不能省略，如"月收入4—6"，应为"月收入4万—6万"。五是阿拉伯数字竖排时必须改成汉字。如"10卷"，竖排时应将"10"改为"十"。

（七）计量单位错误。没有按照国家规定的法定计量单位使用，继续使用被废止的非法定计量单位。主要有如下几类：一是将"平方米"用成了"平米"或"平方"。二是应该用"公里"为计量单位，却使用"华里"或"市里"。三是应该使用"厘米"为计量单位的，却仍继续使用被废止的"公分"。四是应该使用"千克"或"公斤"的,仍用"市斤"为计量单位。五是应该用"英寸"作为计量单位的,却仍用了"市寸"。

（八）国家机关名称差错。一般单位、机构、组织的名称,特别是国家机关名称,应准确使用,不应混乱。比如,国家质量监督检验检疫总局,可简称为"国家质检总局",不能称"国家技监总局";北京大学医学部,不能错成"北京医科大学"。

（九）知识性错误。比如,"湟鱼"与"黄鱼"是两种不同的鱼。湟鱼,无鳞,青海湖特产;黄鱼,生活在海中,也叫黄花鱼。未宣判的,只能称"犯罪嫌疑人",不能称"犯罪分子"。整版稿件每篇没有署名的,不仅是新闻常识问题,也是违规的。

（十）地名错误。地名均应以中国地图出版社出版的中国地图册和世界地图册为准。比如,澳洲是大洋洲的旧称。如果是指大洋洲,就用大洋洲,不要用澳洲;如果是指澳大利亚,就用"澳大利亚",也不要用"澳洲"。当然,澳大利亚的企业、机构、组织名称上的"澳洲"除外。中国内蒙,应为内蒙古,"古"字不能省略。中国四川阿坝藏族自治州,应为"四川阿坝藏族羌族自治州"。

二、差错原因简要分析

这次全国省级晚报质量检查,文字差错不仅量大,而且种类多,错的程度相当严重的。晚报的质量令人担忧。究其原因,有以下几点:一是思想认识上存在误区,不少报社只重经济效益,而轻社会效益;对文字工作重要性缺乏认识。二是从业人员素质问题。三是缺乏必要的制度管理。

三、提高报纸质量的建议

一是报纸的质量检查要形成制度。二是新闻出版行政主管部门要求各报社定期开展从业人员质量意识教育和组织业务培训。三是报社要加强制度建设,编辑记者要树立责任意识、敬业精神。（参见 2006 年 3 月 23 日人民网－中华新闻报、2007 年 2 月 4 日光明网－光明日报、2007 年 4 月 17 日中国新闻出版报）

第五章

报刊稿件的修改加工

【本章要点】

报刊编辑修改稿件,应从严把"三关"着手,即事实关、政治关、辞章关。订正事实的要求是真实、准确、科学、统一、清楚。报刊差错分为"重大差错"、"重要差错"、"一般性差错"。修改稿件的方法有压缩、增补、改写等。政治性错误是期刊稿件修改的重点。

5.1 严把"三关"

修改稿件是选择稿件的继续。编辑选定的稿件,只能说基本上适用;报刊正式刊用,还需要对它进行修改、加工。稿件修改加工,是编辑根据国家有关报刊质量管理标准和报刊方针、宗旨,对原稿内容和表现形式进行修饰、改正、加工,使稿件尽量完美、精致、符合刊载的一项工作和艺术。编辑修改稿件,应从严把"三关"着手,即事实关、政治关、辞章关。

5.1.1 失真事实的订正

稿件中的事实必须完全真实、准确。编辑作为报刊的"守门人",订正事实是修改稿件的首要任务。订正事实的五点要求:

一、真实

稿件中事实失真失实的主要表现有以下几种:

(一)无中生有地虚构。比如,2008 年 3 月 9 日,国家教育部发布新闻称:"日前,有媒体在报道中称,全国政协委员、教育部副部长赵沁平在接受采访时表示,教育部正在研究将'学前教育'纳入义务教育,如果成功推行的话,义务教育的时限将有望延长至 13 年。部分媒体据此以'我国拟将 9 年义务教育增至 13 年'为题发布消息,引起了广泛关注。为此,记者采访了教育部新闻发言人,据这位发言人了解,赵沁平委员并未发表过类似言论,有关报道失实。"

(二)以一当十地夸张。比如,某报报道"湖北某高校一位贫困女大学生一年消费仅 8.35 元"。后经查实:编辑想当然地把原稿中的"一年饭卡消费 8.35 元"擅自改为"全年消费仅 8.35 元";其实这位女大学生除饭卡消费外,主要用现金消费等,所以报道严重失实。

(三)主观想像地添加。比如,前些年某报发表了"刘晓庆在狱中有空调有淋浴"的报道,就是作者主观随意的想像。当年,著名影星刘晓庆因税收问题一时入狱。报道发表后,北京市公安部门公开澄清事实真相:刘晓庆在狱中根本没有空调和淋浴,报道失实。

(四)捕风捉影地编造。比如,《大学生卖淫现象的调查》的报道,经查实,这篇报道是记者仅凭几个自称是"大学生"的卖淫女讲述而编造成的,可信度极低,经不起推敲。

二、准确

稿件中构成事实成分的名称、时间、地点、数字、引语等都要做到完全准确无误。

(一)注意细节。比如,国家名称:有的称国(日本),有的称共和国(菲律宾),有的称人民共和国(孟加拉),有的称人民民主共和国(老挝),有的称民主人民共和国(阿尔及利亚),这些细微的差别不能有丝毫的混淆。

(二)注意"夹带"。比如"他们先后游览了广东、广西、云南等省的名胜古迹"。广西壮族自治区,不是省。有时,差错与正确混杂在一起,容易出错。

(三)注意混淆。常见于人名、地点等。比如,海宁与宁海,同属浙江,却是两个地方。"湟鱼"与"黄鱼"是两种不同的鱼类。

(四)注意变迁。随着时代的发展,有些名称,比如邮差、洋火、洋灰等已经淘汰,改为邮递员、火柴、水泥等。有的行政区划已经变更,稿件中需要更新,比如,原广东省琼海地区、原四川省重庆市,分别改为海南省、直辖市重庆市。

107

三、科学

稿件中所叙述的事实涉及到自然科学和社会科学,应认真核对,使之符合科学。比如,1997 年 11 月 6 日有篇报道:"长江三峡导流明渠全长 3400 米,渠底宽 35 米"。实际上渠底宽为 350 米。"渠底宽 35 米",不符合事实,也不科学,编辑没有认真核实、修改。

四、统一

稿件中事实的表述应该统一。译名、计量单位、数字的写法前后要一致。比如,2008 年 3 月 10 日《现代金报》A18 版刊登的"同父异母兄弟未与成龙谋过面"一文中说,"今年(指 2008 年)68 岁的房仕德和 62 岁的房仕胜,居住在安徽省芜湖下辖的广德县城中","当时(指 1948 年)他 7 岁,而弟弟只有 4 岁"。这篇报道前后文两人的年龄不一致,房氏兄弟现居住的裕溪口镇不属于广德县,广德县为安徽省宣州市所辖。比如,有篇稿件报道:"杭州人每天吃剩的西瓜皮就有 9000 吨,全市每天总销量高达 850 万公斤"。这篇稿件中计量单位"吨"、"公斤"不统一。西瓜"850 万公斤"也就是 8500 吨。"每天吃剩的西瓜皮"比"西瓜"还多,这不符合常理。

五、清楚

稿件中的事实要写得清楚、明白,包括姓名、职务、职称、地名、单位、数据等要清楚、具体。稿件中第一次出现的名称,应用全称。比如,有家报纸在一篇报道中,把一位中央领导同志的职务搞错,将"政治局委员"错成"政治局常委",造成重大差错。

5.1.2 政治差错的纠正

一、重大差错、重要差错、一般性差错

报刊差错多种多样,国家有关部门根据报刊不同差错所带来的不同程度的负面影响,将其分为"重大差错"、"重要差错"、"一般性差错"。对不同差错,处罚轻重不同。

"重大差错"包括政治性差错,导向性差错,政策法规性差错,泄露国家秘密,报道失实,剽窃抄袭稿,栏目题或文章标题错讹性质严重,版面开天窗等。

"重要差错"包括遗漏重大新闻电稿,重要稿件版位明显不当,引用领

袖著述、言论时的差错,题文不符,图文错位,刊头、题花、栏目题或标题文字性差错,关键性质的字句的差错(涉及思想观点、逻辑推理、重要数据及其计量单位、重要意义的时间概念),明显的语句错乱(多文、掉文、转文脱节、语句颠倒),变体不当,报眉、期号、版次差错等。

"一般性差错"包括尚未妨碍表达原意的字句差错(错别字、繁体字、异体字、漏字、多字、字序颠倒、生造词),语法或标点符号差错,一般性数据差错,一般性引文差错,知识性差错,段落起行失范,漏登错登国内统一刊号、邮发代号、通讯地址、联系电话、出版期号、印刷厂、广告经营许可证编号、报纸单价等。

二、政治差错的防范与纠正

纠正稿件中政治性、导向性、政策法规性等重大差错的基本原则是:

(一)掌握政策界限,用辩证的观点看问题。编辑在修改稿件时,要以全面、客观、公正的态度,正确看待人和事,坚持辩证唯物论,防止片面性。来稿中片面性的主要表现:一是强调成绩,忽视不足;二是突出先进,贬低群众;三是不讲联系,有失公正;四是不讲区别,有失偏颇。

(二)追求积极的社会效果,防止客观随意地描述消极现象。一是对于社会上的"小道消息"、谣言、顺口溜,不要客观随意地加以报道;二是对于残暴、奸淫和丑恶行为,不要作过细的、不恰当的描写;三是对于未成年的犯罪嫌疑人,不能披露其姓名、住所;四是对于未判决、事实又未查清的案件,报道要特别慎重,防止"新闻审判"。我国《刑事诉讼法》第12条规定:"未经人民法院依法判决,对任何人都不得确定有罪。"

(三)注意严格保守党和国家的秘密。国外的敌对势力往往通过报纸等媒介的报道来获取情报。因此,严格保守党和国家的机密,是报刊编辑的重要职责。我国1989年5月1日起施行的《保守国家秘密法》对新闻媒体的保密作了具体规定,保密涉及到政治、经济、军事、科技等方面。难以判断的,应事先请示有关单位,不要轻率行事。

5.1.3　辞章逻辑的修正

编辑修改稿件时,对稿件中词语搭配不当,语意含糊不清,句子多余成分,错别字等文理文法、逻辑修辞等方面的错误,都要改正过来,力争做到准确、鲜明、生动、简洁。

一、尽量减少文字、词语错误

（一）错别字改正。比如，2007 年 9 月 6 日《宁波晚报》C07 版"让简历一发即中的三大绝招"一文的小标题中将"简历"错成"间历"。

2002 年 10 月 18 日《安徽日报》"广而告之"版中，"安徽国际汽车博览城座落在风景秀丽的合肥高新区"，这里的"座"应为"坐"。"座"与"坐"词性和用法完全不同，前者是名词、数词，后者为动词、副词。

2002 年 10 月 7 日第 20 版《新安晚报》的《精彩瞬间》标题"感悟西藏"中的"藏"应为"域"，版面中的图片及说明都是天山脚下的新疆风光，西藏与西域，差距较大。

2001 年 8 月 15 日《今日早报》刊登了"辽沈地区各界人士愤怒声讨日本首相参拜靖国神社"的照片，有人举的标语牌上有"勿望国耻，振兴中华"字样。"勿忘"错写成"勿望"，未免给这场严肃的活动带来尴尬。

（二）成语、典故、常识差错。比如，2001 年 3 月 16 日《中国青年报》发表的《如何监督媒体广告》一文中写道："既然不法商家离开了在媒体刊登虚假广告，就很难骗倒消费者，我们何不围楚救赵，通过强制媒体因虚假广告赔偿消费者的新途径，而曲线救国呢？"作者将历史典故"围魏救赵"错为"围楚救赵"。"围魏救赵"说的是战国时魏国攻打赵国首都，赵国向齐国求救。齐国大将孙膑率兵直捣魏国都城，魏国回救本国，遭齐兵伏击而大败。

2001 年 4 月 29 日《钱江晚报》头版头条新闻，标题是"大华书场又闻惊堂木"。说的是杭州大华书场，因旧城改造，几经搬迁，如今重新开张营业的事。旧时官员审案时，为了摆威风，常用一块长方形木块敲击案桌以吓唬受审者。这块木块叫"惊堂木"。而评书演员也有一块拍桌子用的小木块，叫做"醒木"，是为了加强语言气势，集中听众注意力的道具，两者不可混为一谈。

2003 年第 46 期《中国电视报》第 2 版《立陶宛的琥珀》一文中说，"人们常说荷兰是千湖之国"。被称为"千湖之国"的不是西欧的荷兰，而是北欧的芬兰。芬兰全国有大小湖泊 6 万多个，故而有"千湖之国"名。

2001 年 7 月 3 日《汕头日报》的《猜题趣话》一文将"不尽长江滚滚流"说成唐诗句，其实应为宋词句，出自宋代辛弃疾的《登京口北固楼有怀》："何处望神州，满眼风光北固楼。千古兴亡多少事，悠悠，不尽长江滚滚流"。

2003年7月10日《新民晚报》"夜光杯"发表著名作家叶某的《陈圆圆归隐之迷》一文中说,陈圆圆"不同于历朝历代的风情才女薛涛、班超、苏翠、李清照等人物"。班超是《汉书》作者班固之弟,成语"投笔从戎"的主角,他在西域从军31年。班超是将军而非才女。班固、班超之妹叫班昭,曾帮助其兄班固续《汉书》,著有《东征赋》和《七诫》等,担任皇后老师,著名才女。

纠正上述差错,一是要转变粗枝大叶的工作作风,审读稿件不能"走马观花",而要逐字逐词推敲。二是要善于使用各种工具书,勤于查对。三是要"不耻下问",弄不清楚的,请教"行家里手",直到弄清为止。

二、杜绝僵化语言及带有封建色彩语言的使用

有家报纸在报道各地社会发展水平综合比较和评价结果时,文章一开头说:"新一轮中国各地'诸侯排行榜'已经排定"。"诸侯"一词是指古代帝国管辖下的列国君主,明显带有浓重的封建色彩,把我国各省、自治区、直辖市称为"诸侯",显然不妥。有些报刊把县市领导称为"县太爷",把家乡领导和本单位一把手称为"父母官",这些散发着封建气味的词,今天的媒体是不能使用宣扬的。

三、杜绝庸俗与低级趣味语言的使用

有的报刊特别是都市类报纸以满足读者需要为借口,追求所谓的通俗化,大量使用庸俗、低级趣味语言,使报纸变得油腔滑调。比如,2003年4月15日《都市快报》第3版头条标题是"我和你老公有一腿"。2003年4月15日《今日早报》第4版头条"老公的'前女友'真烦人"。这些标题十分庸俗低级。这类语言的使用,不仅会对读者日常生活用语产生消极影响,同时也会影响报纸的自身形象。所以,一定要划清通俗与庸俗、幽默风趣与油腔滑调的界限,杜绝庸俗与低级趣味语言的使用,净化媒体的语言环境。

四、杜绝空话、套话的使用

空话、套话在新闻报道中存在得相当普遍,如"为迎接……","为贯彻……","在……鼓舞下"等套话,尤其是在党报的新闻报道中使用频率很高,几乎成了一种固定的"报道模式",这种现象是文风不正的表现。"空话连篇、言之无物"的语句,在改稿时应尽量删除,"用事实说话"。

111

五、对外来语要有选择地运用

在稿件中,对外来语要有选择地运用,如果盲目使用,轻者会给读者阅读增加障碍,重者会影响稿件内容的表现,甚至产生负面影响。如:曲奇、伊妹等这类词语,汉语是"饼干"、"女奴"的意思,汉语本身可以表达清楚而且浅显易懂的词语不用,却偏要用"洋"语,这实质是在制造语言垃圾,尤其是影响青少年一代。

对使用外文词汇也要规范,现在有些报纸的文章中,经常出现几个外文词语,又不做任何解释,让读者不知所云。比如,某报在一篇报道世界主要城市消费情况的新闻中说:"据 UBS 公布的报告显示,在全球都市消费排行榜上,××市居第一。""UBS"是一个什么机构? 报道中未作交代。尽管有些人知道它是瑞士银行,但大多数读者还是不知道的。

总之,媒体上使用的语言,要经得起推敲,要准确,这是报刊语言的基本要求之一。所谓准确,包适四层意思:一是符合语法,二是符合逻辑,三是实事求是,四是不能讲外行话。要严格执行《国家通用语言文字法》等规定,使报刊成为营造规范语言文字环境的榜样。

5.2 修改稿件的方法

5.2.1 压缩法

压缩法就是删除稿件中的多余部分,使原稿重点内容突出,文章紧凑,表达简练。压缩是编辑改稿的一种最常见方法。

一、压缩法的原则

(一)消除赘述,保留原稿精华。

(二)修改后的稿件篇幅长短与其价值大小相统一。

(三)图文稿件的篇(幅)数、文稿字数与版面容量相吻合。

二、压缩的方法

(一)突出主题。主题是文章的中心思想,主题应该集中。许多冗长的稿件往往是主题不集中,题目太大或者主题太多。因此,压缩稿件首先要从突出主题入手,文章题目定得小一些,具体一些,一篇文章着重解决一个问题,不要面面俱到。

（二）摘取精华。就是摘取稿件中的精华部分，使之成篇，而舍弃其余部分。比如在第一章讲到，"中共北京市委宣布 1976 年天安门事件完全是革命行动"，是新华社编辑从一篇 2000 多字的会议新闻里摘编出来的。新闻很短，只有 200 多字，但发表后震动了全国。

报刊上许多好新闻都是编辑披沙拣金，从内容芜杂的长稿中挖掘出来的。比如，1996 年 1 月 26 日，新华社播发了全国纪检监察系统表彰先进的消息，文中提到"中纪委给江苏省纪委书记记一等功"。《常州日报》编辑看到这篇消息后认为：江苏省纪委书记负责查处的发生在常州附近的大案闻名全国，给纪委书记记功是此案结束后的最新信息，体现了党和政府反腐倡廉的决心，又与《常州日报》读者有明显的地域接近性。于是，编辑将这几句话从这篇会议报道中抽出，单独发表。结果《常州日报》这条消息赢得独家新闻的优势。时隔 3 天，新华社也补发了这则消息，全国许多媒体在第 4 天予以刊播。

（三）删节得当。有的稿件由于内容芜杂，需要进行删节；有的由于版面限制，不得不进行删节。删节可以分为删字、句、段、意。对于文字不简洁而引起的冗长稿件，一般可采取删字、删句的方法。比如"过去的往事"、"悬殊很大"、"不必要的浪费"、"凯旋归来"、"全部都"等，词义重复，需要删字，分别改成：往事、悬殊、浪费、凯旋、都。这样删节，字去而意留，文字更简洁了。对于那些由于内容芜杂而造成冗长的稿件，光靠删字、删句不一定能达到简洁的目的，这就必须同时删段、删意。删段就是删去整段文字，删意就是精练全篇的中心思想，前面所提到的突出主题和摘录精华都属于删意。

编辑删改压缩稿件要根据稿件实际情况和报纸版面容量来进行，灵活地运用各种压缩方法。使用压缩方法时要注意以下几个问题：不要将重要内容和生动有趣的精彩内容压缩掉，而只剩下干巴巴的几根骨头几条筋；不要将稿件压缩得支离破碎，上下文不连贯，前后文不对称；压缩后的稿件，一定要通读全文，作好防范补救工作。对一些长稿压缩时，要注意结构比例和节奏。

5.2.2　增补法

增补就是增加补充原稿中所缺乏的内容，编辑对原稿进行增补的内容主要有以下 3 种：

113

一、补充资料

补充资料,就是增补稿件中缺少的有关人物、事件、地点的历史、背景知识,旨在帮助读者更好地理解稿件内容。

(一)补充新闻背景。"新闻背景"就是交代新闻的历史,用历史来说明新闻,使读者了解事件的来龙去脉,更理解新闻的内涵。新闻背景有两类:一类是介绍事件本身的历史,另一类是介绍同类事件的历史。比如,1981年3月30日,美国总统里根遇刺左胸负伤,4月1日《人民日报》刊登这一消息时,配发资料《美国已有9位总统遇刺》。资料指出:"里根这次遇刺是美国历史上第9位总统,其中遇刺身亡的有林肯、加菲尔德、麦金莱、肯尼迪。"资料的这种说明,丰富了读者的历史知识,有助于读者对里根总统遇刺事件的历史思考。

(二)介绍新闻人物。新闻人物即对新闻中新出现的重要人物的生平作简要的介绍。

(三)介绍新闻地理。新闻地理是对与新闻有关的地方的自然地理、经济地理、政治情况所作的简要介绍。

(四)介绍科学知识。新闻往往涉及自然科学、社会科学中的某些专门知识,一般读者很难完全了解,而新闻也不可能作详细解释,因此,有时就需要配发知识性资料进行补充介绍和通俗讲解。对一些自然现象的发生,一项科学成果的创造,一个学术争论的展开,往往需要配合新闻作通俗的简介。

(五)词语解释。新闻报道中常会涉及历史典故、古典诗词以及名人语录、成语、术语等。对于其中一些不太为人所熟知或不易了解的,编辑应该加以解释和说明。比如说明它们的出处,介绍它们的全文,解释它们的含义等。

资料的写作,要注意以下两个要点:一是要与新闻密切配合,既要有所呼应,又不要很多重复;既要有所补充又不要离题太远。二是重在记叙,文字要简洁朴实。

二、回叙事件

回叙事件是连续报道中对已发表的报道作简要复述。比如,浙江万里学院生物环境科学系学生戴芳芳作为我国第一位赴南极科考的在校女大学生,于2006年11月3日圆满完成科考任务胜利返回,许多报纸报道了戴芳芳凯旋的消息,在文中回叙了 2006 年 7 月 24 日戴芳芳出征并于同年 9 月 8 日正式踏上南极的事件经过。

三、补充事实

有的新闻稿中必要的新闻要素如人名、地名、时间等缺少,或者读者阅读新闻时可能提出的问题而文中未交代清楚,都应该进行增补。比如,有篇新闻报道《会走的柳树》,说的是两棵会"走"的柳树从河西岸返回到东岸来了。这两棵树生长在河北省隆化县小扎巴沟村西边大约 10 米宽的河沟里,树身卧地部分各有 7 米长,昂起部分高五六米,距今已有 200 多年。这段文字中有些要素没有说清楚。在隆化县哪个乡(镇),两棵柳树是怎样会"走"的,这些都需要补充明白。

编辑改稿增补内容时,可以通过查阅资料获得。对新闻事实的增补,一定要与原稿作者取得联系,由作者补充采写,编辑不能随意凭想当然增补稿件内容。增补内容,事先最好征得作者同意,要有事实根据,而且不宜过多;通讯社电讯稿和一些专稿,一般不需要增补,如必须增补,可采取在文字前加编者按等办法来解决。

5.2.3　改写法

有的来稿,材料新鲜,很有价值,但写得不好,或者不符合报道要求,这就需要对原稿进行改写。改写是以原稿为基础的重写,是一种难度较大、操作较复杂的修改方法。改写可以是局部,也可以是全篇。局部改写是在保留原稿篇章结构的情况下对某一点或某一个方面进行重写,全篇改写是以原稿材料为基础或改变主题,或改变角度,或改变结构,或改变体裁等。

一、改变主题

即改变原稿的中心思想。有的原稿主题缺乏新意或者缺乏典型意义,需要编辑从原稿提供的材料中提炼出更新颖、更有意义的主题。

二、改变角度

即改变写作的着眼点、立足点和侧重点。有的来稿材料丰富,只是写作的角度不当,影响了主题思想意义,或者不符合报刊的编辑方针和宗旨,因而需要改变角度。常见的角度改变有:从领导角度改为群众角度,从介绍经验角度改为报道成果角度,从正面报道角度改为侧面报道角度等。特别是有些批评报道,可以从被批评单位积极主动整改的角度正面报道,比直接批评报道效果更好。

三、调整结构

即调整稿件各部分之间的相互关系的一种改写方法。写文章要讲究结构,一要有条理,二要有波澜。文章结构无论是顺叙、倒叙或插叙,都应有条有理、行文流畅,同时要有波澜,一波未平,一波又起,波波相涌,环环相扣,"文似看山不喜平"。调整结构的目的就是将一篇结构紊乱、平铺直叙的材料,重新排列组合,使材料能紧扣主题,层层相接,丝丝入扣,跌宕起伏,富于变化。

四、改变体裁

新闻报道有多种体裁,它们各有特点,各有优势,一定的体裁适应于一定的内容,并表现为一定的功能。例如,通讯往往以写人、写场景为主,如果一篇通讯此方面内容并无特色,而其中所讲的某件事情很有新闻价值,就可以将通讯改为消息。改变体裁都是由信息量较大的体裁改为信息容量较小的体裁,因为这样,改写才有可能。比如,从通讯、调查报告、经验总结改为消息,从消息改为简讯等。

五、化整为零

即把一篇篇幅较长的稿件改写分成几篇稿件发表。编辑有时收到内容重要的稿件,涉及若干方面,篇幅较长,若全文照登,大块文章,主题不突出,读者会望文生厌。因此,编辑可采用分篇的方法,化整为零,把一长篇稿件分割成几个短篇发表,一篇稿件只谈一件事,重点突出,篇幅短小,引人入胜。这一方法主要用于长篇报告和讲话等。

六、集散为整

即把几篇稿件合成一篇统一的稿件。这和分篇正好相反。编辑收到的稿件,有的往往是同一主题,只是反映的地区、单位、方面不同。比如,都是讲春耕生产,但消息来自不同的市、县或农资、农机等部门,如有必要,可以对他们进行综合。好处是报道广,有利于反映形势,突出经验,而且可以省去重复;其局限性是报道的内容浅显,不够深入。综合的方法,可以把同一主题、不同单位集中编写成一条综合消息;也可以把内容相同、主题相近、单位不同的来稿写成一组配置在一起。正反对照的稿件也可以进行综合,写成对比的综合报道,更能引起人们的注意,有利于矛盾的解决。综合最忌随意性,概念加例子就是这种随意性的突出表现。

5.2.4　改稿的程序与注意事项

一、修改的程序

编辑修改稿件要经过三个步骤:第一步,通读全文,目的在于认识原稿:一是把握稿件的主题、材料、结构、语言方面的情况;二是发现稿件存在的问题,并设想解决这些问题的方法。第二步,着手修改。在通读全文的基础上,对如何修改形成具体"蓝图",做到"心中有数",然后逐字逐句推敲。第三步,检查性阅读。稿件修改完毕,必须从头至尾阅读一遍,检查修改是否恰当。

二、改稿的注意事项

修改稿件必须做到"有稿必检,有错必纠,有改必慎"。除了从事实、政治、辞章等方面对原稿进行推敲、修改外,还要注意以下几个问题。

(一)防止修改过程中产生差错。近年来,报纸上的差错率之高,远远超过人们的预料。差错率在万分之十以上,大大超过了国家规定的万分之三以内的标准。刊发稿件存在差错,一是原生差错,即原稿中本已存在差错,编辑修改时没有发觉;二是后生差错,即原稿并无错,编辑修改不当造成差错。

(二)后生差错发生的原因。一是主观随意性。比如,前些年某高校一位作者写了一篇新闻《某高校 24 人喜迁新居》,反映所在学校领导关心教职工生活,集资盖了一幢新楼,有 24 人搬进新居。报纸编辑改稿时,随意将"24 人"改成"24 户"。其实,按户计算只有 20 户,因为其中 8 人是夫妻。新闻见报后,单位职工批评这位作者"吹牛拍马屁",将"20 户"吹成"24 户",一字之改使作者蒙受不白之冤。

二是缺乏知识。编辑缺乏相关知识,改稿必然带有盲目性。有篇报道说"某年烟台香蕉苹果丰收"。编辑改稿时在"香蕉"与"苹果"之间加了一个顿号。这样使"香蕉苹果"这一种水果变成了两种水果,而烟台根本不生产香蕉,说明编辑对水果缺乏知识。

三是粗心大意。修改稿件中的差错,往往是粗心大意的产物。编辑要有一丝不苟的敬业精神,当好称职的"把关人"。

117

（三）要尊重作者的风格。风格是每一篇稿件所表现出来的特色。风格如人，不同作者有不同风格。编辑修改作者稿件时，不能以"自我"风格去代替作者的风格，要"百花齐放"，不"一花独放"。

5.3　期刊加工

期刊加工也叫加工整理，就是对稿件的修改。加工整理是期刊审稿的延续，审稿不可能很细，只能是粗线条的，加工整理要过细，补审稿之不足。加工整理不决定稿件的取舍，也不改变稿件的基本面貌，但是，它对稿件精雕细刻，决定稿件的具体面貌。可以说任何稿件都需要加工整理，就是质量好的稿件、名作家的稿件也需要加工整理，因为"智者千虑，必有一失"，而"愚者千虑，必有一得"，即使编辑是"愚者"，只要千虑，也能以自己的"一得之见"弥补作者"一失"之不足。目前，一些团体和个人在期刊上自费发表文稿，由于是自费出版的，所以有的期刊社没有下工夫加工整理，结果错漏较多，影响很坏。所以，专家稿件和自费出版的稿件都要经过加工整理。编辑是期刊的把关者，应对所编发的稿件负责。

一、期刊加工的要求

刘勰在《文心雕龙》中说："改章难于造篇。"编辑加工，要能以"点睛"之笔，变芜杂为精练，甚至化腐朽为神奇，使修改后的稿件生意盎然，面貌一新而又不失原意，连原作者也不能不叹服。可见编辑加工是艰苦的创造性的工作，因此，必须严格按照加工整理的要求工作。

（一）细致。加工就是要防止和消灭错误，这是非常细致的工作。加工时千万不要自以为是或想当然。

（二）深入。编辑要积极地努力提高稿件的质量。编辑发现和改正稿件中的瑕疵，除了细致外，就是要深入。编辑深入地体会出作者最得意的构思和在文字技巧上有特色的地方，才能避免简单粗暴地把作者的稿件改得面目全非。

（三）保持原作风格。编辑修改加工，应当注意保持稿件的面貌和风格。一个作者有一个作者的风格，一篇文章有一篇文章的风格，这风格也包括它自己的语言特色。把别人文章的风格改掉了，文章也就面目全非了。所以编辑修改加工时首先要了解稿件的面貌，研究稿件的面貌，从而在保持其本来面貌的前提下，认真使用笔墨。

二、加工整理的内容

（一）通读。对于决定采用的稿件在加工前要进行全稿通读。即使当初审稿是编辑审的，到了加工时也得通读。因为审稿的通读是宏观的、粗线条的，进入加工整理时，通读的目的在于从整体上掌握稿件的得失，以确定进行加工的内容和重点。对稿件有了总体的认识，加工起来才能瞻前顾后，全面考虑，进行综合处理，提高工作效率。但通读不是随便翻翻，而是详读、细读、边读边想，所以通读时要顺手把想到的问题记下来，或者用铅笔在稿旁轻轻写上，以便加工时唤起自己的注意。

（二）理顺。通读后，考虑加工方案，往往先把政治性、学术性方面的问题，先考虑斟酌清楚，修改后，再改文字语言方面的问题，并考虑如何保留原稿的基本面貌。

（三）核查。凡小说的环境、背景、论文的主要论据、引文出处，特别是对一些考据性、资料性的文章，要注意核查引文和出处。有一些资料性很强又很长的稿件，引文的全部出处要核查是困难的，也很不容易，一般采用抽样的办法，没有必要逐一进行，对有疑问的地方进行核查，核查几处就可以对文章的忠实程度做出判断了。如发现存在的问题多，可退还作者自己认真再核查一遍。

（四）修改。编辑要不要动手修改，目前倾向于要改。有几种看法：萧乾认为"不改"，改动较大的退给作者自己改。巴金认为要"商改"，他说："有权不必滥用，修改别人的文章不论大删小改，总得征求作者同意。"吕叔湘认为"必改"。

总之，文字要少改。特别是学术性文章和文学创作稿可改可不改的，可以不改；必须改的地方，一定要改好。毛泽东同志在《反对党八股》一文中说："文章是客观事物的反映，而事物是曲折复杂的，必须反复研究，才能反映恰当。"他认为重要的文章"看它十多遍，认真地加以删改，然后发表"。从这里可以体会到稿件修改的必要性。

三、期刊稿件修改的重点

期刊稿件修改重点包括以下 5 个方面的问题：

（一）政治方面。政治性错误，应当坚决纠正。稿件一般不会有大的政治问题，但有时考虑不周、疏忽，或观察问题的角度不同也会产生。个别观点、个别论点、个别提法、个别词句上可能存在带有政治性的错误。所以,修改加工时,编辑决不能忽视,而应当对每个词句、每个提法慎重斟酌。

(二)学术方面。对全文学术价值的肯定并不等于局部或个别词句就不会有错误或不当,不要粗枝大叶。对学术性问题的修改必须十分慎重,千万不能把本来不错的改错。

(三)体例方面。主要要有一个统一体例的问题,包括名词术语、数字写法、注释、年份写法、图表及说明等要统一,在整篇文稿中要统一,在整本期刊中要统一,在各期期刊中也要统一。

(四)引文方面。修改加工过程中,应核对事实,有事实出入都要进行修改加工,然后再发表。理论性、学术性文稿中,往往要举事例,作为论证,如果事例本身就与事实有出入,又岂能佐证论点之正确?所以,这类文稿也只有在改正其事实出入之处后,才能站得住脚。事实是否有出入的问题,还包括引用他人言论是否准确。如不符合他人原意或断章取义,就难以作为支持作者意见的武器。

(五)文字方面。文字方面的修改,包括方方面面的内容,有的要调整结构,有的要压缩删节,有的要做文字修饰等。文字的修饰,除了按汉语语法和汉语规范化准则,对文稿的词句进行修饰外,主要是指在词语的选择和运用上如何做到更加准确和贴切,努力使文章中该显豁的地方显豁出来。期刊的文字要求很高,编辑对文字的修整负有重任。一篇文章是否精心加以修饰,在阅读效果上,可以产生极大的悬殊。读者喜不喜欢一本杂志,这种爱恶多在极细微处产生,久而久之,他会不知不觉地喜欢或厌恶起来。编辑要不断刻意求工,处处为读者着想,才能编出为读者所喜爱的杂志。

由于作者不同,文章成熟程度不同,写作情况不同,修改时侧重点也就不同。因此,修改文章要因人而异、因文而别,没有固定的公式,要强调一个创造性问题,它是一种再创作,但又要保留原作的风格。

四、发排和读样

(一)发排。发排也叫发稿。它的基本要求是齐、清、定。齐:稿件的正文和附件一次发齐。清:稿件字迹清楚。定:指发的稿件必须是定稿,存在的问题全部改定。

（二）读样。通读校样是编辑对稿件最后一次改正错误的机会。读样时主要改那些政治性、科学性、知识性的错误。对于必须修改的地方，要力求"不捅行倒版"。所谓"不捅行倒版"，即在校样上所增删的字数，最好与原字数相等，以免改版时移行或移版。特别要避免大段的增删。正确使用校对符号改样，凡属改动的地方都要拉到行外，以免漏改。

【思考与训练】

1. 报刊编辑修改稿件应从严把好哪"三关"？

2. 修改稿件的首要任务是订正事实，订正事实有哪些具体要求？

3. 报刊差错分为哪几类？

4. 如何理解报刊编辑要做净化语言环境的模范？

5. 报刊编辑修改稿件的方法有哪些？

6. 报刊编辑修改稿件要注意哪些事项？

7. 期刊加工的要求有哪些？

8. 为什么说政治性错误是期刊稿件修改的重点？

【案例回放】

　　2002年10月7日《新安晚报》第20版《精彩瞬间》展示的照片是我国西域新疆风光,标题将"感悟西域"错成"感悟西藏"。

2005 年 6 月 18 日《南昌晚报》头版刊登《深圳罗湖区女公安局长受贿被判 15 年》的新闻导读,而配图竟是全国公安一级英模任长霞的照片。

【案例评析】

题与图:好像"眼睛"和"脸面"

标题和图像在报刊上有着非常重要的作用,人们常说"看书先看皮,看报先看题","标题是读者第一目击点","标题是文章的'眼睛'","标题的质量很能反映报刊的质量"。也有人把报刊上的图像比作"人的脸面",提出要"图文并茂,两翼齐飞"。所以,报刊编辑非常注重标题制作和图像运用。报刊上标题和图示出现差错,属于重大差错。我国《报纸编校质量

评比差错认定细则》规定：标题出现差错，扣分标准按正文同类差错的 3
倍计算。

现在，相当多的报刊在标题制作上不大讲究，有些标题空洞华丽、乏
味冗长、晦涩难懂，令读者望而生畏，有的甚至发生重大差错。这些标题
不仅没有起到"题好一半文"的作用，反而削弱了新闻事实的价值，降低了
报刊的质量。报刊标题制作中常见的毛病，归纳起来主要表现在如下几
方面：

一是题文不符。即标题内容与正文中的基本事实不一致。二是冗长
歧义。有的标题长达几十个字，并且标题所包含的信息与稿件中的事实
存在歧义。三是含糊不清。有些标题用一般的概念来概括事实，或用拖
泥带水的长句做题，使人越看越糊涂。四是模式僵化。比如报道成就，标
上"令人鼓舞"、"形势喜人"、"成绩斐然"等模式化标题，令读者讨厌。五
是夸张过度。有些标题夸大其辞，虚张声势。六是格调低俗。七是压缩
不当。有些标题夹杂专业术语、网络语言和"洋文"，有的压缩不当，造成
读者误解。

随着读图时代的到来，"图"在报刊中发挥着越来越重要的作用。平
面媒体报刊在图像运用方面也存在一些需要注意的问题：

一是有些新闻图片从画面到内容违反国家有关报刊出版管理规定。
比如，某报一幅新闻图片报道当地政府动用消防车上街清洗建筑物。这
其实是违法行为。《中华人民共和国消防条例》规定：消防车、消防艇以及
其他消防器材、设备和设施，除抢险救灾外，不得用于与消防工作无关的
方面。

二是有些图片画面存在问题。比如，某报刊登一幅反映当地抗洪抢
险的新闻图片，图片中出现了不久前被有关部门"双规"并经查实确有问
题的某部门原领导的形象，在当地引起人们各种猜疑："被'双规'的人怎
么会去参加抗洪抢险呢？"后经查实，原来，该报当日因缺少新闻图片，编
辑随便找了一张一年前通讯员拍摄的有关抗洪抢险的新闻图片刊发在报
纸上，造成严重差错。

三是新闻图片的文字说明简单粗糙，推敲不够，有的甚至发生重大差
错。比如刊登的新闻地图常出现行政区划、国界走向、城市方位、河流流
向、道路方向等方面的错误。

四是绘图粗糙，易读性不强。图表形式缺乏创新性，立体感、艺术性

不强,不能给人美感享受,也起不到美化版面的作用。图示上的线条、文字、色块、数字模糊不清,不能够以清晰、准确、有效的方式传递信息。

2005年6月18日,《南昌晚报》头版刊出《深圳罗湖区女公安局长受贿被判15年》的新闻导读,而配图竟是全国公安一级英模任长霞的照片,引起了广大网友和读者强烈不满。一位网友说:这既是素质问题,也是政治问题。网友红鞋跟认为:如此亵渎百姓心目中的英雄! 就算他们这个晚报不认识任长霞,也不能随意把别人的照片配上。

对《南昌晚报》发生的这一重大政治性事故,江西省委、南昌市委高度重视,有关部门迅速对事故进行调查并做出严肃处理:对相关责任人分别给予解聘、撤职、行政记过等处理,同时对南昌晚报实行停刊整顿。

《南昌晚报》出现这一重大差错,教训是很深刻的。报刊编辑必须加强责任心,像保护"眼睛"、维护"脸面"一样,坚守报刊生存的底线。

第六章
报刊标题与图像编辑

【本章要点】

随着媒体竞争日益激烈,标题和图像在报刊信息传播中的作用越来越突出。精心制作标题已成为报刊编辑钻研业务的重要课题。标题可分为单式标题和复式标题。制作标题要准确真实、具体细致、生动形象、简练精粹。报刊上常见的图像符号包括图片(照片)、插图、绘画、漫画、速写、图示(统计图表、示意图、新闻地图)、图饰等。

6.1 标题的作用和功能

6.1.1 标题的历史发展

标题是报刊稿件的题目,是用以揭示、评价内容的最简短的文句;通常用大于正文的字号刊于正文之前。

一、古代报刊的无标题

纵观人类新闻传播史,标题作为一个有着相对稳定内涵的独立概念,经历了一个从无到有、从分类题到一文一题、再到如今多种形式标题的发展过程。古代的报刊萌生后经历了一个漫长的无标题时期。中国报刊源远流长,据史载,早在唐代就办有"邸报",现有两份珍贵资料,一份是1982年在英国伦敦不列颠图书馆发现的唐僖宗光启三年(公元887年)的"敦煌邸报",这是目前世界上现存最古老的报刊实物;另一份是唐代著名学者孙樵(字可之)所著的《经纬集》中的题为《读开元杂报》的文章。孙可之在文章中这样描述"邸报"《开元杂报》是"系目条事,不立首末"。由此可以推论,我国唐代的报纸是没有标题的。

二、近代报刊的一文一题

(一)旁注。进入17世纪,随着社会政治经济变动的加剧,社会信息量以及对信息需求的增长,物质技术条件的逐步改善,邮政事业的发展,原来的手抄小报、不定期的新闻书逐步改为印刷定期出版。定期报刊的出现标志着近代报业,也就是近代新闻事业的诞生。这种定期报刊产生于17世纪初,大约在1605~1610年间。其发源地之一是德国。1609年德意志地区出现了两种周报:一种是《通告—报道或新闻报》,在沃尔芬比特尔(一说奥格斯堡)发行,每周一张,只有一条新闻。另一种是《报道》,在斯特拉斯堡出版,当年9月4日曾刊登著名天文学家伽利略制作一台新的望远镜的消息。一般认为它们是世界上最早的定期报刊。1650年,莱比锡一位书商创办的《新到新闻》通常被认为是世界上第一张日报。这一时期,西方报刊出现了"旁注",就是在文稿旁边加一注释,"旁注"是报刊标题的雏形。

(二)分类题。明末清初,由于活字印刷的采用,我国报刊从书本形式演变为报纸形式。刊载内容增加,发行量扩大,推动了报纸编排技术的提高,标题的出现和制作就开始列入报纸的编辑范围。从19世纪初起,一大批以中国人为阅读对象的中文日报,有了消息的类别,冠以"总标题",如官报的"门抄"、"上谕"、"奏折"等。创刊于1872年的上海《申报》,有了"上林春色"(北京消息)、"西湖棹歌"(杭州消息)、"羊城夕照"(广州消息)等分类题。这种标题实际是按照消息的外部特征,如所报道的人物、消息的来源、消息的门类和紧急程度进行组织编辑的分类题。读者虽然还不能从这种标题上直接了解消息的具体内容,但与无标题的古代报纸相比,阅读起来已经方便了许多。

(三)一文一题。笼统而简单的分类题的出现结束了报纸的无标题时期,无疑是大众传播史上的一大进步,但随着新闻传播手段的不断改进,随着西方列强瓜分世界的战争等重大事件的不断发生,人们越来越迫切需要迅速了解外界的最新变动,报纸的新闻也逐渐大量增加,这种只告诉来自何地、属于何事的无具体内容的分类题,已经不适应时代发展的需要。于是在19世纪70年代我国报刊出现了一文一题。最早采用一文一题的是外国人办的中文报《上海新报》,1870年3月24日《上海新报》第2

版上的"刘提督阵亡","种树得雨"等,用头号活字排印,通常被认为是我国目前见到的最早的、比较完备的一文一题。1896年梁启超主办的《时务报》创刊号上,在"就外近事"这个类型之下,即有三则标题:"都城官书局开设缘由"、"中国议办商务局缘由"、"广西开办铁路",其中最后一个标题类似于现代的新闻标题。当时的一文一题比较简单,大部分采用四、六字一句的单行式。

三、现代报刊的复式标题

进入20世纪,是我国报业的兴盛时期,到1915年《新青年》问世,中国人自办的报刊已近2000种,并逐渐形成了以言论、新闻、副刊和广告构成报纸版面的基本结构,出现了各报之间争取读者、求生存的竞争。我国报纸上的多行标题与长栏标题已不为鲜见。在这期间,报刊产生了严格意义上的新闻标题,并表现出以下三个特征:

(一)标题字号突出显著。标题字号与消息正文的字号有了区别。比如,《时报》把标题用"大字者,务求醒目"写进了发刊词。

(二)标题显示倾向性。标题已不仅是内容的简单摘录,而是内容的浓缩,明显地表现了编辑的倾向性。比如,1911年7月26日,汉口《大江报》发表的《大乱者救中国之妙药也》,就是一则短评标题。

(三)单式题演变为复式题。报刊编辑在拟题时能熟练运用主、辅题的不同作用,做到主题概括、说明主要事实和思想,辅题对主题起解释和加强作用。复式标题的出现体现出标题对于报纸的特殊作用已经形成,它完全摆脱了分类题的束缚,成为一个独特的和不可缺少的报纸版面语言。

(四)"读题时代"的"标题新闻"。时至今日,标题的种类和功能已经相当成熟,排列形式也非常丰富多彩。报纸上"标题新闻"的大量出现,已预示着"读题时代"的到来。这种把新闻事实的精髓融于标题之中,用放大字号的形式去独立地"发言"和传递信息的"标题新闻",自然能产生一种突出感、一种强调感、一种需要认真看待的郑重感,这样就更易于尽早地进入读者的视野,增强传播效果。20世纪90年代以来,随着媒体竞争日益激烈,标题的作用越来越突出,精心制作标题已成为报刊编辑钻研业务的重要课题。

6.1.2　标题的作用和功能

新闻标题来自新闻,又对新闻具有多方面的能动作用,标题作得好,犹如"画龙点睛",使新闻增色。早在 1919 年,徐宝璜在《新闻学》中论及新闻标题的作用时认为,其一是便利阅者,其二是引人注意。

一、提示新闻内容,充当阅读向导

新闻标题能用最精练的文字将新闻中最重要、最引人注目的事实报告给读者,这就是它的提示功能。读者阅读报刊首先是从看题开始的。报纸新闻标题制作得如何,决定读者是看还是不看。标题就像人的眼睛,是暗淡无光还是炯炯有神,要靠报刊编辑苦思冥想,反复推敲,在极少的文字里寻求最大的表现力。比如,2007 年 8 月 9 日《浙江日报》第 13 版发表的"'独独'出世第一关:跟谁的姓"、2007 年 9 月 27 日《浙江日报》第 14 版发表的"我的'讨'发票体验"等稿件标题,制作得比较精到,很好地提示了新闻内容:独生子女到底跟父姓还是跟母姓? 日常生活中发票的用处以及如何索要。

二、吸引读者注意,激起阅读兴趣

一个好的标题,不仅能向读者提示新闻内容,而且还能以生动优美的形式去吸引读者阅读新闻。比如,2007 年 9 月 27 日《浙江日报》第 15 版发表的" 47 个孩子叫他'爸爸'"、1999 年 3 月 30 日《杭州日报》有一则标题:"(引题)作家王蒙考语文 最好成绩 60 分,他感慨——(主题)语文教学,不改不行了。"为什么有 47 个孩子叫他"爸爸"? 著名作家王蒙语文居然只考 60 分,怎么回事? 读者看到这两个题目,阅读的兴趣就被吸引住了。

三、评价新闻内容,帮助读者理解

标题的评价功能,是指揭示新闻本质,指导读者了解新闻的意义,分辨新闻价值的大小,并表明编辑的态度和立场。标题对新闻的评价,主要表现在以下几种:

(一)通过把新闻事实安排到标题中的不同位置进行评价。标题中有主题和辅题(引题和副题)的不同陈列位置,其中主题字号最大,位置最为显著。作题时,编辑总是把最重要的事实放在主题位置。比如,2003 年 4 月 27 日《今日早报》头版头条标题新闻:"(引题)胡锦涛签署主席令(主

129

题)吴仪兼任卫生部长(副题)免去张文康的卫生部长职务"。读者从这种安排中可以体会到编辑对新闻内容的评价。

（二）通过叙述事实时所使用的不同词语进行评价。1990年3月下旬,《文汇报》收到记者的一篇稿件,反映上海市煤饼质量差的情况。青年编辑先制了一个标题:"煤饼质量难旺,居民苦头吃煞"。责任编辑刘文峰认为此题虽全面,但未免过于冷漠,没能表达出群众对煤饼问题的愤怒情绪。于是,他拟出第二个标题:"劣质煤饼难着火,心中直冒无名火"。刘文峰感到此题虽然表达了上海市民对劣质煤饼的火气,但还是较软,缺乏口语化的情感词汇。他仔细推敲,改成第三个标题:"可叹煤饼难发火 心头直冒无名火"。他又觉得"叹"字用得不好,表现出无可奈何的感觉,他将"叹"改为"恨",制成了第四个标题。经过一夜紧张劳累,刘文峰在下夜班回家的路上,感到"恨"字用得太重,过于感情用事,忽略了制煤工人的辛劳。他一到家就打电话给出版部要求修改。这样,1990年3月31日《文汇报》头条标题最后改成:"可恼煤饼难发火,心头直冒无名火"。这篇报道刊出后,促使煤饼厂进行了整改,还荣获"华东九报头条竞赛一等奖"。

（三）通过对新闻事实直接发表议论进行评价。通过发表议论,标题可以表达党和政府的主张以及人民意愿,可以批评某种不良现象,可以倡导某种良好的社会风气。比如,2003年1月20日《南方都市报》发表题为"谣言为何会变成恐慌"的文章,对"中山市疾病控制中心有关负责人18日表示的'肺炎流行'实属谣言,市民不必过度恐慌"这一言论提出了质疑和批评,报纸希望有关部门还百姓的知情权,这篇文章反映了人民的意愿。

标题评价新闻,要注意做到:旗帜鲜明,不模棱两可;客观公正,不节外生枝;用事实说话,尽量少发议论;同时在制作标题时,尽可能增加信息含量。

四、活跃美化版面,形成视觉艺术

如果没有标题,报刊版面就黑压压的一片,既不美观,更不方便读者阅读。标题能活跃和美化报刊版面。其作用体现在两个方面:

（一）使版面层次分明,条理清楚。在报刊版面上,通过不同的字号、字体区分稿件的内容重要程度大小,或者把同性质的一组稿件组成专栏,

130

冠以大标题,这样,整个版面条理清楚,主次分明,疏密相间,分布合理,会使版面眉清目秀。

(二)使版面有声有色,丰富多彩。制作标题时,还可以借助多种美术手段进行装饰处理,达到美化版面的作用。

标题要真正起到活跃和美化版面作用,需要具备以下条件:一是标题本身要美;二是标题形式多样,有单式、复式题,组织版面时灵活搭配使用,形成一种参差美;三是标题要变而有序,标题的变化有字体、字号、形状、位置的变化,做到变而有序,轻重适宜;四是标题装饰要精当。标题的装饰要与新闻内容相和谐,与整个版面相协调。

6.1.3 标题的结构与分类

一、标题的结构

所谓标题的结构是指一条标题的组成部分及其相互联系的方式。从结构方面看,标题可分为单式标题和复式标题。复式标题是由两个或者两个以上标题按照一定规律组合而成的多行题。

单式标题,即只有一种主标题形式,多数是一行。报纸上对于内容简单、不太重要的新闻,或仅由主标题就能独立承担标题任务的新闻,都适合采用单式标题。比如,2003年4月14日《浙江日报》第2版发表的"挂在墙上的'办公楼'";2005年6月24日《人民日报》第16版发表的"榜上无名、脚下有路"等。

期刊无论是综合性,还是学术性、文学性等,其刊登的绝大多数文章都用单式标题,比如,2008年第1期《浙江万里学院学报》发表的"解读《第一财经日报》的报道特色"等。

(一)主题:复式标题中的主要标题

主题是标题中最主要的部分,在标题中字号最大,地位最显著。比如,2000年11月10日《人民日报》一条新闻:"(引题)现代科学研究揭示千古学术悬案(主题)《夏商周年表》正式公布(副题)我国历史纪年向前延伸了1200多年"。

在这里,最引人注目的事实是《夏商周年表》的公布。众所周知,夏、商、周三代是中华文明由兴起到昌盛的时期,但我国历史的确切年代只能上溯(秦)到西周晚期(公元前841年),如今经过多学科多年的联合攻关,

131

终于破解了夏商周断代之谜,将中国历史纪年向前推进了 1229 年,填补了中国古代史的一段空白。因此,编辑把年表的公布作为核心事实写入主题,而年表诞生的原因及其价值,都是对年表的补充说明,写入了辅题。

(二)辅题(引题和副题):复式标题中的辅助标题

辅题,是复式标题中用以补充主题或加强主题气氛、力量,辅助主题完成标题任务的部分,辅题字号一般比主题字号小。辅题包括引题和副题。

引题,又称肩题、眉题、上辅题。它位于主题之前,主要作用是引出主题。

引题的作用有以下几个:

一是交代背景,说明原因。比如,2008 年 2 月 26 日《环球时报》的头版头条标题:"(引题)威望高当选国家元首 仍会听卡斯特罗建议(主题)劳尔接替哥哥领导古巴",其引题是说明主题所报道事实发生的原因。

二是揭示新闻的意义和事实。比如,2000 年 4 月 17 日《报刊文摘》:"(引题)乡村女教师彭富芬面对行凶者挺身而出(主题)为保护学生身中十六刀"。这则标题的引题,在于表扬女教师见义勇为、舍己救人的可贵精神和先进事迹。

三是烘托气氛,渲染环境。比如,1984 年 10 月 19 日《法制日报》(原名《中国法制报》)一则简讯标题:"(引题)长街无处不飞花 万紫千红扮京华(主题)近百万盆鲜花无一丢失"。用"长街飞花"、"万紫千红"作为引题,来烘托首都节日气氛和群众精神风貌。

引题依附于主题而存在,表现方法、句子结构和外在形式都比较自由,可以是一个完整的句子或词组,也可以不是;引题的文字,从简洁和美观的角度考虑,字数与主题接近为宜。

消息标题要比较具体、明确地概括新闻事实,因而引题用得较多;而通讯标题可以比较抽象、含蓄地概括新闻事实,所以一般不用引题,除非存在特别需要引起受众关注的情况。比如,2003 年 4 月 14 日《浙江日报》一则通讯标题是:"(引题)义乌市新投入一批高档出租车,不料却引来一些市民的投诉——(主题)换车换出的尴尬"。这篇通讯运用引题,是因为"新高档车引来投诉"这一情况特别能吸引和打动读者。如果不加以突出,通讯的阅读可能会明显减弱。

副题,又称子题、副标题,主要用来补充、解释和证明主题,通常位于主题之后。在复式标题中,它与引题的分工是:引题主虚,副题主实。因此,一般副题字数比引题和主题都要多,有时根据需要可做成多行副题,通常称之为"副题组"。

副题的作用有以下几个方面:

一是如果主题只标出发生了什么事,副题则要补充说明事情的结果。比如,2008 年 2 月 26 日《新京报》的一则标题:"(主题)安徽一男童胳膊被狮子咬断(副题)马戏团狮子通过笼子缝隙攻击"。

二是如果主题只标出了主要事实,副题则要补充次要事实。比如,1999 年 7 月 8 日《浙江日报》头版一则标题:"(主题)我省 13 万学子昨参加高考(副题)今年录取率可达 46%,录取比为 2.16∶1。

三是如果主题中的事实高度概括,副题则要补充具体事实。比如,2000 年 7 月 25 日《北京青年报》的一则标题:"(主题)天山'瑶池'逐年萎缩(副题)每年缩小水域 200 平方米 80 年后消失"。这一主题显得太笼统,以副题加以补充交代,则令人明了。

四是如果主题只是一种议论,副题则揭示全部事实。比如,1997 年 4 月 10 日《羊城晚报》的一则标题:"(主题)克隆克隆别乱来(副题)欧洲国家签署生物道德协定"。

五是如果主题为具体事实,副题则可以以事实为依据进行评论、分析或推测。比如,1986 年 9 月 11 日陕西《汉中日报》的一则标题:"(引题)卫生部顾问一行到汉中疗养院视察(主题)马德海和麻风病患者握手拥抱(副题)马老说:麻风病可以防治,并不可怕,歧视麻风病人是不应该的,要大力宣传普及麻风防治知识。"

麻风病,历来为人所恐惧,所以对麻风病患者,许多人都望而生畏。马老还同他们握手拥抱,这是为什么?主题简洁地叙述了这一重要事实,副题紧接着就进行分析解释。原来,麻风病可防可治,并不可怕。

(三)复式标题的结构形式

一是引题＋主题构成式。这类题型一般适用于消息题,且为非重大事件的报道,文章篇幅相对较短,新闻事件内容比较单一。

二是主题＋副题构成式。这类题型多适用于消息和通讯题,可以是重大事件的报道。

三是引题＋主题＋副题构成式。这类题型为消息题。只适用于报道重大新闻事件,采用这类题型的新闻具有很强的政治性、指导性和经验

133

性,比如,各地召开的党代会、人代会、政协会议等。一般性的新闻报道不能采用这种题型。

(四)制作复式标题时的注意事项。一是要正确体现主题与辅题之间的逻辑关系。引题、主题、副题都是标题的一部分,它们之间就应该存在着一种逻辑关系,如因果关系、目的与手段的关系、虚与实的关系等。不能把没有逻辑关系的事硬写在一条标题里,以免造成混乱。比如,2000年10月4日某报一条标题:"(引题)花海飞歌秋意闹(主题)昆明花卉节昨闭幕"。这一引题用在花卉节开幕时比较合适,闭幕时这样用不恰当。

二是主题与副题要有相对的独立行,主题应为较完整的句子或能独立表达意义的词组。

恽逸群说过:"无论肩题、主题、副题,每一行都应独立成句,至少主题应为完整的句子,有主语述语,切忌前一行连到下一行"。比如,某报有一则标题:"(主题)一颗稀世珍宝(副题)在四川泸州一寺庙被发现"。这一标题主、副题都是半句,让人费解,可改为一行题。

二、标题的分类

(一)按新闻标题的结构特点分,可分为单式标题和复式标题,复式标题又分为引题、副题、主题。

(二)按新闻标题的表意程序分,可分为实题和虚题。实题是指表意实在、具体的标题,具体标明新闻事实,如叙述具体的人物、动作和事件等。虚题即表意形象感不强,虚化、抽象的标题。

(三)按新闻标题在版面上的布局与位置情况划分,可分为通栏标题、栏目题、提要题、边题和尾题。

一是通栏标题,即贯通版面的特大标题,多用于突出强调某个时期的中心工作和指导思想等。由于通栏标题指导性、鼓动性和显著性都很强,使用时要特别慎重。

二是栏目题,也称专栏。即把两篇以上内容相同而又各自独立的稿件(同一体裁或不同体裁均可)集纳在一起,组合成类似专栏的整体,并冠以一个总标题,就是专栏题。栏目题的作用是概括本组稿件中心思想,提示中心内容,或者用于发号召、提要求等。

三是提要题,又称提示题、提纲题,突出放在新闻稿件正文的开头或主(副)标题的下方。主要概括新闻的主要事实,便于读者掌握新闻的主要精神。

　　四是边题，又称边标题，是在稿件正文旁边用稍大的字体标出的一种特殊的标题。将文中某一重要内容单独提出来人为地加以突出，主要目的是提醒读者对这部分被提出的特殊内容引起注意。比如，1987 年 3 月 1 日《沈阳日报》在"（主题）市府提出今年工作的主要目标（副题）机械局、税务局等 10 单位获市府机关特别奖"的一则报道中使用了一个边标题："1987 年的主要目标：粮食总产量恢复和接近历史最高水平，达到 215 万吨；力争工业总产值比上年增长 6％，财政收入增长 7％，社会商品零售额增长 12.5％，人民生活将继续有所改善。"

　　五是尾题，又叫尾标题，是用略大于正文的异体字，将文中重要内容，特别是重要的新思想、新观点摘录集纳起来置于文尾，引起读者的思考。尾题内容应是客观的观点摘引，不允许搀入作者的主观意见，只能把新闻中最引人、最重要的内容，原原本本地端到读者面前。

　　（四）按新闻标题的排列形式划分。可分为一行式标题（只有主题）、两行式标题（有引题、主题或主题、副题）、三行式标题（有引题、主题、副题）、多行式标题（有引题、主题、副题、提要题等）。

6.1.4　制作标题的基本要求

一、标题要准确真实

　　准确的标题就是要题文相符、讲求分寸，不讲过头话。题文相符，包括两个方面意思：一是标题所写的事实，应与稿件内容完全一致，不能无中生有，以偏概全；二是标题的论断在稿件和报道的事实中要有充分的依据，不能任意拔高夸大。

　　比如：某报 2000 年 2 月 9 日一条新闻标题："（主题）英国人也过中国年（副题）查尔斯王子唐人街看舞龙"。由"副题"查尔斯王子看舞龙，作出"英国人也过中国年"（主题）的论断，缺乏充分的依据。制作标题时，出现题文不符的原因，是因为编辑知识缺乏、省略不当、随意拔高等造成的。

二、标题要具体细致

　　新闻是新近发生的事实的报道，所以标题应该反映具体的新闻事实内容，而不应是抽象的、空洞的说教。

135

三、标题要生动形象

生动形象的标题，使读者在阅读时，不但了解新闻事实，而且获得美的感受。标题生动形象制作方法之一是巧用修辞手法。比如，1999年3月11日《钱江晚报》一则标题："（主题）知否，知否，绿消红瘦（副题）连绵阴雨使杭州名花展上部分花卉受损"。引题妙用宋代词人李清照的《如梦令》："知否？知否？应是绿肥红瘦"句式，虽作改动，但表意新颖别致，为主题作了较好的烘托。

四、标题要简练精粹

作家老舍说："世界上最好的文字，也是最简练的文字。"恩格斯在1860年给马克思的信中指出："我认为，标题愈简单，愈不费解，便愈好。"标题做到简练精粹，要注意以下几个方面：

（一）要精于概括。概括，就是要以尽可能简练的一句话，概括说明这条新闻的主要内容和实质。"比如，1981年8月27日湖北《襄阳报》刊登了一篇当地人事局秉公办事、不收礼、不吃请的文章，原标题是《地区人事局秉公办事、不徇私情》，显得一般化，平淡无味，编辑将其修改为《"热门"飘清风》，较之原题要简练生动得多。概括时，可适当采用简称，如"全国人民代表大会第十届第一次会议"可简称为"全国人大十届一次会议"。外国人名很长，在其第一个字后加一个"氏"或"卿"，比如，"戈尔巴乔夫"简称"戈氏"。

（二）要善于省略。突出核心事实，省略其他部分；保留事情发展结果，省略那些不必要的过程；省略不必要的议论；省略职务；用数字简化，比如，"三项学习教育活动"等。

6.2 标题制作的技巧

6.2.1 运用修辞方法制作标题

标题在传播新闻中最新鲜、最重要、最引人注目的事实时，除了要求准确、具体、简洁、通俗外，还要力求文字生动、优美。运用修辞方法，可以使标题生动、优美，给人以联想和美的享受。

一、巧用富有表现力的事物展示标题的内容

（一）比喻。制作标题时用现实生活中具体的、浅显的、熟知的事物去说明和描写那些抽象的、深奥的、生疏的内容，就是比喻方法。标题中常用的比喻有明喻、暗喻和借喻。

明喻，即"甲像乙"，用"如"、"似"、"像"等词表示。比如，1990 年 6 月 7 日《今晚报》一则标题："（主题）世界杯赛如同高等学府 山姆大叔只配上学前班（副题）捷队 5∶1 狂胜美国。"

暗喻，即"甲是乙"，用"是"等词表示。比如，1988 年 6 月 30 日《北京晚报》一则标题："（主题）会计王玉凤是个'铁大门'（副题）截住一张面额 313000 元的非法支票"。

借喻，即甲不出现，乙替代甲。比如，1993 年 11 月 21 日《中国青年报》一则标题："追星族，何时走出'围城'"。这条标题以"围城"借喻"对明星的盲目崇拜现象"。运用好比喻，重要的是选择让读者明白的喻体，如果喻体本身难懂，会让读者不知所喻。

（二）比拟。就是通过发挥想像，将人当作物或把物当作人来描写，将人当作物是拟物格，将物当作人是拟人格。采用这种修辞手段，可以抒发强烈的感情，给人以鲜明的印象和具体感受。比如，1998 年 4 月 30 日《羊城晚报》一则标题："（引题）'大众'吃不到嘴边肉（主题）'劳斯莱斯'卖身'宝马'"；1994 年 3 月 31 日《人民日报》一则标题："（主题）做太阳的'一缕光'（副题）记南京军区某师警调连司务长金正洪"。

这两个标题中前一个是拟人，后一个是拟物。从中也可看出比拟与比喻不同，比喻要求甲、乙之间有相似点，比拟则是用甲的特征、动作来描写乙，特点在于"拟"。

（三）借代。就是不直接把人或事物的名称说出来，而是用一个与它有密切关系的名称或事物来代替，运用借代可以更好地显示事物的特征，表达特定的感情，引起读者联想，增加标题的生动性。比如，1987 年 8 月 5 日《羊城晚报》一则标题："（引题）这里的海滩'黄如金软如苔'（主题）浙江也有一个'北戴河'"。这则标题的引题采用比喻，主题用特称"北戴河"借代浙江省普陀山的"海滨浴场"。又如，1994 年 6 月 16 日《人民日报》一则标题：

"（主题）'体操王子'回'娘家'（副题）慷慨资助体坛后来人"。以"体

操王子"来代表昔日著名体操运动员李宁,同样是运用了借代的方法。

二、巧用诗词佳句或模仿现成句式表现标题的内容

(一)引用。就是把现成的诗词佳句、成语、俗语直接作题,用来叙事、抒情或议论,使标题更加简练生动,富有文采和感染力。引用诗词名、成语俗语可以直接应用(照搬),也可以间接引用(翻新)。一字不差地引用原句,就是直接引用;如果在原句或成语的基础上稍加改动,使其更贴切地表达出新闻的含义,这就是间接引用。一般间接引用比较常见。比如,1999年4月12日《都市快报》一则图片新闻的标题是:"桃红一片伤心落"。图片显示游客坐在西湖边的桃树上留影,导致细枝折断,桃花落地。此题借用龚自珍的名句"落红不是无情物"中的"落红","惜花伤情"尽出笔端。还可以引用顺口溜、谚语、方言口语等,使读者产生亲近感。

又如,1998年世界杯足球赛期间,意大利队与智利队比赛时大雨如注,意队艰难地将比分保持在2∶2平,当时意大利主教练独立雨中,《新民晚报》在报道这场比赛时,拟了这样一个标题:"(主题)孤舟蓑立翁 难钓美洲鱼 (副题)——记意大利队与智利队之战"。

这则标题出自柳宗元《江雪》中的名句"孤舟蓑立翁,独钓寒江雪",这里编辑稍稍改动了几个字,便形神兼备地描述出意大利主教练的孤独无助和比赛的艰难,读来令人感慨。

标题还可以引用顺口溜、谚语、方言、口语等。作为民间流行的口头韵文,顺口溜为群众所喜闻乐见,纳入标题,易使受众产生亲近感。谚语用简洁通俗的语言反映出深刻的道理,又有广泛的群众基础。恰当地运用谚语,也会使标题精当有味。方言和口语生活气息浓,运用得当,会使标题缩短与受众的心理距离,激发受众阅读或视听的兴趣。

(二)仿拟。模仿现成的句式,临时创造一种新的说法。比如,1988年9月5日《大连日报》一则标题:"(引题)来的都是客,全凭嘴一张(主题)某某镇被吃穷了"。引题套用现代京剧《沙家浜》阿庆嫂的一句台词,揭露了上级机关来人公款吃喝、全凭嘴一张、分文不交的腐败现象。

三、利用词语、语句之间的各种联系表示标题的内容

(一)对比。又称对照,即把两个相反的事物,或者同一事物的两个对立面,放在一起形成鲜明的对照,使要说明的事物或方面更加鲜明、突出。比如,1994年9月4日《北京日报》一条标题:"(引题)春天精心授粉 秋季硕果满枝（主题）八仙庄梨园'小年'结出'大年'果"。这则标题将果树的"大年"和"小年"放在一起对比，使标题立体起伏，形成反差，因而更有说服力。

（二）对偶。就是在标题中把字数、结构相同、意义相对或相关的两个词句对称地排在一起，这种形式整齐协调，读起来朗朗上口，比一般的陈述性语句更富表现力、感染力。比如，1994 年 4 月 18 日《新民晚报》一则标题："（主题）春雨催花花竞放 茶香熏人人自来（副题）记上海国际茶文化节开幕式"。1980 年 11 月 1 日《解放日报》一则标题："纺织局有'女'嫁不出 奉贤县有'郎'守空房"。这两条标题都采用了对偶的方法，第一个标题上、下句的意思相近，属于对偶中的"正对"；第二个标题上句与下句意思相反，是"反对"。

运用对偶不可过滥，有的新闻用一行题足以概括出主要内容，如果硬要追求对偶使用两行题，则会显得冗长。

（三）排比。就是把三个或三个以上的结构相似的词句排在一起，表达同一性质、同一范围的内容，使整个标题显得铿锵有力，气势连贯。比如，1996 年 6 月 29 日的《厂长经理日报》一则标题："劳模：红起来亮起来香起来"。

（四）反复。就是有意地把某一字或词反复陈述，突出内容，加强语气。比如，1988 年 9 月 9 日《中国青年报》一则标题："（引题）赞助费存车费公物损失保险费 补习费转校费订阅附加读物费（主题）费！费！难为学生 苦煞家长"。这里 8 个"费"字的重复，言其收费之多，令人厌烦。

（五）联珠。又称顶真。就是前一句末尾的词语作为后一句的开头。特点是首尾串联，语言贯通，有利于事物之间环环相扣的关系。比如，1987 年 9 月 25 日《湖北日报》一则标题："（主题）镇无闲户 户无闲人（副题）牌州镇居民安居乐业"。

（六）回环。又称回文，就是将上句的结尾作为下句的开头，将上句的开头，作为下句的结尾。通过回环往复的形式，生动地表示两个事物之间的关系。比如，2006 年 8 月 24 日《国际金融报》一则标题："（引题）官出数字 数字出官（主题）统计局遏制地方注水 GDP"。这则标题的"引题"说明有些地方官员捏造数字虚报政绩，数字浮夸能使官员提升。这里运用回环，表现了两件事情的因果关系，而不是简单地同一反复。

139

四、巧用词语的多重含义来表现标题的内容

（一）双关。就是巧妙地让同一词语或一句话具有双重意思，一重是表面的，另一重是暗含的，暗含的意思才是真实的、主要的。双关的主要作用在于能含蓄曲折地表达思想感情，使读者感到余味无穷，使标题生动而富有幽默感。比如，1980年3月23日《天津日报》一则标题："（主题）京剧舞台的'洋'贵妃（副题）美国留学生魏莉沙在南京大学文艺晚会上演出《贵妃醉酒》受热烈欢迎"。"洋贵妃"是指洋人扮演的贵妃，也指杨贵妃，利用"洋"与"杨"的谐音，使标题更有情趣。又如：1992年6月11日《人民日报》一则标题："延安紫砂'红'起来"。标题中的"红"既指延安紫砂陶瓷让人喜爱的红色，更暗示该产品走红市场。

（二）反语。就是说反话，具有强烈的讽刺、揭露作用。比如，1987年11月6日《中国青年报》一则标题："（引题）某某卫校领导掉进钱眼（主题）生财有道：卖文凭"。"生财有道"是褒义词，但这里表达的是贬义，联系上下文，可看出其含义。

五、巧用提问和呼唤的发生表现标题的内容

（一）设问。就是为了突出稿件内容的重点，或者为了强调作者对某个问题的看法，先提出问题，有的作答，有的不用作答，以引起读者注意。比如，1990年1月5日《羊城晚报》一则标题："（主题）邮局为何退回你寄的信？（副题）广州不少单位仍然使用非标准信封"。

（二）反问。又称反诘，就是用疑问的形式来表达已经肯定的主题思想，以加强语气。比如：1982年2月9日《南方日报》一则标题："揭发走私活动何罪之有？"这条运用反问的标题，明确地表示了编辑的气愤与谴责，标题富于感情色彩，显得尖锐有力。

（三）呼告。呼告是直接对新闻中人或物说话的方法，来加强词语的感染力。比如，1980年7月5日的《福建日报》一则标题："（主题）彭加木你在哪里？（副题）全国各地群众对彭加木失踪深表关注"。

（四）巧用标点符号。标点符号与语言一样，具有表情达意的作用。在制作标题时，如能根据内容的需要，巧妙地使用标点符号，可以含蓄委婉地表达标题的内容，有时可以起到语言文字所难以代替的作用。比如，"（主题）他，他？他！（副题）——记长沙卷烟厂厂长肖寿松勇于改革的事迹"。这则标题中用了3个不同的标点，包含着3层意思：逗号表明这位

厂长原先是一个普通的知识分子;问号表明他投身改革后有人投以怀疑的目光;感叹号表明他的改革精神和实干精神赢得了大家的赞赏。作者运用标点符号来表明这些意思,别出心裁,引人探究。又如,"(引题)本报特派记者苏少泉汉城今晨电话:(主题)光芒四射的'句号'"。这则标题说的是在第 24 届奥运会上,驰骋世界体坛多年的我国名将楼云临难不惧,终于在最后一次比赛中反败为胜,为祖国夺得了一枚金牌。标题中的"句号"是比赛结果的代名词,含而不露,幽默诙谐。

6.2.2　标题制作的技巧

一、寻找特色和个性

标题应该标出稿件中最有个性和特色的内容,这样才能使读者感觉到这篇文章与其他同类题材的文章不同。如果读者一翻开报刊,见到大量雷同的词语和空洞的套话,如遇到成绩不分大小都是"殊荣",一见到问题不说深浅就是"困惑",类似于这样的标题只会是老生常谈,让读者望而生厌。

要避免雷同,落笔做题时就要潜心研究,寻找并把握住新闻的个性特征,切忌轻车熟路地只从共性着笔。《人民日报》原总编辑范敬宜同志很讲究新闻标题的"跳"字。他在谈到夜班编辑工作时说:"每天晚上看大样,觉得有一个普遍性的问题,就是标题一般化,'跳'不出来。有些报道本身不错,但标题太平,缺少吸引力;有些报道本身就一般化,如果标题再一般化,就更难吸引读者了。"1997 年 2 月 4 日,《人民日报》第 3 版头条开始用的是这样一个标题:"(主题)真抓实干增效益(副题)——探访青年文明号系列报道之二"。范敬宜看到后,觉得标题太一般化,属于用在任何报道皆可的"万能标题"。他根据内容,重拟了主题:"小卡片掀起大波澜"。这样一改,就把文章的核心问题——实行服务卡体现了出来,这条标题也从"万能标题"变成了一条个性鲜明的好标题。

二、开门见山抓主题

标题内容通常是稿件主题或者说中心思想最直接、最简洁的反映。从稿件主题中发现、制作标题,是最常见的方法之一。新闻体裁中的消息标题制作,"导语"是一则消息中最有价值、最精粹的部分,是消息中最重要的组成部分。从"导语"中寻找制作标题的材料是一种快速简捷的方法,因为许多新闻稿都是将最有价值的新闻事实和新闻背景放在导语里,导语表达了新闻的主题和主题思想。比如,1998 年 12 月 16 日《羊城晚报》的一则标题"(主题)政府采购,从公车招标开始(副题)广州市这项改革昨天起实施",就是从这条新闻的导语中提炼出来的,这条新闻的导语是这样的:在广州,用财政拨款购买公务用品,今后都要通过政府招标采购来进行。随着昨天下午广州市首次市直单位公务用车招标采购的开标,广州市的政府采购工作进入实施阶段。根据"导语",报纸编辑做出了上述标题。

不过,这并不是说制作标题只要读读导语就行了,新闻导语只能是制作标题的参考,不是最好的依据,更不是惟一的依据。因此,制作标题时可以首先看导语,把它作为下一步的向导,然后在认真地看完新闻全文后,再将所了解到的内容与原来的导语一起考虑,得出自己的结论。

三、坚持"用事实说话"

新闻报道应以信息取胜,力求以最少的篇幅表达尽可能多的信息。而作为吸引读者阅读的标题,就要将新闻所报道的最主要的事实,对读者最有用、与读者最贴近的信息,用准确、简约、贴切的语言表达出来。也就是说,标题要表达尽可能多的有效信息。

标题坚持"用事实说话",就是正确认识新闻事实,确定标题的立场观点。一般而言,对于那些以提供信息为主的新闻,标题没有必要进行主观评价,只需客观、准确、简洁地陈述出主要新闻内容即可。而对于以报道、分析为主的新闻,标题不仅要告诉读者发生了什么事,最好还要告诉读者怎样去正确看待这些事实。这就需要标题反映出一个鲜明的态度。

标题的态度在某种程度上代表了报纸的态度。这就要求编辑能站在正确的立场上全面理解新闻全文。一般来说表态的方式有如下两种:

(一)通过选择事实来表达观点。新闻标题的重要作用就是给读者提供新闻中主要的事实,而对事实选择、揭示的过程,就是编辑根据自己的立场态度与思想感情进行判断的过程。因此,选择什么样的事实作为制题的材料,已经体现了编辑的观点,即使是一条不发表任何议论的标题,也已在对事实的具体描述之中含蓄地表了态。比如,2005 年 6 月 3 日《中国青年报》的一则标题:"融于平凡的非凡"。报道了马班邮路乡邮员王顺友 20 年走了 26 万多公里寂寞邮路,经手的邮件无一耽误,他把邮递这个平凡的工作做到了极致。那些被挖掘出来的感人事迹,都被他用一句话解释了,他说:"保证邮件送到,是我的责任。"这种平凡与非凡的自然融合,正是王顺友的可敬之处,也正是他的可学之处。

(二)通过直接发表议论来表态。标题通过富于感情色彩的语言将编辑的态度鲜明地表示出来,是肯定、赞扬、歌颂,还是否定、批判、讽刺,使读者一目了然,受到影响和感染。比如:2008年2月25日《工人日报》的一则标题:"我国坚定不移地发展社会主义民主政治"。标题直接表态时,要注意采取什么样的政治倾向和感情色彩,是与新闻发生的特定时代背景和客观环境分不开的。因此,要针对当前的形势考虑标题应当起到正确的舆论引导作用。比如,党的十五大以后,国企制度改革成为社会热点,新华社记者采写了一篇有关首钢推进企业改革的稿件,原标题为:"(主题)首钢全面推进企业的改革和发展"。《新华每日电讯》编辑看后,认为没有突出现实意义,改为:"(引题)按照十五大精神解决新问题(主题)首钢改革推向新阶段",发表在1997年10月21日《新华每日电讯》上。这条引题一加,标题突出了学习和贯彻十五大精神的主题思想,就将新闻所蕴藏的指导性鲜明地体现了出来。

四、标出"情感"和"动感"

文章标题,提倡什么,反对什么,应旗帜鲜明。清代袁牧在《读诗品》中讲:作者情生文,读者文生情。以情征服读者是文章所固有的特征。凡感人的标题,或者是抒情于事,或者是抒情于理,或者是抒情于景,或者是直抒胸臆,都具有浓厚的感情色彩,所以才牢牢地抓住了读者。

(一)赞誉之情。比如,新华社2005年6月2日播发的题为"索玛花儿为什么这样红——记优秀共产党员、木里县马班邮路乡邮员王顺友"长篇通讯,获第16届"中国新闻奖"一等奖。2005年6月3日《人民日报》在转载这篇通讯时发表了人民日报评论员文章,标题是"在平凡岗位上发出光芒——学习普通共产党员的优秀代表王顺友",称赞王顺友"是所有共产党员学习的榜样"。2008年第1期《读者》一则标题:"请为你的父母骄傲",表达了作者对平凡父母的感恩之情。

(二)激愤之情。比如,2005年3月17日《科技日报》第1版发表的评论"农科院所制假坑农的多重恶劣性",是一则愤语式标题,主题重大、言简意赅,把揭露制假坑农的本质立于题上,题中有义,题外有音,对读者有很强的吸引力,达到了"一语破的"、"一针见血"、"一见倾心"的目的。

(三)担忧之情。比如,2005年3月24日《光明日报》发表的题为"我国近6000万人的姓名冷僻无法输电脑为'名'所累",这些人在存款、看病、出境旅游等方面遭遇着为"名"所累的麻烦。以上标题由于标出了情感,使人读之有兴,思之成趣,印象深刻,蕴意悠长。

(四)表现"动感"。在报刊稿件中,反映工作成效的非事件性新闻或综合性消息,占有很大的比例,如果在制作标题时,标不出动感来,这种新闻就活不起来,就会呆板、乏味,缺乏生气,就吸引不了读者。有效的办法是在标题中巧妙运用一些富有表现力的动词,化静为动,变抽象为具体。在汉语中,动词被称为语言的"味精",是最活泼最富有生命力的。古诗中的"僧敲月下门",一个"敲"字,"敲"活了月夜古寺的寂寞意象;"春风又绿江南岸",一个"绿"字,"绿"活了无数游子的思乡之梦;"红杏枝头春意闹",一个富有动感的"闹"字让该诗意境全出。在制作新闻标题时,如果想办法标出"动感"来,则可以使新闻活起来,让新闻发生的现场再现在读者眼前。比如,"三千苗胞出山,招财进宝百万"、"农机千里走中原"、"中华铅笔写出大文章"、"泰安榨干政绩水分"、"昆山:全球化催生'金蛋'"、"说了'禁语'砸了饭碗"、"台账压垮'小巷总理'"等标题中,由于使用了"出"、"进"、"走"、"写"、"榨"、"生"、"砸"、"压"等动词,使整个标题化静为动,变死为活,从而大大增强了标题的吸引力和感染力。

五、突出"悬念"与"惊异"

"文似看山不喜平。"在制作标题时,可有意识地将新闻事实中稀奇罕见、不合常理、对比强烈的事实摆在一起,巧妙地设置"悬念",这样可以极大地激发读者的阅读兴趣,将全篇新闻阅读完。在标题中设置"悬念",常用的手法有:

(一)歧义法。作者有意在标题上选一些模棱两可的中性词,甚至是带有强烈感情色彩的贬义词,从而造成歧义,使读者困惑不解。比如,《海南日报》获2005年度第15届中国新闻奖三等奖的消息"瓜果菜一年'吃'掉三亿根木条"等标题就属这一类。这类标题,先发制人,给读者以超乎常规的触动,触目惊心,一读文章,却出乎意料。

(二)设问法。在标题中运用设问,提出大家共同关心的问题,比如,2008年第1期《读者》一则标题:"上了二流大学怎么办"等,这类标题的共同特点是问而不答,引而不发,作者直接提出一个问题,不作任何解释和暗示。

(三)反常法。比如,2008年2月26日《检察日报》的"贪官的两幅习作画缘何卖到100万?",又如,2007年12月24日《北京日报》一则标题:"(主题)新首钢'冷'启动(副题)——顺义冷轧项目试验产出首批合格钢板"中的"冷"字。这类一反常情、常规、常理的标题,发人深思。制作悬念式标题,切忌故弄玄虚,而应做到表情达意含而稍露,隐而不匿。通过留给读者的"阅读诱饵",将读者牢牢抓住。

(四)惊异法。这类标题是对惊奇、异常的新闻事实采用惊讶、诧异的语言制作标题,有利于表现令人震惊的新闻事件。新闻标题能否吸引人,固然在于事实本身的新闻价值。但深刻的思想能否得到生动的表现,感人的事实能否被精炼而确切地勾勒出来,遣词用语起着重要作用。尤其要选好、用准动词,善于用富有特色的、耐人寻味的动词说话,让读者如临其境、如触其物是至关重要的。比如,1997年7月25日《光明日报》一篇报道"浙江:今年高考无'状元'"等,读来悬念骤起,耐人寻味。

6.2.3 现代报纸标题的发展趋势

随着媒介市场不断发育、趋向成熟和媒介竞争的日益加剧,我国现代报纸无论是党报、行业报,还是晚报、都市报,已开始走入多版化、色彩化的时代,新闻标题无论是形式,还是内容都发生了很大的变化。

一、喜欢"浓眉大眼"

所谓"浓眉大眼",就是大标题、粗线框,形成视觉冲击力,以求在读者心中留下深刻印象。比如,2003年4月24日《南方周末》头版头条:"我们靠什么战胜非典?"用特大号黑体字。这种标题制作与现代报纸版面革新有关,传统报纸版面多是厚文薄题,少用线条;现代报纸版面却厚题薄文,多用装饰性表现手段,追求豪放鲜明特色,造就一张"10米外就能被看到的报纸"。

二、青睐"图文并茂"

所谓图文并茂,就是常用大幅照片、多幅图片或题压图片等,达到题图配置、鲜明夺目的效果,形成视觉冲击力。

三、关注标题新闻

标题新闻有两种形式：一种是标题新闻没有正文，用简短的标题表达新闻内容，这种新闻标题可以是单条，也可以是多条集纳；另一种是标题出现在报纸的第1版或者期刊封面的"导读"，正文出现在报纸其他版或者期刊内页。标题新闻简明扼要，使人一目了然。

四、重视提要标题

提要标题一般用于重要、篇幅较长的新闻，通常放在"主题"、"副题"之后。比如，党代会、人大政协"两会"等新闻报道，除"主题"、"副题"外，还可以将会议各主要内容，用"提要标题"的形式摘录。

6.3 图像编辑

6.3.1 图像的种类

图像是指摄制、绘画或印制成的形象，也指由输入设备捕捉的实际场景画面或以数字化形式存储的任意画面，是一种传播媒介视觉艺术形式。报刊上常见的图像符号包括图片（照片）、插图、绘画、漫画、速写、图示（统计图表、示意图、新闻地图）、图饰等。读图时代，图像在报刊信息传播中发挥着越来越重要的作用。

一、新闻照片和非新闻照片

（一）新闻照片。又叫"新闻图片"、"图片新闻"，是以新闻事件、新闻人物为拍摄对象，再现新闻现场情景的图像，具有较强的新闻时效性，是报纸的新闻体裁之一，与文字稿有着同等重要地位。

（二）非新闻照片。非新闻照片不具备新闻照片的时效性和新闻性，是以自然景观、明星人物为拍摄对象的风景、艺术照等。它不以报道新闻事实为己任，但可以提供历史上或现实中的其他事实，反映生活中、自然界的某一个典型场景，或以其美好的形象供人们欣赏。报纸副刊、专刊和期刊经常使用这类照片。

二、美术作品

（一）时事性美术作品。时事性美术作品的题材来自现实生活，是对社会现实的一种艺术化反映。它包括新闻速写、时事漫画、领导人题词等。

　　新闻速写——包括新闻场景速写、新闻人物速写等，是用绘画的手法，对新闻事实作形象化的展示。它一般用于三种场合：一是报道重大新闻事件，如重要会议、文艺演出、建设成就等，以其艺术感染力达到新闻照片无法达到的效果；二是展示新闻人物的风采，通常作通讯、特写的插图；三是在文字新闻稿没有合适照片配合的情况下，用新闻速写弥补文字稿形象性不足的缺陷。新闻速写，要求画面内容真实，有现实依据，反映所画对象的外部特征和内在本质；同时要求构图新颖、技法娴熟、形象生动。

　　新闻漫画——又叫时事漫画，包括新闻漫画、社会性漫画、连环漫画、幽默画等，是针对社会现实问题，用夸张、变形、比拟、象征等艺术手法创作的绘画作品，通常具有讽刺性或幽默性。时事漫画应紧扣现实、题材新颖、构思巧妙、观点鲜明、讽刺尖锐。

　　名人题词——是一种特殊的书法作品，通常是领导人或者著名人士在某个特定时刻所写的书法手迹。发表名人题词必须经过本人同意或有关部门批准。首先，要弄清题词的背景，查明是否经过审批。其次，要对题词的措词、写法包括提法是否准确、字迹是否出现笔误等进行审订。

　　（二）艺术类美术作品。艺术类美术作品是以艺术性见长，具有一定现实意义的美术作品。它是报刊吸引读者阅读、引导艺术创作、普及艺术知识的重要手段。艺术类美术作品的体裁十分广泛：绘画作品，包括中国画、油画、版画、素描、年画、儿童画、幽默画、连环画等；雕塑作品，包括塑像、浮雕、牙雕、根雕等；书法作品，包括真、草、隶、篆等。此外，还有邮票、剪纸、篆刻、陶器、瓷器、漆器、脸谱、风筝、火花等。它们以不同的艺术形式，反映了社会生活的各个方面，表达了作者的思想情感和艺术追求。

　　报刊选用艺术类美术作品，首先要从思想性上把关，多选那些内容健康、歌颂真善美、引导人们奋发向上的作品。其次要从艺术性上把关，多选那些艺术水平高的作品，淘汰那些粗制滥造、简单模仿甚至剽窃之作。再次要注意画面质量。报刊编辑部收到的大量美术作品稿件可能是原作的复制品。由于复制技术水平有高低之分，复制品质量有好坏差别，因此编辑一定要对报刊出版质量负责，宁缺勿滥。

　　三、新闻图示

　　（一）新闻统计图表。是将新闻所涉及的统计数字以表格的形式进行条理化的罗列,使读者能够方便地阅读和比较。

(二)新闻示意图。新闻示意图可以分为两种类型:一类是由新闻统计图表变形发展而来的,将统计数字集中绘制成图,形象化地展示这些数据所说明的意义,使数字的类比或对比更加鲜明生动,也使所说明的问题更易被读者理解。它主要有曲线图、柱状图、饼状图。另一类新闻示意图是对新闻中涉及的专业性较强、头绪较多、比较抽象复杂或不可重现的内容进行形象化的表现。它常对新闻五要素中的 where(哪里)、what(什么)和 how(如何)等要素进行形象化展示。

(三)新闻地图。新闻地图是根据报道的需要,对照标准地图选择其中某一局部加以放大,并以更加简单的线条和符号制作出来的,主要用来表现新闻事件发生的地理方位及区域范围等。

报刊选择新闻图示,应掌握几个要领:一是要问"值不值"。一般来讲,报刊上发表的新闻图示所涉及的都是较为重大的题材,而且是那种不用图表就不易说明白的题材。比如,2008 年 1 月中旬以来,贵州发生近 50 年来最严重的冰冻灾害天气,电网 220 千伏以下低压配电线路较大范围遭受不同程度损坏,全省 41 个市县受到停电影响,经电力部门全力抢修,截至 2008 年 1 月 26 日 16 时,贵州省有 16 个县全部或部分恢复供电。很多报纸在发表文字报道同时,用新闻示意图报道了冰冻灾情和供电区域,为广大读者和抗灾抢修提供了最新信息,传播效果明显。二是要问"准不准"。报刊上发表的任何稿件都应该准确,新闻图示因其具有资料性、直观性特点,更应该准确无误。在采用新闻地图时,国界的走向、城市的方位、河流的流向、道路的走向等,虽不能像标准地图那么精确,但大体上应该是准确无误的,否则会给人们误导,甚至会引起纠纷。图表上的每个数字,都应有确切的出处,经得起推敲和验算。三是要问"清不清"。图表上的每一个线条、符号、文字、色块,都应该清清楚楚,合乎统一规范。

6.3.2 新闻图片的编辑

报刊传递信息主要依靠两类符号:一是文字语言符号,二是视觉性非语言符号。新闻图片就是一种视觉性非语言符号。新闻图片主要是新闻摄影照片,比文字报道简洁、生动、直观、形象,它既能使读者了解到新闻内容,又能使读者享受到视觉上的美。一张精彩的新闻照片,记录一个重大的新闻事件,报刊发表之初是引人注目的新闻照片,年深日久则成为弥足珍贵的历史资料。新闻照片还有美化版面的作用,报刊业界早就有人断言:"没有好照片就没有好版面。"新闻图片以其本身所具有的直观、形象和阅读快速、轻松等特点越来越受到读者的青睐,它在报刊上的地位与作用不断提高。

1990 年 8 月举行的我国首届全国报纸总编辑新闻摄影研讨会提出"图文并茂,两翼齐飞"的新闻摄影方针,是新闻图片在我国报刊传播中地位提高的标志。

一、新闻图片的类别

与艺术照片相比,新闻摄影照片的表现形式主要不在于外在形式如光线、构图、色彩、影调等如何完美无缺,而在于其内在形式的生动显示和充分表现,即通过必要的摄影造型手段,把新闻事件的现场气氛和新闻人物的情感、性格等感情色彩充分表现出来。

(一)预定事件图片。即在规定的时间和空间内所拍摄的事件性的新闻照片,比如,1999 年 12 月 20 日澳门回归交接仪式,江泽民同志走下飞机,一脚踏在飞机舷梯,一脚踏上澳门土地的瞬时图片,就是《解放军报》社摄影记者在事件发生前策划设计好的抢拍镜头。

(二)随机事件图片。即在事先没法预料,而在实发情况下随机拍摄的未经拍摄对象同意的图片。比如,2008 年 1 月 12 日下午,胡锦涛同志冒着严寒,顶着风雪,在安徽省考察工作,看望慰问阜阳市阜南县王家坝蒙洼蓄洪区干群,离开村民郑继超家时,看到他家院子里架起了自来水管,胡锦涛便走过去,拧开水龙头,用手捧起冰凉的水,试着喝了一口。总书记心系百姓,深深打动了在场的所有人。记者随即抢拍了这生动、难忘的一幕。

比如,2008 年 3 月 18 日《中国青年报》发表的"我请胡锦涛主席签了名(组图)",报道了 2008 年 3 月 17 日 15 时 36 分,十一届全国人大一次会议监票人员正在统计选票,大会稍事休息。人大代表、江西省余干县瑞洪镇镇郊村妇女主任谢木兰请胡锦涛主席签名。这是一组十分生动、感人的现场随机抢拍的新闻照片,新闻性、故事性、现场感很强。

(三)特写图片。"特写"在电影术语中是指人或物的近镜头。这里是指在某些重大新闻事件中,或在某种社会背景之下,对于局部事物的细致描绘,以强化事件的结果及期待给读者的深刻而强烈的印象。

特写图片与以上两类事件图片的区别主要有以下三点:一是事件图片侧重表现新闻要素中的"何时"、"何地"、"何人"、"何事";而特写图片则侧重显示"如何"及"何故"。二是事件图片特别注重实效性,要求越快越好;而特写图片的时效性不太强。每当新闻事件发生,常常是抢先发表事件图片,首先告诉读者发生了什么事,而对这一事件深入细致的描绘则有赖特写图片承担。三是特写图片的题材比事件图片广泛,它不但传播新闻,而且还可以表现读者普遍感兴趣的日常生活中的人和事,甚至可以揭示生活中的哲理,每每以新的方式和新的观点叙述古老的故事。

当然,在特写图片和事件图片之间不能、也不必划一道明确的界限,因为在条件允许的情况下,拍摄事件图片新闻的同时,围绕新闻事件本身各个侧面加以反映,这种"侧面报道"很多即是特写图片,并且也可以同时发稿,同时发表。

二、新闻图片的选择

图片稿与文字稿都是报刊版面的有机组成部分,两者的性质、作用有很多共性。因此,图片稿的选择标准,与文字稿的选择标准基本一致。不过,图片稿毕竟是一种特殊形态的稿件,其报道事实、表达观点所用的手段与文字稿有很大差别,这些差别构成了图片稿特殊性。最主要的是图片稿的内容与形式紧密结合,很难分开。一篇文字新闻稿,如果形式(写作手法)上有缺陷,可以通过增删、改写来弥补,对新闻照片却不能这样做。原片是什么样子,见报时就应该是什么样子,除非舍弃不用。因此,在选择图片稿时,既遵循稿件选择的一般标准,也要遵循图片稿选择的特殊标准,在内容合格的前提下,重视画面形式的选择。

挑选图片,"眼力"很重要。这种"眼力"包括政治敏锐性、新闻鉴别力和艺术鉴赏力,缺一不可。同文字稿一样,图片选择也要立足于版面需要鉴别真伪、判断价值、预测效果。

(一)鉴别真伪。新闻照片造假有以下几种情况:一是"摆布",就是摄影者按自己的主观意图,指使被拍摄者摆出某个虚假场面。比如,把别的地方的摩托车集中到一个村里,制造这村"家家都有摩托车"的假象;二是"移花接木",就是利用暗房技术或计算机技术,把几张照片上的景物、人物叠印到一张照片上,制造出一个根本不存在的场面。比如,把一个人物的影像叠印到某个世界名胜的风光照上,造成他"周游世界"的假象;三是"削肥补瘦",即利用"涂抹术",把原来照片上不符合拍摄者意愿的景物、人物涂掉,以达到"完满"的效果;四是"张冠李戴",即利用图片说明,篡改照片所记录下来的事实。比如,把在甲地拍摄的场面,说成是乙地发生的事实等。

新闻照片做假,危害是很大的。它使新闻真实性原则遭到破坏,使报纸的信誉受到损害,还可能引发法律纠纷。鉴别新闻照片的真伪,关键是要细心,透过现象看本质,不为假象所迷惑,要深入分析新闻照片的主题,看它是否反映了生活的本质,有没有歪曲事实、违反客观规律的嫌疑;要把新闻照片与图片说明作对比,看它们之间有无矛盾;要从各个角度审视照片,看它的光线角度是否一致、人物动作和表情是否自然、景物的各部分是否合乎透视比例、有没有作伪留下的痕迹等;请熟悉照片所涉题材的人帮助把关,鉴别真伪,或送有关部门审定。

(二)判断价值。新闻照片必须具备新闻价值,应从真实性、时新性、重要性、接近性、显著性、趣味性等方面进行分析,判断其新闻价值的质和量。同时,还应注重艺术价值,要求画面清晰、构图新颖、反差适度、色彩鲜亮,场面有典型性,人物形象和景物能够很好地揭示主题,有强烈的艺术感染力,达到新闻性与艺术性的完美统一。

(三)预测效果。预测新闻照片发表后的社会效果,既要遵循与文字新闻稿相同的标准,又要考虑新闻照片的特殊性。新闻照片是用画面"说话"的,如果画面上有问题,图片说明写得再好也于事无补。因此,对新闻照片的社会效果应该通盘考虑,既要看它的主题思想、主体形象,又要看照片细节会不会产生负作用。

(四)考虑版面需要。新闻照片在版面上的应用,无非两种情况:一是单发,即照片(一张或一组)自成一体,独自承担某一项报道任务;二是配发,即照片(一张或一组)同有关的文字新闻稿一起刊登,起到充实、深化文字新闻报道的作用。

单发新闻照片,要从丰富、深化版面主题和提高版面艺术水准的角度,重视照片的内容和形式。配发新闻照片,必须弄清新闻照片与文字新闻稿的内在联系,即两者在时间、地点、人物、事件上的一致性,切忌张冠李戴。要确认照片的内容(场景、人物、拍摄时机和角度等)有助于印证、深化文字新闻稿的主题,而不是削弱甚至否定文字新闻稿的主题。

151

三、如何减少新闻图片的差错

新闻图片是对新闻事件的典型瞬间的凝固与纪实,是对新闻事件的形象化反映,它真实、直观、可视。好的新闻图片,一目了然,读者一看就懂,给人印象深刻;凡有视觉能力的读者一般都能看懂新闻图片。不受地域范围、语言文字束缚和文化习俗局限的这一优势,使新闻图片成为通用的具有"国际语言"功效的信息载体而被报刊广泛使用。

但是,由于个别摄影记者、报刊编辑的责任意识淡薄、法规观念不强、工作马虎了事等原因,导致部分报刊新闻图片出现差错甚至发生重大政治性差错,造成恶劣的社会影响。

(一)报刊新闻图片出现差错和失误的主要表现。一是有些新闻图片从画面到内容违反国家报刊出版管理的有关规定,造成导向错误。二是有些新闻图片的主题和文字内容虽然符合宣传要求,但图片画面却存在着一些毛病和问题。比如,有的报纸新闻图片报道领导干部深入基层调研,领导手夹香烟、口吐烟圈,给人一种不雅的感觉。2008 年 2 月中旬,一些报纸、网络等媒体刊载南方某副厅长雨天下乡检查工作时旁边人为其撑伞的照片,引起读者和网友的议论,有网友批评道:"只有端正官场风气,才能杜绝给领导打伞的滑稽戏重演。"三是新闻图片的文字说明简单粗糙,推敲不够,有的甚至隐藏深层的差错。

(二)减少和避免报刊新闻图片出现差错的对策。一是要提高守纪意识,避免无意犯规。新闻图片作为我国报刊一种重要的新闻报道形式,是党的路线方针政策的宣传载体,是反映人民群众呼声的重要渠道。它受国家政策法规、社会伦理道德、人们传统习俗等客观因素制约。因此,拍摄、选用、审核每一幅新闻照片,都要从"政治家办报"的高度来进行判断。二是要增强镜头意识,避免枝节失误。新闻图片是用真人真事的真实形象来报道新闻事实的,因而读者觉得其真实可信。由于具有真实形象这一特性,新闻图片画面的主要内容必须符合党和国家的有关规定和要求,同时,画面中的一些次要内容、一些细微之处也要做到正确无误,确保新闻图片刊登后的良好的社会效果。三是要推敲文字说明,避免文图不符。新闻图片要求图片与文字做到相互补充、相互依赖、不可分割、相得益彰。确保图片说明简明扼要、准确生动、条理清楚,使文字说明成为新闻图片的有力辅助。

6.3.3　图片加工

图片稿的加工，是一项政治性、艺术性、技巧性很强的工作。有些图片原稿质量较高，可以不经加工就直接制版。但也有大量图片稿存在着一定缺陷，需要对其进行必要的加工修饰，目的是使图片的构图、色彩、清晰度得到改善，形状、规格符合报刊版面要求，文字说明更切合主题。

一、图片稿的加工手法

图片稿的加工手法有很多种，应根据图片稿的性质、主题、用途等灵活运用。总的原则是：新闻性、纪实性、有特指对象的新闻图片，可以剪裁，但不能改变画面内容，否则就是造假；非新闻性、非纪实性、无特指对象的照片，根据实际适当加工，其中艺术类美术作品的加工应尊重原作的艺术风格。

从操作角度看，图片稿的加工可分为编辑加工和制版人员加工。编辑加工主要是对图片原稿剪裁或修饰。制版人员加工主要是在电脑屏幕上调整反差、亮度、色彩等，有时也包括剪裁、整饰、变形、叠加。

（一）剪裁。剪裁是通过切掉图片稿的某些部分，以改变图片稿的外部轮廓，使图片的主题更集中、画面更完美的一种加工方式。图片稿本身存在缺陷，比如主体形象不是位于视觉中心、背景杂乱无章、原稿边缘损坏出现缺角折痕，或者图片原稿的形状与版面要求不一致等，都有必要进行剪裁。

剪裁的方式有多种，一是直线剪裁，即对图片稿作直线分割，线内的保留，线外的剔除，图片主体更突出，构图更完美。二是曲线剪裁。既可以是弧线，也可以是不规则折线。经过曲线剪裁，图片稿变成了圆形、椭圆形、扇面形或不规则形，只要取舍得当，画面会显得新颖别致。三是虚线剪裁。经过剪裁，图片稿的边缘既不是直线，也不是弧线和折线，而是由浓变淡，越来越虚，好像消失在雾里，别有艺术情趣。

（二）整饰。整饰就是对画面进行整理、修饰，以消除缺陷，使画面变得清晰、完美。对不同性质和不同用途的图片稿，整饰的要求完全不同。凡新闻性、纪实性、有特指对象的照片，原则上不允许整饰。但在特殊情况下可以做少许整饰。比如，照片画面被损坏，出现裂痕等；根据有关保护公民隐私权的法律规定，照片上有些人物不能露其全貌，如少年犯、戒

153

毒者、未定罪的犯罪嫌疑人、不愿在报纸上暴露身份的人等,应该用黑色块将人物脸部遮住,或对其头部作"马赛克"处理。对新闻性、纪实性、有特指对象照片的整饰,是以不改变拍摄对象的原貌为前提的。

对非新闻性、非纪实性和无特指对象的图片稿,整饰时也应该有所节制。比如,对示意图,为了保证印刷质量、使读者看得更清楚,可以把不清晰的线条描清楚,但不能改变线条的形状,不能更换图上的文字,除非原稿有错误。对美术作品,如果是古代文物,原件有残缺是很正常的,擅自整饰会弄巧成拙;如果是当代美术作品,应尊重原作的风格。

(三)变形。变形是指通过改变画面原有的形状和比例,以达到特殊的艺术效果。变形的主要手法有拉长、压扁、倾斜和弯曲。拉长是加大图片的纵向比例,使画面变得修长;压扁是通过缩小图片的纵向比例,使画面内容变宽、变矮;倾斜是改变画面上景物、线条等的原有角度,使整个画面倒向一侧;弯曲是对画面内容作弧形或波浪形处理。变形所改变的不只是图片稿的轮廓,还包括它的画面内容。变形是一种失真的、夸张的、艺术的处理方法,它的使用范围只适用于某些轻松的、不敏感的、抒情性的无特指对象的照片和美术作品。

(四)叠加。把其他影像、文字添加到一张图片上,以替代这张图片的一部分原有影像,叫做叠加。常用的叠加手法主要有:一是叠字,就是把文字叠印到图片稿上,比如压题图片、图片画面上的文字说明等。二是换头,就是把其他图片稿的人物头像"移植"到一张图片上。比如,有些以真实人物为对象绘制的漫画,人物的头部是照片,身体是漫画,别有艺术情趣。

三是集纳,是把两张或更多的照片用叠加方式合成为一张照片。比如,围绕同一个影视剧目,可以在全景照片之上叠印各位主角的头像,组成一张像招贴画似的新照片。

以上各种叠加方法,在使用时都有严格的限制。对新闻性、纪实性、有特指对象的照片,采用叠加手法时绝不能破坏真实性原则。

二、图片说明的加工

图片说明是一种特殊的文字稿。它的基本作用是以文字的形式,对图片内容加以解释、补充和提炼,使读者了解画面的内容,领会画面的意义。作为一种文字稿,加工图片说明的目的与文字稿相同,是正导向、去错讹、去繁冗、添精神、增色彩。如果失实，将影响传播效果、报纸公信力，甚至可能引起法律纠纷。比如，2008年2月11日《宁波晚报》第1版刊登的新闻照片图文不符。《宁波晚报》不得不在2008年2月16日A02版上刊登"更正"，"向当事人表示歉意"。此外，图片说明的内容要紧扣图片，有助于揭示图片的内在意义，补充图片的不足，为图片增色，起到图文互补、相得益彰之效。图片说明的篇幅应尽可能短小，甘当图片稿的配角，不能喧宾夺主。图片说明有多种类型。不同类型的图片说明，其内容和形式均有不同的要求。

（一）标题式。标题式图片说明是指只有标题、没有正文的图片说明。最常用的模式是"标题＋作者"。一些艺术摄影作品、绘画、剪纸、雕塑和新闻图表等，经常采用这种图片说明，比如"泰山日出××/摄"等。这类图片说明的标题，有些是作者精心构思、拟定的，加工余地不大。只有那些反映现实生活的新闻摄影作品，可以根据画面的具体内容，对原来的标题作一些改动，或重新作题，使之更加简练、传神。比如，一位老人沐浴晨光、在公园里舞剑的照片，原标题是"公园里正在晨练的老人"，可简化为"晨练"。

（二）非独立式。所谓非独立式图片说明，是指在与图片有关的文字稿中已有提示，没必要独立出来的图片说明。这种图片说明一般在两种情况下出现：一是图片稿为文字稿配套，文字稿中已经对图片稿的内容、意义作了详细提示，无需另写图片说明。比如，一篇人物通讯配发一张人物肖像，用不着图片说明，读者也能猜到肖像上的人物就是该通讯的主人公。二是图片稿画面中带有说明其主题、作者的文字，没必要另配图片说明。比如，一些绘画（特别是中国画、漫画）、书法、新闻图表、刊头等，作者在创作时已将作品名称、主题、作者姓名等清楚地写在画面上，这时如果再加一个图片说明，等于画蛇添足。

（三）半独立式。所谓半独立式图片说明，是指在报刊同一个版（页）面上，既有图片稿，又有与之相关的文字稿，但文字稿中对图片稿的背景、意义交代得不甚清楚，有必要另作一个简短的图片说明。比如，文字新闻稿报道了冰雪中电力工人抢修线路的情况，与之配套的新闻照片记录了某倒塌铁塔施工工地的场面，图片说明无须对照片背景作重复介绍，只需用"图为某公司电力工人正在抢修线路的场面 ×××/摄"等简单提示即可。

155

（四）独立式。所谓独立式图片说明，是指内容完整、形式上自成一体的图片说明。多数新闻照片的图片说明属于这一类。一篇合格的独立式图片说明，相当于一篇短小精悍的纪实性文字稿，时间、地点、人物、事件、意义等新闻要素要应有尽有。惟一不同的是，它还要对图片上特定人物、特定地点、特定场景做出准确提示，比如，"图为×××（左二）在事故现场指挥抢险"等。

在结构上，独立式图片说明主要有两种模式：一是"由大到小式"，即先介绍大背景，然后聚焦到图片所反映的这个特定场景上；二是"由小到大式"，即先交代图片上摄取的场景是什么，再介绍这个场景赖以存在的大背景。

【思考与训练】

1. 报刊标题历史发展阶段有哪些基本特征？

2. 请结合案例，谈谈标题的作用和功能。

3. 复式标题中主辅题的作用分别是什么？

4. 制作标题有哪些基本要求？

5. 怎样运用修辞方法制作标题？

6. 简述现代报纸标题的发展趋势。

7. 如何理解读图时代，图像在报刊信息传播中的重要作用？

8. 为什么说"图文并茂，两翼齐飞"新闻摄影方针的提出，是新闻图片在我国报刊传播中地位提高的标志？

【案例回放】

《法制周报》头版头条盯上"处女膜"

右图为公开发行的《扬州晚报》2006 年 10 月 16 日 A5 版专版。左图为在电脑中伪造的 2006 年 10 月 16 日 A5 版图片专刊,2007 年"荣获"中国新闻奖三等奖,因造假被撤销。

【案例评析】

由"格雷欣法则"想到专副刊的品位

2007 年,我国报纸发生了不少令人瞠目结舌的"荒唐怪事",其中《法制周报》头版头条盯上"处女膜",被网友质问:"新闻报道怎能如此无耻?"无耻的还有《扬州晚报》伪造版面获中国新闻奖,实现"零的突破"。这两件"新闻"均出现在报纸专刊、专版或周报上,不能不引起人们对报纸副刊、专刊以及周报品位的思考。

2007 年 9 月 25 日,《法制周报》的头版头条用粗黑标题发表了《未婚女干部遭遇处女膜风波》的深度报道,讲述的是永州市一位未婚女性干部刘琪(化名),2007 年 6 月 11 日在当地医院妇检时处女膜发生破裂,然后要求院方出具证明以向未来男友交待,医院认为处女膜原先已经呈现破裂,为息事宁人愿意赔偿 2 万元。双方谈判破裂各执一词,当地卫生部门出面调解仍然无效,欲对簿公堂。这篇报道赤裸裸地描写了妇科检查的细节和医疗记录,传播给受众的信息是:医生妇检的粗心、管理部门的祖护、国家女干部贞操观的落后等。标题中"处女膜风波"5 个字更是煞有介事地用粉红色调作特效处理。

美国传媒大亨默多克有句名言:如果报纸的格调低一点,读者数量就会多一些。他接手《太阳报》之后,将这份政治报纸变成黄色小报。他想办一份野性十足的报纸,在它上面可以看到女人裸露的胸部。到 20 世纪 70 年代中期,在第 3 版刊登巨幅无上装美女照,已成为《太阳报》的固定做法。人们不知道《法制周报》是否从默多克的经历中得到启示。但是,从"处女膜报道"的标题、行文、细节中,可以看出时下一些媒体尤其是报纸专刊、副刊日渐媚俗,缺失媒体应有的社会良知和立场,迎合部分读者的低级趣味,正践行着"格雷欣法则"。

"格雷欣法则"是一条经济法则,又叫"格雷欣定律",也称"劣币驱逐良币法则"。这一法则是以托马斯·格雷欣爵士(1519－1579)的姓氏命名的。格雷欣是英国著名的金融家、慈善家、皇家证券交易所及格雷欣学院的创建者,他在 1558 年提出了"劣币驱逐良币法则"。当时,市场上流通的是金属铸币,时间长了,人们发现足值与不足值的铸币可以一样使用,于是,人们就把成色好的足值货币(良币)储藏起来,而把不足值的铸币(劣币)赶紧花出去。结果,劣币把良币赶出了市场。这样,市场上流通的货币所代表的实际价值就明显低于它的名义价值了。后来,人们用这一法则来泛指价值不高的东西会把价值较高的东西挤出市场。其他领域其实也存在"劣币驱逐良币"现象,比如,官场上,清官可能会受到贪官的排挤;医院里,拒收"红包"的医生被看成另类。媒体内,低俗庸俗媚俗之风充斥版面。如此等等。如果没有良好的道德环境和有效的约束体制,劣币驱逐良币、稗子战胜水稻就将大行其道,对社会造成恶劣影响。

有人说,2007 年 8 月 28 日,可以算得上是中国新闻界的"耻辱日"。第十七届中国新闻奖评选结果揭晓,令人震惊的是:一张伪造的 2006 年 10 月 16 日《扬州晚报》A5 版"千年古城捧回'联合国人居奖'",通过层层严格评选,捧得第十七届中国新闻奖三等奖。

实际的《扬州晚报》2006 年 10 月 16 日 A5 版,是一个"24 小时快拍人居扬州"专版,版面上的照片与伪造的报纸完全不一样,作者、编辑也不一

159

样。这张真实的报纸在扬州市民家中、各图书馆、单位的资料室里可以查找到。

据了解,《扬州晚报》成立 50 年来,从没有获得过中国新闻奖。新上任的《扬州晚报》社领导雄心勃勃要拿中国新闻奖,实现"零的突破",并一再许诺,谁要是拿到中国新闻奖,不仅有丰厚的 10 万元物质奖励,行政职务还可以提一级。这样的诱惑显然有着巨大的造假动力。

从新华网公布的中国新闻奖参评作品推荐表上可以看到,该作品参评的是"新闻摄影"项目,称 2006 年 10 月 16 日首发于《扬州晚报》,刊播版面为第 5 版。2007 年 8 月,该版面获得中国新闻奖的新闻一出,即有网友发现在真正出版发行的《扬州晚报》上,从未刊登过这样的版面。有网友找出当天发行的报纸,拍成照片上传到网络。此事被网友曝光后,中国记协经过调查撤销了该作品奖项。《扬州晚报》发表声明,扬州日报社、扬州晚报社领导作了深刻检查,相关责任人受到党内严重警告、免去职务等处分。

从社会影响来说,虽然为获奖而伪造报纸,造成的危害并不如"纸馅包子"事件那么严重。然而,报社"全员发动"造假,在深层次上对报纸公信力的伤害无疑是致命的。相对于编造一则假新闻而言,伪造报纸要难得多,这个过程涉及到编辑、画版、制版、校对、印刷、部门主任、值班总编等,如果没有报社领导的支持或默许,一张假报纸是根本不可能"出笼"的。《扬州晚报》的这次"造假"行为,是对自己报纸上醒目的口号"公理、关爱、求真"的莫大讽刺。

2006 年 10 月 18 日,王蒙、范敬宜、黄宗江等 60 多位文化界学者在北京举行的上海文汇新民联合报业集团所属文汇报"笔会"、新民晚报"夜光杯"创刊 60 周年大型作者座谈会上共同呼吁,要重视报纸副刊重要而独特的价值,报纸副刊不能变成娱乐版。

有业内人士这样认为,"新闻引客,副刊留客"。报纸副刊、专刊的"留客",不仅仅体现在版面形式上的新潮时尚,也不仅仅是内容上的应景文章,而是要体现出一种对社会时尚的关注和对现代观念变化的敏感,以全新的观念贴近百姓生活,满足读者的阅读需求和文化精神需求,以真实、正确、高尚的舆论影响人,使报纸专副刊朝着个性化、精品化的方向迈进。为达到这一目的,提高报刊特别是报纸专副刊的整体品位,已成为当务之急,刻不容缓。

第七章
报纸副刊与专刊编辑

【本章要点】

我国报纸先有副刊,后有专刊。副刊作为一种文化现象,在中国新闻史和文学史上发挥过重大作用。专刊的崛起是因为读者多样化需求的需要和经济、物质、技术条件的改善。专刊、副刊具有导向、认知、服务、愉悦和参与作用。品位,是报纸专刊、副刊的核心竞争力。

7.1　报纸副刊、专刊的发展与作用

7.1.1　我国报纸副刊、专刊的发展

一、副刊、专刊的含义

报纸是以刊载新闻为主的连续出版物。人们习惯将以刊载新闻报道和新闻评论为主的版面称为"正刊";把延伸新闻,提供理论知识与文化享受和各种实用资讯的各版称为"专刊"或者"副刊"。专刊、副刊是报纸的重要组成部分,其地位越来越重要。

我国报纸先有副刊,后有专刊,专刊是从副刊衍化而来的。现代中文报纸"副刊"诞生于 19 世纪末,专刊产生于 20 世纪初。随着 20 世纪 90年代"厚报时代"的到来,专刊已成为报纸的重要组成部分。我国目前所有报纸都有专刊或副刊,而且专刊、副刊版面要占报纸版面总量的一半以上。因此,必须掌握专刊、副刊编辑知识。

(一)副刊。是报纸上用文学体裁反映社会,文艺色彩较浓,能给读者提供美的享受的固定版面,定期出版,一般有刊名。

161

（二）专刊。是报纸上用文章形式（一般不用文学体裁和消息体裁），深入阐释新闻事件和社会热点，阐发理论见解，介绍各种知识和实用信息的固定版面，定期出版，一般有刊名。

二、副刊、专刊的发展

（一）"五四"时期"四大名刊"

中国古代报纸没有副刊。19世纪初，近代第一份中文报刊《察世俗每月统纪传》出现副刊类的文字，如随笔、杂谈、诗词、小品等作为报纸的补白，在稿荒时填充版面，与新闻编排在一起，无固定位置。因此只能称为副刊的先导。其作者多为仕途失意的文人墨客；内容多是"描写艳情"、"流连景物"、"谈狐说鬼"；目的是"备普通社会阅之，藉为酒后茶余之谈助"。

面对报业的竞争，为取悦于读者，上海《字林沪报》从1897年11月24日起，率先把副刊类文字印成单张，取名《消闲报》随报赠送，其功能是"为遣闷排愁之助也"。这个"附张"不仅有正式刊名，而且有固定的刊期和版面，具有独立的编辑形态，因此，被认为是我国最早的副刊。

进入20世纪以后，许多报纸都设有副刊，有的是另附一张，有的是在报纸上开辟一个版或部分版面作为副刊。1921年10月12日，北京《晨报》将载有文艺作品的第7版改为四张的单张出版，取名《晨报副镌》，也称《晨报附刊》。据主编孙伏园介绍："附刊"这个名字是鲁迅先生取的。《晨报副镌》从1925年起改名"晨报副刊"。从此，"副刊"这个名称逐渐在全国通行起来。

副刊原是以富有文艺色彩的消闲类文字起家的。但是副刊诞生不久，便迎来了辛亥革命和五四运动。在这两次革命的高潮中，一些副刊便成为鼓吹革命、传播新思潮、新文化的阵地。"五四"时期曾涌现出《晨报》副刊、《京报》副刊、《民国日报》"觉悟"副刊和《时事新报》"学灯"副刊等"四大名刊"。文艺性与学术性相结合，成为当时副刊内容的一个重要特点。有的以介绍学术上的新思潮为名，积极传播马克思主义学说。1919年《晨报》副刊就辟有《马克思研究》专栏，发表了马克思的《雇佣劳动与资本》最早的译文。

报纸副刊作为一种文化现象，在中国新闻史和文学史上发挥过重大作用。如现代文学史上著名小说《阿Q正传》，最先就是发表在《晨报》副刊的。改革开放以后的"伤痕文学"代表作《伤痕》也是发表在《文汇报》副刊上的。

（二）专刊的崛起

副刊产生后，有些副刊类文章含有传播知识的专刊内容。上海第一家中文报纸《上海新报》从1868年起，介绍西方科学文化知识，解答读者有关文史知识和自然科学的问题，并且展开讨论。进入20世纪之后，随着社会的发展，科技的进步，需要传播的知识范围越来越广。因此，以介绍各项专业知识为内容的专栏、专刊便应运而生。"五四"以后，相继出现了与文艺副刊有明显区别的专刊。比如，邵飘萍主办的《京报》（1918年至1926年）先后出版《科学与宗教》、《北大经济半月刊》、《教育周刊》、《国语周刊》等10多种专刊。上海《新闻报》1928年3月起推出《各业专刊》。天津《大公报》也在同期推出《军事》、《医学周刊》、《经济周刊》、《科学周刊》和《社会问题》双周刊等。《经济周刊》宗旨是"讨论我国经济状况，介绍世界经济形势"。《社会问题》的内容是"以社会学及社会问题为主"。

三、专刊、副刊格局的变化

从20世纪初至80年代初，副刊一直在报纸上处于主导地位。因为当时报纸一般为4版，文艺色彩较浓的综合性副刊能经常刊出，而专刊刊出时间间隔较长，影响力远不及副刊。人们阅读文艺性的综合副刊是获得文化享受的重要渠道，也是读者看重这种副刊的原因。

党的十一届三中全会，特别是20世纪90年代我国进入社会主义市场经济以后，专刊和副刊在报纸上的格局发生重大变化。报纸副刊日渐萎缩，除了少数名报的副刊，如《新民晚报》的"夜光杯"、《羊城晚报》的"花地"、《北京晚报》的"五色土"、《今晚报》的"今晚副刊"、《人民日报》的"大地"、《解放日报》的"朝花"等副刊外，其他报纸副刊大多销声匿迹，少数报纸副刊降格以求，低劣媚俗现象时有发生。与难堪的副刊相反，各类专刊大幅度增加，刊期缩短，内容更新，现已占据报纸新闻版以外的大部分版面。20世纪90年代以后，全国大小报纸掀起了一轮又一轮"扩版热"、"改版热"、"周刊热"。《中国青年报》、《北京日报》等报纸调整原有副刊版面，推出了一些别具特色的专刊、特刊、周刊。《中国青年报》的"冰点"、《南方日报》的"南方周末"等专刊得到进一步充实和提高；《北京日报》则分门别类地开设了"文艺"、"汽车"、"IT"、"教育"、"房产"等周刊；各地的

163

晨报、晚报、都市报及有影响的专业报更是不甘落后,纷纷利用各自的特长,在专刊上大做文章。

报纸专刊、副刊的格局之所以发生如此重大的变化,其原因有以下几方面:

(一)读者多样化需求的需要。改革开放以来,人们的物质生活和精神生活发生了很大变化。而随着电视、网络的普及,各种文化书刊的大量发行,人们获得文化享受的渠道越来越多,对文艺副刊的依赖便越来越小。与此同时,人们越来越独立,需要自主决定自己的经济生活、文化生活等。为了适应这种需求,有关理财、住房、汽车、电脑、求学、就业、旅游等类的专刊就应运而生。报纸本是大众传媒,由于人们需求的多样化,报纸也要分众化,因此,需要适应不同年龄、职业和爱好的读者,分门别类地创办多种多样的专刊。

(二)市场激烈竞争的选择。一是在传播新闻方面,报纸远不如广播、电视和网络迅速,便在深度报道方面与之较量。专刊容量大,时效性不太快,便于提供背景对新闻事件作深入阐释,便于从容地对社会热点问题作冷静思考。因此,各类专刊便成为报纸参与媒介市场竞争的有力手段。二是从 20 世纪 80 年代开始,我国很多报纸相继失去了国家财政的补贴。办报人不得不考虑如何通过竞办各种专刊来吸引广告。各类专刊往往与相应的产业有较为密切的联系,也是广告主看重的一块吸引相应消费人群的园地。房产、汽车、电脑、人才等提供信息服务的专刊之所以兴盛,不仅反映报纸服务读者的热忱,而且也包含办刊的经济动因。

(三)经济和物质技术条件的改善。长期以来,由于物质技术条件和经济实力的限制,报纸一直是四个版,不能满足读者对专刊的需求。改革开放以后,随着报业经济实力的增强和"厚报时代"的到来,印刷出版技术特别是激光照排技术和网络技术的进步,为报纸的扩版和专刊的大量增加提供了物质条件。

7.1.2 专刊、副刊的种类与作用

一、专刊、副刊的种类

根据选材范围、题材性质、内容配置的结构方式以及表现方法等综合因素,可以分为新闻性、学术性、服务性、社会性专刊和综合性、文艺性副

刊等。

（一）新闻性专刊。新闻性专刊是对某一领域的重要新闻事件或社会热点问题提供背景解释、深入剖析的专刊。它不同于新闻版对新闻所作的简洁、迅速的报告，而侧重从事实方面对现实生活所发生的变动进行深度报道。有时以整版形式，报道阐释一件新闻事件或者一组同类社会热点问题的长篇深度调查性报道。文字平实，新闻性、思辨性、阐释性比较强是它的特点。

（二）学术性专刊。学术性专刊是探讨各类学术和理论问题的专刊。它偏重从理论上对社会和业界普遍关注的问题进行研讨和剖析，阐发对人类未知领域的新见解，传播科学前沿的新知识。其特点为知识性、思辨性、探索性和争鸣性都比较强。

（三）服务性专刊。服务性专刊是为读者提供各类服务性信息和知识的专刊。它偏重从实用性方面提供有关衣食住行、吃喝玩乐、卫生保健、求学就业、交友择业、投资理财等方面的信息与相关知识。实用性强是它的重要特点。

（四）社会性专刊。社会性专刊是以观察社会、探索人生为主要内容的专刊。它以生动的事例和深刻的哲理，着重从品德修养方面探讨人生的真谛，探讨人间应该有什么样的亲情、友情和爱情。其显著特点是教化性和情感性比较强。

（五）综合性副刊。综合性副刊是以文学形式反映社会生活各个领域的副刊。它面向广大读者，主要刊登杂文、散文、诗歌、报告文学、小说（短篇或长篇连载）、书评、剧评、影视评论、科学小品、美术作品等，一般篇幅比较短，注重以小见大，文艺性和综合性较强。

（六）文艺性副刊。文艺性副刊是专门反映文艺界人士及其创作活动的副刊。文艺界人士创作的成果，如某种体裁作品的专辑，也可归为文艺性副刊的一种。趣味性和愉悦性较强。

二、专刊、副刊的作用

（一）导向作用。报纸的专刊、副刊同新闻版一样，都具有导向功能，但其实现方式和着力点有两个显著特点：一是通过间接侧面的方式积极反映和正确引导社会舆论。它对新闻事件的表态，大都是以个人的名义，间接地反映编辑部的立场。二是以先进的思想和高尚的情操感染人。传播思想离不开以情动人。同新闻版相比,副刊富有文艺色彩,注意以形象的吸引和情感的传导来影响读者,使读者在思想上受到潜移默化的影响。

(二)认知作用。一是专刊、副刊是读者深入了解外界重要变动的窗口。二是专刊、副刊是传播各类知识的课堂。它传播的内容极其广泛,涉及百科知识,并与时俱进,是读者获取知识最经常、最便捷的途径之一。

(三)服务作用。一是提供各种实用信息,为解决读者在工作、生活中遇到的实际问题提供帮助。二是为报业和文学事业的发展提供支持。从文学来讲,专刊、副刊对于繁荣文艺创作、培育文艺新人起着巨大的作用。我国一些著名作家,如鲁迅、郭沫若、冰心等的处女作或早期作品就是在报纸副刊上发表的。可以说,副刊是培养作家的一个摇篮。

(四)愉悦作用。就是为读者提供文化享受,满足读者的消闲需要。

(五)参与作用。是指读者可以通过专刊、副刊发表个人看法,传播个人所接触的事实,对国家和社会的公共事务以及办好报纸提出意见和建议,参与感兴趣的问题的讨论,发挥读者的积极作用。

7.1.3 专刊、副刊的特点与表现形式

一、专刊、副刊与新闻版的比较

(一)专刊、副刊与新闻版的相同点,就是办报方针一致。专刊、副刊与新闻版同为报纸的组成部分,它们同样服从于报纸的办报方针和编辑方针。其办报宗旨、指导思想、政治态度、报纸水准、报纸风格、读者对象以及所承担的任务方面与新闻版应该完全一致。

(二)专刊、副刊与新闻版的不同点在于整体延伸。专副刊同新闻版的根本区别在于,它不是像新闻版那样,报道刚刚发生的新闻,而是对新闻的延伸。一是功能的延伸。报纸的主要功能是:报道新闻,传播信息;表达意见,引导舆论;服务社会,指导生活;传播知识,普及教育;提供娱乐,有益身心;刊发广告,促进产销。除广告功能外,新闻版主要承担报道新闻的功能,其他功能只能有所涉及,不可能展开或深化。而专刊、副刊则是其他功能的主要承担者。二是内容的延伸。专刊、副刊在内容上对新闻版的延伸,包括事实、理论、知识的延伸。专刊、副刊选材范围要比新闻版广得多,题材的性质侧重于知识性、理论性、实用性、娱乐性、消闲性。三是状态的延伸。新闻版反映现实生活呈现的是一种动态。专刊、副刊

作为新闻的延伸,其主体部分呈现出的是静态。四是方式的延伸。专刊、副刊在选用体裁等方面与新闻版不同。新闻版的体裁主要是消息、通讯和新闻评论;专刊、副刊的体裁则由新闻体裁扩展到新闻与文学的边缘体裁、纯文学体裁、理论文章和各种应用文体等。刊登的图像也有所不同,新闻版上以新闻照片、时事漫画、新闻图示等为主;而副刊上则是艺术照片、多种多样的漫画等。

二、专刊与副刊的比较

(一)选材范围:专一性与多样性。专刊限定在一个专门的领域,而副刊特别是综合性副刊就是反映社会生活各个领域的。

(二)题材性质:硬性与软性。专刊比较严肃,偏重于"硬性"的题材;副刊比较轻松,多是选用"软性"的题材。

(三)表现形式:集纳与综合。由于所反映的内容和选用的体裁不同,专刊的文字平实、直白;副刊的文字绚丽多彩。专刊主要进行深度报道,常用"集纳"方法,即围绕一个共同的主题,各篇稿件分别从不同侧面加以展示,稿件之间的联系十分紧密,整版内聚力很强。副刊要求一个版丰富多彩,内容避免单一化,通常采用"综合"方法。

三、专刊、副刊与期刊的比较

专刊、副刊与期刊在内容性质上有许多相似之处。专刊、副刊和杂志都是用非新闻体裁传播思想、理论和知识,提供文化享受。但是,专刊、副刊与期刊比,读者面更广,时效性更强,篇幅更短小,专业性不强。作为报纸的有机组成部分,专刊、副刊与期刊相比,具有较强的新闻性。

专刊、副刊的新闻性是指所载的内容与客观外界正在发生着的变动有较为密切的联系。主要表现有以下几个方面:一是专副刊所载的内容更具有现实性和时代感。二是用非新闻类文字作为主要形式,对新闻版报道的新闻事件进行解释、补充或引申。三是专刊、副刊所写的内容是静态的,但是它常借用含有动态的新闻由头。

四、专刊、副刊各种体裁的运用

(一)纯文学体裁。一是杂文。杂文是一种带有文艺色彩的政论,以泼辣、锋利、短小、活泼为特点,迅速地反映现实生活,具有强烈的战斗性,被称为"匕首"和"投枪"。二是散文。散文是指除诗歌、戏剧、小说外的文学作品,包括杂文、随笔、特写、小品等。三是诗歌。包括自由诗、格律诗、

167

散文诗、歌谣等,以自由诗为主。当年毛泽东赴重庆参加国共和谈,重庆《新民晚报》副刊"西方夜谭"发表毛泽东杰作《沁园春·雪》曾轰动山城,成为一时的佳话。四是小说。小说是叙事性的文学体裁,通过塑造人物来反映社会生活。报纸副刊所载的小说,按题材分,有社会问题小说、言情小说、侦探小说、武侠小说、历史小说、科幻小说等。副刊选登小说,应以短篇为主。五是文艺评论和书刊评论。包括文学、影视、戏剧、音乐、舞蹈和美术等各方面的评论。其中刊登量最大的是影视评论。

(二)新闻文学体裁。新闻文学是以当前发生的新闻事实为由头和题材,用文学创作手法创作出来的,通过新闻媒体及时传播的,具有一定导向性和大众阅读品味的文学作品。纪实性的报告文学、大特写等。报告文学是用文学手法报道具有新闻性的人物和事件。新闻性与文学性相结合是它的特点。《谁是最可爱的人》和《哥德巴赫猜想》等名篇都产生过轰动效应。

大特写是近年来备受青睐的一种文体。大特写的"大"是指题材的广度和深度。通常它所表现的时间跨度长,空间跨度大,所写问题重大,表现事物采取全方位、多侧面的视角。它是将新闻的真实、文学的审美、史学的铺叙、哲学的沉思和社会学的分析熔为一体的新闻体裁。

(三)理论文章和实用性文章。理论文章是理论专刊的主角。编辑选用这类文章要注意处理学术性与指导性、理论性与现实性、高品位与通俗化的关系。作为报纸上的理论文章,要有一定的深度,但必须深入浅出,通俗易懂。实用性文章是实用性专刊的主角。这类文章平实、简洁,提供应用性较强的信息和经验。选用这类文章贵在实用。

(四)灵活多样的其他品种。专刊、副刊为了内容的充实、情趣的调剂和长短的搭配,都需要一些短小的作品。如三言两语的言论集锦、寓言谚语、谜语、对联等。图像包括图片、照片、绘画(漫画、速写、宣传画、连环画)、插图、图饰(题花、栏花、版花等)等,也是专刊、副刊需要的作品。

五、专刊、副刊的专栏运用和问题讨论

(一)专刊、副刊的专栏运用。一是专栏的特殊价值。专栏是专副刊规划、调整本刊内容、落实办刊方针的手段。专刊、副刊上设置一个专栏,就意味着今后要多发专栏所标识的那一类共同性稿件。专刊、副刊利用专栏作为稿件类别的标志,向读者推荐期刊内容,并作为创造期刊特色的手段。专副刊与新闻版不同,它的内容和形式是靠一个个专栏体现出来的。如果专栏文章质量高,整个专刊、副刊就会有特色。比如,人们提起《新民晚报》,自然会想到"夜光杯"。

二是专栏的设置。专刊、副刊设置专栏,分工要明确,各个专栏要显示不同个性。专栏的选材范围要宽窄适当,满足广大读者的不同需要。

三是掌握好数量和刊期。既要有利于专刊、副刊内容的多样化,又要有利于主要栏目能经常与读者见面,能给读者留下较深刻的印象。

四是既要相对稳定,又要推陈出新。随着形势和读者需求的变化,不断推陈出新。

(二)问题讨论的组织。专刊、副刊在传播方式的选择上,除了同新闻版一样采用单向传播外,还重视双向、多向传播,这是专刊、副刊独特的优势和特色。在专刊、副刊上组织问题讨论,需注意以下问题:一是坚持正确的指导思想。二是选准讨论的题目。讨论的范围包括社会热点问题、学术问题、艺术问题、思想问题、社会问题等。题目要有意义,要比较具体,能引起人们的关注。三是善于引导。根据讨论的进展情况,编辑要适时明确下一步讨论的重点,以便把讨论引向深入。四是要坚持民主作风和客观公正的原则。五是专副刊上的问题讨论要合理布局,统筹安排。每次讨论不宜拖得过长,应适可而止。结束讨论的方法,可以请权威人士作总结,亦可邀请各方面代表人物座谈来代替总结。

169

7.2　专刊、副刊的组稿

7.2.1　专刊、副刊的内容设计

一、环境因素

所谓的环境,是指专刊、副刊生存和发展的时间和空间,也就是专刊、副刊内容要具有时代感和地域性。

(一)时代感。就是要反映社会发展现阶段所提出根本任务和完成这一任务所应倡导的精神,即要弘扬时代主旋律。现阶段,发展社会主义市场经济,全面落实科学发展观,构建"以人为本"的社会主义和谐社会,是当今时代的主旋律。报纸专刊、副刊应该宣扬与这一要求相适应的改革开放、锐意创新、自力更生、艰苦奋斗、团结协作、无私奉献的精神。专刊、副刊的内容要反映时代主旋律,既要关注社会生活"热点"问题,也要注意现实生活"冷点"问题。专刊、副刊特别是新闻性专刊和社会性专刊,紧追现实性、时代感极强的新闻事件,反映"热点"问题,自然引起读者的热切关注。但是,除了用较多篇幅关注"热点"外,还应适当关注"冷点"。《中国青年报》的"冰点"专刊,其中所选的很多题材都是不为媒介所追逐的"冷门",却受到读者的欢迎;说明专刊、副刊选用"冷点"题材,只要传播的观念同时代脉搏一起跳动,也是有意义的。

(二)地域性。一张报纸主要的发行范围和读者对象往往都在某一地区,专刊、副刊内容要多选用具有贴近性的本地题材,利用为当地读者所喜闻乐见的形式来表现。所谓本地题材,是指具有本地特点的现实生活和历史沿革、历史事件、历史人物、名胜古迹、地理特征、物产资源、文化传统等。选用本地历史题材时要与当前形势、时令节气、纪念节日和正在举办的活动结合起来,以突出现实感。

二、读者因素

(一)新鲜感。专刊、副刊要使读者产生新鲜感,内容既要包含现实生活中新涌现出的新人新事的直接"新",也要包含历史事实和早已发生一直存在旧事的间接"新"。展示旧内容的间接"新":一是旧内容与新需求。专刊、副刊的有些内容,如某些实用信息和知识,并不是新的,但有时由于外界的变动,读者产生了新的需要,仍有必要刊登。比如,预防感冒的常识,是生活中老问题,每当感冒流行之时,读者又有了新的需求。这时传播这类保健知识,对读者来说是新的提醒,并不会感到过时。二是旧内容与新视角。有些内容,专刊、副刊过去已经传播过,但有新的视角能给读者新的感觉,仍然具有新颖性。三是旧材料与新由头。新由头是指披露旧材料的一种契机和引子。凭借它,就可以把那些很久以前发生的事情和早已一直存在的事物引发出来,使这些失去时效性、显现一种静态的内容也含有一种动势。专刊、副刊选用的由头比较多,主要有如下几种:一是刚刚发生的新闻,是专副刊中常常借用的由头。二是在日常生活中人们刚刚接触到的事物或刚刚发生的事情,也可以作为由头。三是时间的因素,比如,时令节气,各种纪念日,自然景象,也可能使人们的某种感情油然而生,文章以此为由头,就有一种新鲜感。

（二）趣味性。就是要求专刊、副刊所选择的内容应该让读者读起来感到有兴趣，能引起会心的微笑或愉快的情绪，并从中获得教益。专刊、副刊要做到有趣味：一是选择的题材轻松而有趣；二是表现手法比较生动活泼。

（三）丰富性。专刊、副刊的内容不能单一，要做到丰富多彩：一是拓宽传播领域，内容更加丰富。二是展示事物发展过程，矛盾跌宕起伏。三是时空方面延伸捕捉题材，内容色彩纷呈，琳琅满目。四是改变角度，发现更多的题材。

（四）共赏性。就是满足大多数读者的共同性需求，使他们能看得懂，喜欢看，有所得。做到雅俗共赏。

（五）参与性。就是让受众参与传播，实现受众与传者、受众与受众之间的信息交流。

三、媒介因素

专刊、副刊在内容设计上还要考虑本刊的个性和特色，既要突出个性的"不同"，就是题材选择的范围、重点、角度、题材的性质、表现形式的不同，又要表现其"特殊"优势，包括专刊、副刊的专业化、集约化、精品化等优势。做到优势明显，个性鲜明。

7.2.2　专刊、副刊的品位提升

品位，是报纸专刊、副刊的核心竞争力。报纸专刊、副刊的优势与特点在于其知识的科学性、信息的权威性、思想的深刻性、形式的艺术性、语言的文学性；拥有一支高水平的作者队伍，培养一支高素质的读者群体。

一、提升专刊、副刊品位的方略

（一）提升政治品位。报纸专刊、副刊要理直气壮地配合中心、宣传大事。报纸是新闻纸，报纸的专刊、副刊不能等同于期刊和图书，它必须时时刻刻、毫不动摇地围绕"新闻中心"选素材、找作者、出题目，直面现实，干预生活，充满浓厚的政治色彩。报纸专刊、副刊与新闻版的宣传目的相同，但使用的手段有所差异。专刊是以正面的、直观的消息、通讯、社论、新闻照片等方式达到宣传目的；而专刊、副刊则是深度的、艺术的、形象的，主要以深度调查、报告文学、评论、杂文、故事、小说、散文、诗歌、艺术图片等来完成其使命。

171

（二）提升文化品位。一是加强专刊、副刊内容策划，树立精品意识，确立贴近生活、贴近时代的文章格调，提高趣味性和可读性，让读者常读常新。二是要有清新的文学品位。贴近时代并不意味着文字一定很流俗，恰恰相反，清新的美文才能激发读者的审美愉悦感，从而调动读者的阅读兴趣。三是要有独特的版式设计。形式独特、美观和谐的版式，是编辑送给受众一道"色香味美"的大餐。

（三）不断转变和更新观念，创造特色文化品牌。在发展迅速的现代社会，受众的文化追求和兴趣也在不断发生着变化。编辑只有冲破传统观念形态和思维方式的束缚，报纸专刊、副刊才能走在时代的前列，才能以开放的心态顺应和引导潮流，从而把最新的时代变化信息及时传递给读者。在转变和更新观念的同时，创造出有特点、有吸引力的文化品牌尤其重要。品牌效应蕴藏着巨大的经济利益和社会效益，形成一个品牌，会带动一方市场。专刊、副刊因其独特的文化特性，理所当然地承担起报纸创建特色文化品牌的重任。

创建特色文化品牌，关键在于找对角度、找准切入点，即百姓关注的焦点。比如，2003 年 11 月，《大河报》推出"厚重河南"系列，它作为一部涉及新闻、历史、文学的跨文体新闻作品，用新闻的眼光打捞河南远逝的历史，以秀美真实的文笔，抚摸那久去的史诗和沧桑，在追古思今中，让读者了解过去，热爱现实。品尝《大河报》送给的"厚重河南"文化大餐，读者能够更深地走进为创造华夏文明做出卓越贡献的河南历史，更能够感受到当代以创新为追求的中原气象。

二、建设一支高水平的作者队伍

专刊、副刊的内容和形式无论设计得多么好，最终还要通过一篇篇稿件体现出来。保证报纸专刊、副刊有充足可用的稿源，一个重要因素是要拥有一支良好的作者队伍。作者队伍的建立和发展，要靠编辑长期的努力，也要靠广大专家和群众作者的支持和参与。

（一）组稿的对象。组稿对象是指专门为专刊、副刊撰稿的人，一是在某一领域有一定权威性、并有驾驭文字能力的专家；二是具有一定专业知识和写作能力、有较丰富的工作生活经验的受众。专刊、副刊编辑要主动寻觅、物色、发现并精心培养作者，要从专家学者聚集的单位、从已刊发的作品中、从参加会议和各种活动中、从自发来稿中发现作者。发现和培养作者,是专刊、副刊编辑应尽的责任,同时也是报刊编辑工作的优良传统。作家萧乾曾做过多年的副刊编辑,他自称是"文学的保姆"。他说:"我热爱这份'文学保姆'的工作。我编《大公报·文艺》期间,思想里就很明确自己的主要职责是为新人新作提供园地。"

(二)组稿的方法。专刊、副刊编辑组稿,有个别组稿、集体约稿和公开向社会征稿等方式。

一是个别组稿。根据作者的实际情况和办刊要求,特意定制"产品"。二是集体约稿。指编辑利用座谈会形式向一批作者同时约稿。三是公开向社会征稿,就是通过书面方式以统一要求向更大范围的作者征求稿件。这种约稿往往围绕某一中心或为新辟的某一专栏向作者求稿。公开向社会征稿的方式,牵动面很大,如果不是重大选题,不宜采用这种方式。

组稿是同各种作者打交道的社会性工作,需要注意以下几个问题:一是事先应对作者有基本的了解,要看准对象。二是要建立良好的业缘关系。三是善于想点子,出题目,及时帮助作者解决写作过程中遇到的问题。四是不断扩大作者队伍,编辑与作者应成为知心的朋友。

【思考与训练】

1.什么是副刊和专刊?

2."五四"时期"四大名刊"分别是哪些?

3.专刊崛起的原因有哪些?

4.我国最早的副刊是哪个? 并分析其特征。

5.专刊、副刊分为哪几种?

6.请结合案例,谈谈专刊、副刊的特点。

7.专刊、副刊的内容设计包括哪些因素?

8.如何提升专刊、副刊的品位?

【案例回放】

2004 年 7 月 1 日《现代金报》第一版

2004 年 7 月 1 日《现代金报》A10 版

175

2004 年 7 月 1 日《现代金报》A18 版

【案例评析】

《现代金报》:2004 年 7 月 1 日的"大头娃娃"

　　报纸版面,是指各类稿件在报纸各版平面上的整体布局,是报纸的"面孔"。版面集中体现报纸编辑部的宣传意图,表明编辑部的喜、怒、哀、乐、爱、恶、欲。头版是报纸的门面,头版头条更是报纸的重中之重,是读者关注的焦点,在舆论导向中具有特别重要的作用。报纸头条,往往表明报纸准备把读者的注意力引向哪个方向。一个精彩的头条使读者感到满足，并激起阅读其他内容的兴趣；相反，只会使读者感到失望，对报纸的威信无疑是一种很大的伤害。因此，提高报纸头版头条的质量一直是报社关注的重点。

2004年7月1日，是中国共产党建党83周年纪念日，全国各类报纸在头版显著位置刊发了2条新近发生的最重要新闻：一条是新华社播发的中共中央政治局集体学习、认真总结执政能力建设经验，大力加强党的执政理论建设的报道；另一条是纪念邓小平百年诞辰图片展的新闻。

《现代金报》在当天报纸的头版最上方（头条位置）用通栏63磅粗黑体大字标题刊登一则"导读"，题目是"金华又有'大头娃娃'夭折"。这则"大头娃娃夭折"成了该报当天的最重要新闻。

更有甚者，"大头娃娃夭折"的详细报道刊登在该报A10版头条，通栏标题用黑体大字："金华死了个'大头娃娃'"。紧接在该标题的正下方是一幅醒目的新闻图片，图片上有邓小平穿着军装敬礼的巨幅半身像，写有"我是中国人民的儿子"（邓小平话）字样。这张新闻图片反映的内容十分重要，拍摄的是"纪念邓小平百年诞辰大型图片展"展览情况，理应放在报纸头版刊用，而《现代金报》编辑在版面设计安排上却把它放在了A10版一个很不适当的位置，并与"'大头娃娃'夭折"新闻配置在一起，是不严肃的。

中央政治局集体学习的报道，以及《人民日报》配发的社论，这样重要的新闻，《现代金报》编辑把它放在A18版"中国时政"的第3条位置，压缩成只有340字的短消息。在这条消息的旁边是一幅一栏半宽的新闻图片，题目是"少林洋弟子嵩山朝圣"。这种配置也是不妥当的。

当天《现代金报》A8版"宁波都市"对本地的党建消息也有报道："宁波市党龄最长的老党员的肺腑之言——一辈子最难忘党的恩情"、"八旬老翁三千文字贺党的生日"。这两篇报道如果在头版上"导读"表示出来，也可以弥补组版不足。

第八章
报纸版面配置与设计

【本章要点】

配置可以消除单篇稿件的局限,适应读者的阅读心理,提高传播效率。稿件配置的方法包括组织、配合和调剂。报纸版面的功能是表明立场,引导舆论;方便阅读,帮助理解;展示风格,推销报纸;引导稿源,经济支撑。版面设计是一项综合性创作,应体现思想性和艺术性的高度统一。

8.1 稿件配置

8.1.1 稿件配置的意义

一、稿件配置的含义

稿件配置,也叫稿件安排,就是稿件在版面上所占地位的上下、左右、大小、多寡和互相关系的处理。稿件配置是按照一定的报道意图将稿件合理搭配、组织成有机完备的版面整体。稿件配置、版面设计具有强烈的政治倾向性和艺术技巧性,是报纸组织宣传、编辑出版工作的最后环节。

稿件经过选择、修改和制作标题之后,完成了单篇稿件的编辑工作。将一篇篇独立的单篇稿件合理地组织成不同形式的稿群,并通过版面呈现给读者,必须进行稿件配置。稿件配置得当,可以使报纸版面有序易读,使新闻报道、新闻评论等内容得到进一步强化和深化;否则会削弱和损害报纸版面的整体宣传效果。因此,要提高报纸的新闻传播质量,不能不讲究稿件配置的方法和艺术。

177

二、稿件配置的意义

（一）消除单篇稿件的局限。单篇稿件内容往往是分散的、孤立的，存在一定的局限性。稿件配置就是变孤立为整体，变分散为相互联系，突出稿群和版面的主题。当然，并不是说每一篇稿件都需要进行配置。稿件如果已经提供了读者所需要的东西，就可以单独发表，无需其他稿件的配合。

（二）适应读者的阅读心理，提高传播效率。报纸的新闻传播并非是单一的传播，而是集合传播。报纸每天以一定的版面将多种内容和形式集合在一起形成自己的传播特色。这也反过来影响读者的阅读心理。

读者阅读报纸时，通常是以一篇篇稿件为阅读单元，习惯从"集合"的角度来阅读、思考和理解报纸的传播。这种阅读单元是以内容上相关、形式上相同、空间上接近等原因被读者自觉或不自觉地作为一种集合传播形式而联系起来阅读和理解的。因此编辑在处理、安排稿件时，就需要适应读者的阅读心理，对稿件进行配置，将它们组织成不同的稿群。

8.1.2 稿件配置的方法

一、组织

本章所说的稿件组织，是指根据已编稿件之间的相互联系，将稿件组成统一的稿群。稿件组织有以下几种方法。

（一）同题集中。同题集中就是把内容有关联的稿件放在一个标题之下集中发表。其好处是可以通过稿件的巧妙组合，以及标题的点睛，使稿件表现力得到升华，便于阅读和理解；还可以减少单独发表时标题的重复，既节约版面，又使报道显得更为精练。

同题集中是以稿件之间存在着一定相互联系为条件的。同题集中的方法：一是横向联合。就是将相同内容、相同报道对象、相同特点等稿件集中在一个标题下发表，突出其"同一"。比如，《人民日报》分别报道浙江、河南、安徽、湖北等省春耕生产的消息，就可以集中在一个标题下发表，读者所看到的是范围更为广阔的"春耕图"。二是纵向连续。即报道同一事件连续发展过程的若干篇稿件，集中在一个标题下发表，可以使事件的来龙去脉显得更加清楚。三是反向对比。即把内容相矛盾的稿件集中在一个标题之下，通过标题的对比，揭示事物的矛盾性质，能引发读者更多的联想和思考。四是多向参照。即将几篇新闻内容相同,而消息来源不同的新闻置于一个标题之下,相互参照,有利于读者全面了解新闻内容并进行正确判断。

同题集中的稿件安排次序是:重要的在前,次要的在后;最新发生的在前,稍早发生的在后;表扬的在前,批评的在后。采取同题集中要根据稿件具体情况决定,重要稿件宜单发的,就不宜合编;同题集中还要解决好版面变化和美化问题。

(二)专栏集纳。就是利用专栏形式集合组织稿件。专栏是由若干个具有共同性的稿件所组成的自成格局的局部版面。共同性,是指同一主题、同一内容、同一特征或同一体裁。自成格局,是指在整个版面中有栏目题或专栏题,四周围框或勾线、铺底纹,为单独编排的局部版面。

专栏按其构成来看,有单一性和集合性两种。单一性专栏每期只发一篇稿件,具有连续性,栏目主旨、内容、特点、名称设置相对稳定。比如,《人民日报》第1版的"今日谈"、《新民晚报》的"夜光杯"等。

集合性专栏是两篇以上稿件组合而成的,分为连续和非连续两种。非连续集合性专栏是一次性多篇稿件的集纳。连续集合性专栏是在一定时期内连续多次的多篇稿件集纳。集合性专栏成为日常组织稿件的一种重要的形式。

集合性专栏的特点和优势是:变分散为集中;寓多样性于统一;显独特于整体。集合性专栏的编辑要领:一是提炼主题。要善于发掘稿件间富有新意、符合读者需要的有相同因素的内容,并将其凝聚为整个专栏的统一主题。二是精编文字。集合性专栏是若干篇稿件组织在一起的,因此,各篇稿件要各有特点,标题和文字不能重复,且要注意相互呼应、配合,对文字需要精雕细刻。三是讲求整合。集合性专栏中的各篇稿件既要有同,也要有异。做到同中有异、异中有同。要注意各篇稿件间的配合,使稿件间形成相补,发挥整体优势,取得更好的传播效果。报纸需要刊登的稿件很多,而版面容量有限,为了使稿件能互补而增强传播效果,往往需要编辑的"挤功"。"挤"不仅要善于运用编辑方法,对稿件进行删节、综合、转版等,使之"挤"上版面,而且更需要编辑心中有读者,有精品意识,不满足于平庸,不甘于凑合了事。

(三)专版集结。以全版或除广告之外的大部分版面篇幅刊登一组具有共同性稿件的版面,称为专版,也称专页。专版与专栏相似,都是由一

179

组具有共同性的稿件所组成,只是所占据的篇幅不同。专版是全版,专栏只是版面中的局部。

二、配合

稿件的配合,就是根据稿件内容和实际需要,增发各种新材料,对原有稿件中的内容进行论证、补充和解释。稿件配合的目的在于增加说服力和感染力,增加易读性。稿件的配合包括配发新闻评论、链接新闻资料等方式。

(一)配发新闻评论。新闻评论包括社论、评论员文章、短评、编者按等。社论主要是评论带有方向性、根本性的重大问题;评论员文章可以就重大问题发表评论,也可以就某个比较重要的具体问题发表意见;短评主要是就一些重大事件、重大典型发表评论;编者按(编后),也叫按语、编者的话等,是报纸编辑对发表的文章所作的简要批注和说明,可以表明编者的态度和意见,也可以提示新闻报道要点、交待新闻背景等。它是一种篇幅短小、言简意赅、立场鲜明、文风轻便的评论形式,有评论性、说明性、解释性三种。

配合新闻报道发表新闻评论,已成为报纸配合的一种基本形式。比如,2008年3月5日,第十一届全国人民代表大会第一次会议在北京隆重开幕。《人民日报》发表这一重大新闻报道的同时,配发了"顺应人民期待 不负人民重托——热烈祝贺十一届全国人大一次会议开幕"的社论。又如,2002年11月26日《中华新闻报》发表长篇报道"默默笔耕人",介绍《经济日报》编辑沈春波从事新闻工作50年,默默无闻,辛勤耕耘的事迹,并配发了短评"一面照亮灵魂的镜子"。并不是所有新闻评论都要与新闻报道配合才能发表,有的评论也可以单发。但是,新闻评论配合新闻报道发表,既要依托新闻报道,又要深化新闻报道。

新闻评论与理论文章、一般论说文不完全相同,新闻评论要具有更鲜明的政治性和更强烈的时效性,它是"政论"和"时评"。新闻评论主要是针砭现实,论及当前社会最需要解决的问题,具有鲜明的针对性、政策性和指导性。

(二)链接新闻资料。新闻资料是发展新闻的重要手段。资料对新闻的作用为"纵横发展"。"纵"即追根溯源,对新闻中的人物、事件的历史作主要介绍;"横"即对新闻中的人、地、事的概况作补充交代。资料依托新

闻而存在并相得益彰。报纸常用的资料,有以下几种:

一是新闻背景。新闻背景就是交代新闻的历史,用历史来说明新闻,从而使读者了解事件的来龙去脉,更理解新闻的内涵。新闻背景有三类:第一类是介绍事件本身的历史。比如,2008 年 3 月 5 日,是毛泽东主席发表"向雷锋同志学习"题词 45 周年,当日《人民网》转载了 1993 年 3 月 5日《人民日报》刊登的"毛泽东秘书回忆毛泽东为雷锋题词经过"新闻背景文章,使广大读者了解老一代革命家积极倡导"学习雷锋"活动的历史和现实意义。第二类是介绍同类事件的历史。比如,1981 年 3 月 30 日,里根总统遇刺左胸负伤,4 月 1 日,《人民日报》刊登这一消息时,配发资料《美国已有 9 位总统遇刺》。资料指出:"美国总统里根这次遇刺是美国历史上第 9 位总统,第 10 次暗杀总统事件,其中遇刺身亡的有林肯、加菲尔德、麦金莱、肯尼迪。"资料的这种说明,丰富了读者的历史知识,有助于读者对里根总统遇刺事件的历史思考。第三类是大事记。它通常将涉及新闻背景的重要事件按时间顺序加以记叙,条理清晰,便于阅读。

二是新闻人物。新闻人物即对新闻中新出现的重要人物包括新当选的国家领导人、刚涌现的先进模范、英雄人物、有杰出贡献的科技人员等生平作简要的介绍。

三是新闻地理。新闻地理是对与新闻有关的地方的自然地理、经济地理、政治情况所作的简要介绍。配发"新闻地理",可以帮助读者了解这些地方,从而增加阅读的兴趣。

四是科学知识。新闻往往涉及自然科学、社会科学中的某些专门知识,一般读者很难完全了解,而新闻也不可能作详细解释,因此,有时就需要配发知识性资料进行补充介绍和通俗讲解。

五是词语解释。新闻报道中常会涉及历史典故、古典诗词以及名人语录、成语、术语等。对于其中一些不太为人所熟知或不易了解的,编辑应该加以解释和说明。比如,温家宝总理 2008 年 3 月 18 日上午在人民大会堂中央大厅回答中外记者提问时多次引用古语和诗文。新华社在播发记者招待会报道的同时,还配发了《温家宝在中外记者招待会上引用的古语和诗文》,介绍了这些古语和诗文的出处,既帮助读者阅读理解,又深化了新闻报道的意义。

资料写作要与新闻密切配合,不要过多重复;文字要简洁朴实,用事实说话,客观介绍情况,不宜有很多的议论、抒情。新闻地理资料要有别

181

于巡礼和游记。

（三）合理配置图像。图像具有文字稿件所不具备的长处，它所包含的信息一般要比文字稿件更丰富、更形象、更生动、更直观。配发图像的方式：一是直接配合，即图与文表现的是同一对象；二是间接配合，即图与文表现的是相似或相近的对象。

三、调剂

（一）调剂的含义。调剂也叫协调，是指一个版作为一个阅读单元，它所刊登的稿件应该具有多样性，运用新的内容、新的方式吸引读者。

（二）调剂的种类。一是内容的调剂。报道题材要力争广泛。同一个版上，报道对象一般情况下应避免多条新闻报道同一个人或同一个单位；报道地区也宜广泛，不宜集中报道一两个地区；报道角度应多样化。二是功能的调剂，报纸上刊登的各类稿件，对社会具有不同的功能。对一个版的内容进行配置，应斟酌各篇稿件可能产生的社会功能。三是长短的调剂，对一个版的内容进行配置，对于稿件的篇幅大小也要注意，最好是长稿与短稿相结合。四是体裁的调剂。体裁是作品的表现形式。一定的体裁总是与一定的内容、功能相联系。因此，要求一个版具有内容和功能的多样性，就必然要求体裁的多样性。体裁多样，相互调剂，不仅有助于表现丰富多彩的现实生活，而且有助于增加可读性。

8.1.3 中国新闻奖报纸版面评选标准

中国新闻奖是中华全国新闻工作者协会主办的全国优秀新闻作品最高奖，是经中宣部批准设立的全国性常设新闻奖，每年评选一次。报纸版面奖是其中一项内容。2008 年 1 月 23 日公布的《第十八届中国新闻奖评选办法》明确了"评奖宗旨"是："开展中国新闻奖评选活动，旨在检阅我国新闻工作年度业绩，展示新闻战线'三项学习教育活动'成果，发挥优秀新闻作品的示范引导作用，推动新闻媒体与新闻工作者坚持正确舆论导向，落实'三贴近'要求，提高作品质量；促进新闻媒体建设一支政治强、业务精、纪律严、作风正的新闻队伍，多出精品，多出人才，推进新闻事业更好地为人民服务、为社会主义服务、为全党全国工作大局服务。"同时规定了"评选总标准"和"各奖项评选标准"。

第十八届中国新闻奖"评选总标准"，是以邓小平理论和"三个代表"

重要思想为指导,贯彻落实科学发展观,坚持为人民服务、为社会主义服务、为全党全国工作大局服务,贯彻团结稳定鼓劲、正面宣传为主的方针,坚持正确舆论导向,落实"三贴近"要求,社会效果好。内容真实,新闻性强,时效性强,主题鲜明,富于创新,语言生动,制作精良,感染力强,为人民群众喜闻乐见。重视记者到现场采制的短新闻。其中报纸版面评选的基本标准,要求体现政治性、新闻性与艺术性的统一,标题准确生动,照片、文字与图示兼顾,编排整体协调,色彩清新明快,印刷质量好。报纸版面评选的具体标准有以下几方面:

一、版面有较强的政治性

版面好与差的一个重要的衡量标准就是版面的政治思想性、指导性在版面上有没有得到充分的体现,一个好的版面应做到:

(一)重大新闻安排得当。报纸版面经常有重大新闻,有国际的、国内的,有行业的、也有社会的,编辑安排版面时首先要考虑的是如何运用版面元素,突出重大新闻。

(二)重要稿件安排符合报纸特点。我国报纸经过长期的发展,业已形成从中央到地方的梯形分布结构,既有机关报,也有都市类、行业类、生活类、文娱类等多种类型的报纸。这些报纸的报道对象、报道重点、报道方式都各有特点,互不相同。因此,版面安排当然也各有特色,重要稿件安排是否符合报纸各自特点,是好版面的一个重要标准。

(三)政治性与艺术性完美统一。版面导向正确,编辑思想明确,版面各个稿件的安排层次分明,做到政治性与艺术性的完整统一。

二、版面有较强的新闻性

报纸不同于期刊、图书等印刷品,也不同于一般的美术作品,它是新闻纸,这就意味着报纸的版面上要以新闻报道的质与量取胜。具体表现在:

(一)时间上时效性强。版面上要有相当数量的时效性较强的新闻报道,晚报、午报的"今日新闻",日报的"昨日新闻",在版面上要有相当高的比例;其他稿件中,至少应该有3日以内的新闻。

(二)空间上信息量较大。对开报纸至少要安排15条以上稿件;四开报纸至少要安排10条以上稿件。

183

三、标题与图文内容安排得当

（一）题文完全相符。题文走向符合有关规范和读者的阅读习惯。

（二）位置安排得当。题文相互照应，符合题文结构，包括盖文题、文包题、串文题、旗式题、对角题、腰带题、眉心题等。

四、版面图文并茂

（一）版面上一定要有图像，没有图像的版面，即使文字内容再好，也是"有缺陷的版面"；只有图文并茂的版面，才能算是合格的版面。图片要有较高的新闻价值和艺术价值；新闻照片要有较强的视觉冲击力。

（二）图片位置安排显要、得体；图片与文字联系密切，互相补充，相得益彰。

五、版面整体安排有创新

（一）版面能够较好地体现本报长期以来形成的风格。当天报纸版面没有明显的"雷同"现象，能根据每天稿件内容的不同，版式得体，有所创新。

（二）版面整体安排富有美感。编排手段和版面元素运用非常有创意；整个版面看起来和谐、统一，富有吸引力和表现力。

2005 年 8 月 16 日揭晓的第十五届中国新闻奖 7 个报纸版面奖得主之一《长沙晚报》出版美术部主任匡京沙从事组版编辑 18 年，所编辑的 2004 年 8 月 30 日《长沙晚报》要闻版"金牌英雄"获第十五届中国新闻奖二等奖。她的感言是："作为一名编辑，常年在标题和文字的空隙里耕耘，要将一个个创意、一段段文字和一条条标题，筑垒成一个个精美的版面，最需要的就是有一份耐心。"

8.2 版面功能

8.2.1 报纸版面的特点和功能

一、版面的历史发展

根据《中华人民共和国国家标准（GB9851.2—88）》中关于"印刷技术术语"和"文字排版术语"的规定，版面是指一切印刷品的印刷幅面，也就是由文字或图案组成的平面。

现代报纸版面形式是随着报业的发展，适应读者的需要，在造纸、排版、印刷、网络等技术不断进步的推动下，逐渐演变而来的。所谓版面形式的演变，包括报纸版面外观、结构、尺寸、开本、标题样式、版面之间组合方式的变化。世界报纸版面演变可分为 4 个阶段：

（一）报刊不分、书报同形阶段（公元 8 世纪至 1770 年左右）。世界上现存最早的报纸，是我国唐代"邸报"。据史书记载："邸报"属手写件或雕刻印刷，逐日记录当时新闻，不分段落，没有标题。每页 13 行，每行 15字，字大如钱（相当于现代汉字字号 48 磅），装订成册。报纸宽约 97 厘米，高 28 厘米。清代"京报"为日刊，外形与当时的书籍相同，每册五六页至十几页，长约 20 厘米，宽约 10 厘米，黄纸封面上印有红色的"京报"二字，曾用胶泥活字、木刻活字排版，20 世纪初改用铅字排印。

早期西方报纸，同样用书籍的版面形式，页码较多，大小与书相同，装订成册，被称为"新闻书"。12 世纪前后欧洲出现"手抄小报"。中国造纸和活字印刷术传入西方后，德国古腾堡（1398—1468 年）在中国印刷术基础上研究发明了铅合金活字技术，并造出木制印刷机。西方开始出现印刷报纸，采用较少的页码、较大的幅面、更灵活的编排手法，出版周期也逐步缩短，直至每日一期。1665 年创刊的英国《牛津公报》（后改名为《伦敦公报》），其版面同书籍一样大，两个版，双面印刷，文字分两栏编排，目前仍在出版。综上所述，这一阶段，中外报纸书报刊版面形式没有区别，后来才分化成报纸、书籍和期刊。

（二）逐渐定型，中外交融阶段（1770 年前后至 1910 年前后）。随着西方产业革命的深入，造纸、排版、印刷技术不断进步，推动报纸版面形式迅速变化，最终定格成现代报纸版面形态：一是变"本"为"张"。把"张"作为报纸容量的基本单位，松散联合，而不再装订成"本"。凡是装订成"本"的，人们称之为"期刊（杂志）"，不再叫"报纸"。二是定"版"成"开"。版面面积扩大，逐渐形成四开大报和八开小报。三是以"线"划"面"。把一块版面分成若干个较小的区间（专栏），以适应不同稿件的需要，方便读者阅读。

鸦片战争之后，外国传教士闯入中国无所顾忌地办报。到 19 世纪90 年代，外国人在华兴办的中外文报刊有 70 多种，约占同期中国报刊总数的 95％。在版面形式上，这些出版物有的沿用书本形式，多数以"张"

的形式发行。比如,1861 年 11 月在上海创办的《上海新报》,由英商字林洋行主办,初为周刊,后改为周三刊,采用 8 开单张纸印刷。一些接触西方文化的中国知识分子,从 19 世纪 50 年代起,开始创办与"京报"性质不同的中国报纸。1857 年在香港创刊的《中外新报》是中国人自己创办最早的一份中文报纸,起初为双日刊,后改为日报,每份一张,双面印刷,分 4 版,共容纳四号字 1.5 万字。台湾学者曾虚白称该报"为我国报纸两面印刷之始"。

(三)总体不变,局部改进阶段(自 20 世纪初至现在)。进入 20 世纪,在西方,与报业有关的通信、制版、排版、印刷技术不断进步。1900 年以后,电力取代蒸汽成为报纸印刷机的动力;1903 年,电报被用来传递新闻稿;1910 年,彩色印刷技术在报业得到应用;1924 年,出现了传真照片;1947 年,美国开始研究照相制版技术;1970 年以后,胶版印刷技术投入使用;计算机技术应用于报纸出版生产之中。中国报纸技术也不断进步。1986 年,《经济日报》采用由北京大学王选教授发明、山东潍坊计算机公司生产的中文"华光电子出版系统",实现了在电脑屏幕上排版、由激光照排机整版输出版面,告别"铅与火",率先跨入"光与电"的时代。20 世纪 90 年代末,我国许多报纸实现了每日彩色印刷,版面显得更加清新、美观;版式由传统的穿插式演变为现代的模块式。1984 年 2 月 11 日《南方周末》在全国率先采用对开黄金报型。《都市快报》率先采用四开黄金报型,令读者耳目一新。

(四)纸与网络、版页并存阶段(数字报纸与印刷报纸并存阶段)。所谓"数字报纸",包括"电子报纸"、"报纸网络版",是以数字信息和网络技术为传输手段,以电脑显示器为阅读界面的新闻出版物,它整合了视频、音频、动画等全新内容,声像并茂、操作直观,带给读者以全新的阅读体验。据专家考证,创办于 1987 年的美国加里福尼亚州《圣何塞信使报》被认为是世界上第一家网络报纸。1997 年 6 月 2 日,《人民日报》正式进入互联网。电子报纸具有容量大、传输速度快、无距离限制、可实现编读互动等特点,发展前景广阔。

二、现代报纸版面的特点

(一)面积较大。报纸有对开、4 开和 8 开,除张贴画、壁挂式地图、布告等印刷品外,在书报刊中,"大"是报纸版面的最明显特征。

（二）排列密集。现代报纸版面所用字符常用新 5 号或 6 号字，文字密集。

（三）各版独立。报纸每个版面内容和形式相对独立，读者阅读自由。

（四）制作快速。各版编辑可以互不牵制，齐头并进，编排、制版方便。

（五）价格低廉。报纸为大开本、不装订、没有特制封面，印刷成本相对较低。价格低廉是现代报纸一大优势。比如，1999 年的《南方周末》每期 20 个版，相当于一本 32 开 160 页的图书，报纸售价每份只有 1.5 元；而当时一本 160 页的图书售价大约为 8 元，书价是报价的 5 倍。

三、报纸版面的功能

版面是报纸上各种文图信息按一定编排规则组成的平面体，是报社发布信息的载体，也是报纸编辑部的最终产品。报纸版面的功能，可以概括为以下 4 个方面：

（一）表明立场，引导舆论。版面是通过传递编辑部对稿件内容的评价来引导读者阅读的。编辑部在处理稿件的过程中，从取舍稿件、修改稿件到制作标题，每个环节都包含着对稿件内容的评价，版面是编辑向读者传递这种评价的继续，而且是最终评价。

（二）方便阅读，帮助理解。版面编排的层次、条理，与读者能否顺利阅读内容有密切关系。报纸上稿件的内容丰富多样，体裁也多姿多彩。精心编排版面，分门别类地把有关稿件相对固定在一个版，分别主次恰当地把稿件安排在版面上一定的位置，使稿件的特点和联系都清晰地表现出来，做到主次分明、条理清晰，就可以帮助读者顺利地阅读内容。

（三）展示风格，推销报纸。报纸的风格由内容和形式两方面的独特性构成，是一张报纸不同于其他报纸的特色的综合表现。报纸内容的独特性，是由报纸的任务分工和地区分工不同，以及读者对象的不同所决定的。形式的独特性是内容独特性的表现形式。形式的独特性既形成了报纸形式的独特风格，同时也反映了内容的独特性。报纸版面是报纸形式独特风格的集中表现，是推销报纸的重要手段。

（四）引导稿源，经济支撑。报纸版面具备两个用途：一是发表稿件，既为读者提供所需的各类信息，又吸引作者稿源；二是刊登广告，既为企业客户提供产品促销和品牌形象服务，又为报社发展增添经济支撑。

187

8.2.2 版面空间

版面空间是一个版面所提供的用以表现编排思想和内容的空间,是构成版面的重要组成部分,也是版面语言的一种基本形式。版面空间包括面积、形状、区域等因素。

一、版面基础知识

(一)开本。版的大小通常用"开本"表示。开本的基础是"全张",即印刷所用的原纸尺寸。"全张"面积的 1/2 叫一个"印张"。其开本为二开,通常称为"对开"。对开对折为四开。

(二)版心。为了排版、印刷技术需要,一个版四周应留下适当的空白,中间用来排版、容纳文字和图片的部分叫"版心"。版心的面积小于版的面积。比如,对开报纸的版心,一般宽约 35 厘米,高约 50 厘米。

"版心"也就是通常所说的版面。它有两种形式:一是"黄金矩形",版心的宽、高比例为 1∶1.5,比如:对开《人民日报》、四开《新民晚报》等。二是"黄金报型"。版心的宽、高比例接近"黄金分割率"1∶0.618,所以称为"黄金报型"。比如,《南方周末》(对开)、《都市快报》(四开)。版心大小,意义特殊。首先在外观上,它使报纸与期刊、书籍彻底分开。其次,它决定了一个版的容量,版心越大,容量越大,版面布局、结构的变化就越大。一个版的版心,理论上讲可以全部用来刊登稿件,但实际上很少有报纸这样做。从 19 世纪中叶现代报纸版面技术标准确立时起,版心的某些部位就被指定了特殊用途,一直延续至今。

(三)报头。报头是用来标明报纸名称、刊号、出版者、出版时间、总期号的部位。通常放在第一版的上端,但具体形状、面积、位置各报不尽相同。横排报纸的报头,有的放在第一版上方正中,扁方形,版心通栏宽度;有的放在上端偏左,其宽度为版心宽度 1/2 左右。竖排报纸的报头多放在第一版上端偏右,长条形,其高度占版心高度的 1/4 左右。也有的报纸在特殊情况下,把报头移到第一版的右下方。有的报纸把"天气预报"放到报头旁边,与报头合为一个整体。有的报纸在报头上印有报徽、报价、报社地址、互联网网址、电子信箱地址等内容。同一家报纸的报头,其内容、样式、面积、位置通常是固定的。

(四)报线。是指版心的上边线(天线)和下边线(地线)。目前多数报纸版心只有上端的边线,其宽度与版心相同,叫天线,又叫眉线;只有最后一版版心既有天线又有地线。

(五)报眉。报眉是内页版面用来标明报纸名称、出版日期、版次、版面名称的部位。

不论横排报纸还是直排报纸,报眉都放在版心的上端。一般为通栏宽,高度为3行左右。有的报纸把"本版责任编辑"、"联系方式"等内容放到报眉上。也有的报纸别出心裁,把报眉设计成一栏或两栏宽的矩形,也有不规则形的,置于版心左上角或右上角。

(六)报眼。又称报耳,横排报纸报头放在第一版左上角时,右上角同样高度的报头旁边的部位被称为"报眼"。由于它与报头等高,位置显著,所以常常作特殊安排,如刊登"次重要新闻"、"今日提要"、广告等。也有的报纸打破报眼与其下方版心的界限,统一用来刊登稿件,这时的"报眼"新闻与"头条"新闻处于同样重要位置,称为"双头条"。内页各版有时也借用第一版的说法,把右上角称为"报眼",用来刊登仅次于头条的重要稿件。

(七)中缝。在报纸同一面上相邻两版中间的长方形空间,叫作"中缝"。由于版心的宽度不同,各报中缝的宽度不尽相同。多数报纸的中缝,特别是大报的中缝,保持空白状态。但也有一些报纸,特别是一些小报,把中缝充分利用起来,刊登分类广告。还有的报纸在中缝刊登一些短小的文字稿件,以增加报纸的信息量。

(八)报尾。报尾是用来标明报社地址、邮编、电话、报纸售价等内容的部位。通常放在报纸最后一版的底部,版心通栏宽,两三行高。也有的报纸把报尾放在第一版底部。

(九)通版,指把报纸同一面上两个相对的版打通而形成的版。通版的面积包括两个版和这两个版之间的中缝。通版一般用于报道重大事件,或者刊登广告,其优势在于可以将要刊登的材料放在更大的版面空间来安排,比较集中、灵活,更显气势。

(十)稿件区。版心中用来刊登稿件的区域,叫做"稿件区"。稿件区包括标题区、正文区、图片区。

一是标题区。用于刊登标题的区域。它的形状、大小千变万化,完全视标题的等级和版面编辑的意图而定。它与正文区通常是不重叠的,但有时与图片区重叠,形成"题压图"。

189

二是正文区。用于刊登稿件正文的区域。它的形状、大小无一定之规,既取决于稿件正文字数的多少,也取决于标题区的形状和大小。它与标题区不能重叠,但可以与图片区重叠,比如在图片上叠印图片说明。

三是图像区。用于刊登图像的区域。它的形状通常为矩形,但也有不规则形的(圆形、椭圆形、棱形等),图像区与图像区之间可以重叠,即所谓"图压图",但相叠的两张图片必有一张的部分画面被遮住。图像区与正文区、标题区可以重叠。

二、基本栏和变栏

(一)基本栏。一个版面(版心)的宽度,用"栏"数来计算。以横排报纸为例,版面纵向几等分,就叫几栏。横向叫行。栏的最小单位叫做"基本栏"。对开大报一般分为 6—8 栏,用新 5 号字,每栏 13 字左右;四开小报一般分为 4—6 栏,用 6 号字,每栏 16 字左右。

早期的中国报纸采用书册式竖排,一般不分"栏",读者阅读比较困难。西方报纸从 17 世纪中叶起就把版心横向等分成二三个"栏",使版面显得疏朗。中国报纸引进"栏"的概念是在 19 世纪末,最初是照搬西文报纸的分栏法。1956 年中国大陆报纸一律由竖排改为横排。对于如何分栏,各报根据自己的风格、爱好自行确定,并在版样纸上体现出来。这种印在版样纸上的栏是画版的基本参照物,所以叫做"基本栏"。划分基本栏的好处是方便计算稿件面积和版面设计,同时为报纸增加了一个识别标志。

(二)变栏(破栏、并栏)。所谓变栏,就是以基本栏为基础而变化出来的不同于基本栏的栏。"变栏"包括"破栏"和"并栏"两种。所谓"破栏",是指把几个基本栏打破,重新等分的"变栏"方式。比如,把 4 个基本栏合并后,再平分成 3 个新栏,叫做"四破三";破栏排文时,要注意新栏的字数较基本栏有所变化。所谓"并栏",是指把几个基本栏成倍合并成一个新栏的"变栏"形式。比如把 2 个基本栏合并成一个新栏,叫做"二合一";"并栏"时,要考虑读者阅读视野宽度,一般不宜超过三栏,栏过宽,既不利于阅读,也不美观。

"变栏"的作用:可以突出稿件效果,减少读者视线跳动次数,节省目力;可以"量体裁衣",比如编排诗歌时可按照诗行长短来确定栏的长短,更有效地利用版面,使版面更富于变化,增加形式美。

三、区位和区序

（一）强势。报纸版面一般都要刊登多条稿件，它们各占一块或大或小的面积。读者一打开报纸，这些稿件便同时跳入读者的视野。但阅读是一个过程，不论是浏览还是详读，都要循着一定的顺序，一条一条地看，这个先后顺序是有一定规律性的。

从心理学上讲，所谓读报，就是读者对报纸上各种信号刺激作出反应的过程。在这个过程中，有两个因素决定了阅读顺序：一是读者长期养成的阅读习惯，即读者在寻找信号刺激时的方向性和目的性；二是信号自身的强度，即信号对读者视觉的刺激力大小。在很多情况下，这两个因素是一致的。信号越强，越容易引起读者的反应，而读者也总是首先寻找较强的信号；信号越弱，越不易引起读者的反应，而读者也总是把弱信号放在后面作出反应，甚至不作出反应，即所谓的"视而不见"。

报纸编辑学称版面上各种信号的强度为"强势"。强势是指版面具有的吸引读者注意的特性。强势大，吸引读者注意的程度高；强势弱，吸引读者注意的程度低。强势的作用，在于不同的强势可以表现稿件的不同重要性。

（二）版序。版序表示各个版的强势，即吸引读者注意程度的序列叫"版序"。比如，报纸的第 1 版与其他版相比，最能吸引读者的注意，最具有强势。因此，我国的报纸一般都把第 1 版作为"要闻版"，用以刊登当天最重要的新闻。

（三）区序。稿件的强势如何，既取决于稿件自身的因素，如标题是否诱人，字体、字号是否醒目，正文是否变栏，所配图片是否精彩等；同时，也与稿件在版面上所处位置有很大关系。这是因为，读者在寻找版面上的信号刺激时，有很强的方位感，对某些位置的信号反应灵敏，对另一些位置的信号则不大敏感。一篇稿件放在某个位置会增加其强势，放在另一个位置则可能减弱其强势。也就是说，版面各个部位的强势是不一样的。为探讨版面强势的分布规律，人们通常把一个版面划分为若干区域，其所在位置就叫"区位"，也称"版位"。不同区位按强势大小排列的顺序，叫作"区序"。

目前有两种区序理论：一是"上下左右"理论，即"上比下强，左比右强"；二是"视线环形"理论，即围棋秘诀中的"金角、银边、草肚皮"。这是

191

因为读者在阅读横排报纸时,视线经常以版面的左上方为起点,在版面上作顺时针环形移动。在这条环形线路上,起点位置的强势值最高,其后各点的强势以角为大,边次之,中腹最差。

现以横排报纸为对象,结合以上两种区序理论,对一个版面进行二分、四分和九分,可以判断其不同的"区位"、"区序"。

二分法,就是将一个版面作"一"字分割,得出上、下两个区位,上面的区位更具强势,区序为"上"→"下"。(见图 8-1)。

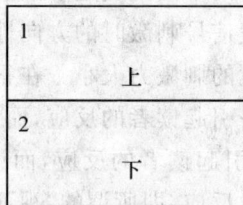

图 8-1 区位二分法

四分法,就是对一个版面作"十'字分割,产生 4 个区位,按照"上比下强、左比右强"的理论,区序为"左上"→"右上"→"左下"→"右下"。但按照"视线环形"理论,区序是"左上"→"右上"→"右下"→"左下"。(见图 8-2)。

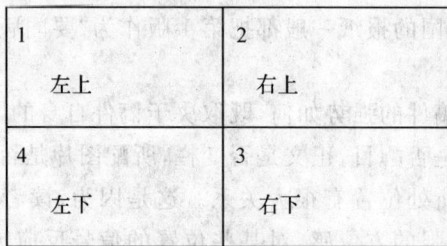

图 8-2 区位四分法

九分法,就是对一个版面作"井"字分割,得出 9 个区位(图 8-3)。九分法的情况比较复杂。区序排第一的是"左上"(俗称"头条"位置),两种理论没有差别。第 2 排哪个? 按第一种理论,应为"中上"。但按第二种理论,由于"右上"居于角的位置,其上方、右侧为版心之外的空白区,与版心形成较强反差,更容易吸引读者的注意力,所以很多报纸将"右上"定为

"第2"的位置,而把"中上"排为第3。

左上(头条)

左上（头条） 1	中止 3	右上 2
左中 4	中中 6	右中 5
左下 8	中下 9	右下（倒头条） 7

图 8-3　区位九分法

中间一排的 3 个区位,综合两种理论,"左中"排第 4,"右中"在视线环形移动轨迹上的位置靠前,因而比"中中"重要,排第 5,"中中"位居第 6。

下面一排的 3 个区位,其区序也很微妙。与中间一排相比,它们的位置靠下,其强势显然不大,但它们中有两个区位占据了角的优势,反倒更容易吸引读者视线。按"左比右强"和"视线环形"理论,"右下"在前,排第 7,有的报纸称此为"倒头条","左下"排第 8,"中下"排末座。所谓倒头条,在版面右下角位置,与头条斜对。倒头条一般放篇幅较长、政治性不强的文章,通过版面编排的处理起到突出的作用,有利于版面的均衡和美化。

实际上,稿件在版面往往不只 9 篇,也并不是均等分布的,根据稿件篇幅的长短、标题字号的大小、字体的不同,题文的美化装饰等,稿件在版面上区位和区序是有变化的,情况更为复杂。区序问题是一个客观存在,版面编辑应该认真研究和把握其中的规律。

8.2.3　版面元素

版面元素是指填充、美化版面空间的各种材料,包括字符、图像、线条、色彩、空白等。它们都有各自的实际功能和性格特征,比如,字符(字体、字号)用来组成正文和标题;线条用来分割空间和美化版面;图像用来表现人物和场景等。这些元素因编排手段不同,表达的态度和情感也不同。

一、字体

字符即语言文字表意符号,字符包括字体和字号,字符的模样称之为字体。字符的大小用字号来区别。字号可以显示稿件的分量,字体可以显示稿件的特性。

中文报刊上的字符,绝大多数是方块汉字,只有极少数是阿拉伯数字和外文字母。汉字从诞生到现在已有 4000 多年的历史。20 世纪中期,我国有关专家经过长期研究,终于使汉字与计算机成功结合。用计算机编排书报刊,既方便又美观。汉字经过几千年的演化,出现了几十种字体。目前常用的汉字印刷字体有宋体、仿宋体、黑体、楷体、隶书体、姚体、魏碑体、综艺体、琥珀体等。每种字体都有各自的特征,表达不同的情感。

(一)宋体。俗称"老宋体",从宋代刻版印书通行的字体演化而来,笔画特点是横细竖粗,字形方正,结构匀称,方便阅读。宋体常用于报纸消息、通讯、文章等体裁稿件的正文,有时标题也用宋体,含公正之意。

(二)黑体。20 世纪初出现的一种印刷字体,黑体字的笔画肥瘦基本一致,粗壮醒目,折笔多为方角,刚劲有力。标题通用黑体字,特别是粗黑体,表示严肃、重大等含义。稿件正文中重要语句偶尔插用黑体字,起强调之意。

(三)粗圆体。笔画粗细一致,折角圆滑,是黑体的变体。它具有黑体的庄重、轻秀、平和的特点,主要用于通讯、文艺作品的标题。

(四)楷体。也叫真书、正体,因形体方正,可作楷模,故名楷体。楷体的笔画圆滑、清秀、灵活,常用于主观色彩较浓的新闻评论稿件的正文或者信函、诗歌等。

(五)隶书体。作为一种手写体,隶书是从篆书脱胎而来的,把圆折变为方折,字面呈扁方形,笔画两头粗、中间细,形似飞燕,具有浑厚、圆润的特点,常用于通讯和小说、散文的标题。

(六)魏碑体。多见于北魏石刻碑铭,故称魏碑体。魏碑体的特点是:字面呈正方形,笔画较粗,多硬角,给人以粗犷、苍劲、质朴的印象,与隶书

194

相同,魏碑体有较强的书法味和抒情性,主要用于事件通讯和文艺稿件的标题。

　　计算机排版系统里还有其它字体。排版软件越新,字体种类越多。这些新出现的字体,可分为两大类:一是上述 6 种字体的变化形式,比如,细宋、书宋、姚体、仿宋、舒体、细黑、细圆等。二是新创的艺术字体,如琥珀体、水柱体等。在计算机排版系统中,任何一种字体都可以有字形的变化,如长体、扁体等。

　　二、字号

　　任何字体都有字号,字号越大,视觉冲击力越强。衡量印刷字符大小,有一个专用的长度单位,音译为"磅",意译为"点"。一磅的长度为0.35 毫米。我国书报刊所用汉字通常用"号"来表示大小,(见表 8-1)

表 8-1　字号磅(点)数、长度一览表

字　号	磅(点)数	长度(毫米)
1	27	9.45
2	21	7.35
3	16	5.6
4	14	4.9
5	10.5	3.68
6	8	2.8
7	6	2.1

　　20 世纪中期以来,随着我国新闻出版业迅速发展,原有的字号不能满足书报刊的编排需要,于是,人们研制出介于两个字号之间的汉字,在字号前冠以"小"或"新"字,比如,小一号:24 磅;小二号:18 磅;小四号:12磅;小五号(又称新 5 号):9 磅;小六号:7 磅;小七号:5 磅。后来还研制出用于标题的字号:小初:31 磅;初号:36 磅;小特:42 磅;特号:48 磅;特大:56 磅;有的直接用磅数直呼:63 磅,72 磅,84 磅、96 磅等。在方形字号之外,还出现了长体字号,比如"36×42 磅"、扁体字号,比如"63×56磅"。20 世纪 90 年代以后,北大方正等推出飞腾 4.1、维思等排版软件,实现了字号无级缩放,可以随意设定字符的高度和宽度,使字号的变化更

为灵活、多样。字号作为一种版面元素,具有丰富情感,需要强调时,用大字号;需要淡化时,用小字号。大小多少,取决于所要表达的内容评价。

三、图像

图像,是指报纸上通过摄影或绘画等手段所显示的形象,包括照片、图表、绘画、图表、刊头、题花、题饰等。图像作为一种版面元素,具有传递信息、平衡版面、表示评价和情感的作用,比如,围绕同一主题刊登多幅照片,表明报纸对此事特别重视。照片外部轮廓是采用矩形,还是虚线剪裁成光怪陆离的形状,其感情色彩也是大不相同的。现代报纸版面改革与发展的一个重要趋势,就是图像愈来愈受到重视。因为图像与字符相比,它不仅能传递一定的信息,而且在吸引受众注意、增强版面强势以及美化活泼版面方面具有更大的优势。

四、线条

线条有各式各样,多达上百种。主要有两大类:水线和花线。水线可分为正线(细线)、反线(粗线)、双正线(两行平行细线)、双反线(两行平行粗线)、正反线(也叫文武线,一粗一细两行平行线)、曲线、点线。花线就是有花纹图案的线条。不同式样的线条具有不同的符号意义,正线纤细清丽,反线沉重严肃,曲线生动活泼,点线朴素平实,刻有竹节的花线幽雅高洁,而由灯笼组成的花边则欣喜热烈。正因为不同的线条所附载的符号信息不一样,所以编辑进行版面设计时就需要根据文稿的内容特点来运用。

线条作为一种版面元素,在版面上有四个作用:一是分割空间。线条把各条稿件明显区别开来。二是强势和美化。在版面编排中,对重要的稿件和标题,常常采用加线条的办法。这样更能引起读者的注意,也就具有更大的强势。同时,线条对稿件整体和局部有美化作用。三是强调和烘托。用线条把几篇稿件围在一起,使线条包围的稿件显得紧密、突出、重要。四是表情作用。各种不同形状的花边,给读者的心理感受不同;可以利用不同的线条来表达稿件不同的感情色彩。

五、色彩

色彩可以分为彩色和非彩色。彩色包括红、黄、蓝三种基本色,俗称"三原色"。其它色彩都由这"三原色"调和而成。黑、白、灰色属于非彩色系列。任何一种彩色具备色相、明度和纯度这三个特征。色相,指的是色彩的名称。明度,也叫亮度,指的是色彩的明暗程度,明度越大,色彩越亮;明度越低,颜色越暗。纯度,是指色彩的鲜艳程度,纯度高的色彩鲜亮,纯度低的色彩暗淡。其中非彩色只有明度属性。

恰当地运用色彩,可以使版面丰富多彩,表达特定的感情,烘托特定的气氛,增加较大的强势。不同色彩的刺激,具有不同的视觉效果。尽管人们对色彩的感受往往带有主观随意性,但由于长期历史形成的民族心理、文化积淀和传统习惯,又使人们对色彩的感受具有某种共同性。比如,红色是一种热烈、兴奋、庄严的色彩,往往象征着喜庆、胜利,多用于节假日、重大会议等喜庆报道,可增添版面欢乐的气氛。绿色是一种安静、清新、愉快的色彩,往往象征着光明、生机、积极向上,我国每年 3 月 12 日植树节期间,很多报纸报头和稿件标题常用绿色。蓝色是一种冷静的色彩,往往象征着纯洁、高尚、和平。黑色是一种沉重的色彩,往往象征着严肃、坚毅、愤怒、悲痛,多用于严肃、沉重报道。粉红色则表示暧昧。由此可见,色彩不仅是一种美学符号,同时还是一种情感性很强的编辑符号和版面元素。编辑可以通过和利用色彩,来传递多种情感,引起受众情感的共鸣。

彩色报刊出现以前是以黑、灰、白色为主的单色报纸,后来采用套色印刷技术,多为套红印刷。20 世纪 70 年代以后,我国引进分色制版和报纸胶印技术,出现多种色彩一齐使用的彩色报纸。1979 年创刊的《市场报》是我国第一张彩色报纸。新型计算机排版系统使分色制版变得更容易,因而彩色报纸越来越多。在彩色报纸上,色彩(主要是标题的色彩)作为一种美化手段,要讲究和谐;作为一种版面元素,则要与内容相适应。

六、底纹

报纸版面用底纹来装饰标题,已有几十年历史。但是在铅字印刷时代,由于底纹制作工序复杂,底纹使用不普遍。计算机排版系统问世后,底纹的制作工序大为简化,版面上的底纹越来越多,不仅用来装饰标题,还为稿件正文铺底纹。底纹可分为两大类:黑底纹和花底纹。黑底纹上没有图案,由黑网点或黑色块组成,其上面的字符通常使用阴文,俗称“反白”。它给人的印象是凝重、冷峻,常用来表示强调和警示。花底纹由抽象的几何图案组成,在表示强调的同时往往透出轻松和欢乐。

底纹的基本功能是美化版面,使版面显得平衡、匀称,以弥补图片较少的局限。作为版面元素,底纹的作用首先是强调;其次是因图案不同、浓淡不同,可以用来抒发情感。

七、空白

报纸版面着墨的部分印有字符、图像、线条等元素,读者看报主要是阅读着墨的部分。

未着墨的部分,就是空白。空白作为一种版面元素,其作用不容忽视。一是强势作用。着墨部分周围有较多空白,黑白对比鲜明,引人注目,稿件具有较大的强势。安排版面时,可以把加大空白作为加强稿件强势的手段。一般来讲,字号大、面积大的标题,周围多留一些空白,会显得更加突出和重要。二是区分作用。稿件与稿件之间的空白,在视觉上自然就成为稿件之间的分界线。因此,空白可以帮助读者顺利阅读,与稿件之间的线条有异曲同之效。三是美化作用。版面如果被文、图、线、底纹塞得满满的,拥挤得令人感到透不过气来,自然没有美感。黑白相间,疏密有致,则使人感到开朗、舒畅,产生一种审美的快感。因此,安排版面时,不能把留下适当的空白视为浪费,而是一种有力的编排手段。

在某些非常时期,空白的"说话"功能比其它版面语言更有力,而它的"词义"经常是不满和抗议。按常规,版面上的题、文、图等应该正好把版面填满,如果出现不应有的空白,叫做"开天窗"。"天窗"的出现,有时是技术事故,如刊头丢失了,文字出现亏空等;有时是一种被迫采用的发言手段。比如,1949 年以前,中共在重庆出版的《新华日报》,由于国民党当局经常"枪毙"稿件,"开天窗"的版面时常出现。"此处无声胜有声",这种空白所表现的意思是十分清楚的。

8.2.4 版面结构

一、版式

版式,就是报纸版面的样式。任何一家报纸,尽管报道内容有差别,版面布局有变化,但在一定时期内,其版面样式都是基本固定的。比如,基本栏的划分、稿件正文的走向、标题样式、稿件形状和花线、底纹、色彩的习惯用法等。各版编辑按照报社统一的、相对固定的版式,日复一日地进行版面设计。根据版面尺寸、长宽比例、稿件外形、标题、稿件伸展方向等不同标准,可以将版式分为若干个类型。常用的报纸版式有对开式、四开式、八开式;纵向式、横向式;模块式、交错式;对称式、非对称式;集中式、综合式等。

　　20世纪50年代至改革开放初,我国大陆横排报纸采用穿插式版式。20世纪90年代以后,随着都市报和网络媒介的兴起,我国现代报纸版式大胆引进西方的版面设计艺术,围绕"受众阅读习惯"和"视觉冲击力"的理念,在版面设计中主要采用模块版式,强调时代性、时尚性,杜绝串文,重视导读,标题、照片突出处理,强调视觉冲击力,使版面"抢眼"、"抓人"。我国现代报纸,包括党报、晚报、都市报、行业报等流行的版式主要有以下几种:

　　(一)模块式。也叫版块式,其特征是每篇稿件的题、文、图相加之后,外部轮廓均呈四边形,整个版面由一个个四边形的模块组合而成。西方报纸多采用模块式。20世纪90年代以后,国内很多报纸重视使用这种版式。模块式版式的优点是:干净规整、清楚大方,设计省力,排版简便,阅读、剪报方便;通过在各模块之间加线条的做法,强化模块的视觉冲击力。但模块式版式容易出现"断栏"、"通道"和"碰题"现象。"通道"也叫"通线",就是版面上的栏缝从版面顶端一直通到底部,版面左右切断;"断栏"也叫"切栏",就是版面上下割裂,版面形成分隔。"碰题"就是两条标题左右或上下相连接。"断栏"、"通道"和"碰题"容易破坏版面的整体感。版面设计是有规则的,这个规则在版面学上叫"排版禁忌"。"断栏"、"通道"和"碰题"属于"排版禁忌"之列。编辑在版面设计中要灵活运用图像、线条、横竖标题等编排手段,尽量预防"断栏"、"通道"和"碰题"现象发生。

　　(二)集中式。集中式版式就是用整版或半版以上篇幅报道一个事件或主题,常用大字标题统领全版或大半版,有较大的强势。它适用于对国际国内重大事件、重大典型作集中、全面、详尽的报道,也可用来登载围绕同一主题展开的学术争鸣、理论研讨、社会调查结果等。集中式版式在主题相关的前提下,要重视稿件角度、体裁的多样化,既有消息、通讯、评论、资料等文字稿,也有照片、图表、绘画等图像稿,做到集中而不单调,主题单一而内容丰富、形式活泼。

　　(三)综合式。综合式版式是与集中式相反的版式。其特征是整个版面所包含的稿件多、内容广,重要性程度差别不大,它们之间虽然也有主次之分,但不是有意引导读者特别注意版面上某一特定的内容,而是以版面内容的丰富多彩去吸引读者,让读者根据自己的兴趣去判断、选择。综

199

合式是适用很广的一种版式。由于稿件内容较杂,在编排综合式版面时需特别注意:一是注重稿件分类和版面的组合,尽量把内容接近的稿件编排在一起,以免给读者留下杂乱无章的感觉,做到版面虽散而不乱。二是把握版面的整体平衡。不能只重视版面的"上左"或"上右"这两个最重要的版面,对其他区位的安排也要重视。在"下右"和"下左"两个区位,可以借助比较大的标题来弥补强势的不足,以求得整个版面的匀称。

(四)重点式。就是相对突出版面的某一局部,使其成为版面的重点。当版面上有一两篇或一两组稿件特别重要,需要予以强调时,往往采用这种版式。重点式编排要赋予重点稿件较大的强势,增强其视觉冲击力。要注意版面其他部分对重点的烘托。如果全版只有一个重点,可以利用上半版;如果有两个重点,一般可以采取对称的方法来安排。

(五)对称式。以外形相同、面积相似的稿件两两相对为特征的版式。这种版式可细分为两类,一是规则对称式,二是非规则对称式。

规则对称式,通常以垂直的等分线为中轴线,左右两侧的稿件形状,包括标题大小、题文关系、正文字数、图片尺寸等都完全相同,至少十分相似。它是一种同形的、等量的对称。其优点是匀称、整齐,整体感强,适用于刊登内容有关联的稿件。缺点是对稿件字数要求太严,极可能限制内容的表现。比如,2003年5月2日《浙江日报》"五一特刊"就是"规则对称式"的版式。

非规则对称式突破了规则对称的刻板限制。它不讲求版面的左右对称,而侧重于对角或上下之间的对称,在大体对称的前提下允许局部变化。由于这种版式既能达到均衡、匀称、和谐的美学效果,又比较灵活,对稿件内容、字数没有严格的限制,因而适用面更广一些。

(六)穿插式。又叫交错式,是与模块式相对立的一种版式。在交错式版面上,不排除有些稿件的题、文、图组合为四边形,但总有一些稿件的外部轮廓凸一块或凹一块,这些形状规则与不规则的稿件彼此穿插、咬合,构成天衣无缝的一块版面,其优点是可根据稿件的不同性质,赋予不同的外形,从而增加版面的表现力,使读者容易分清轻重、主次;标题和正文走法很灵活,使版面富于变化,避免模块式可能带来的横向"断腰"、纵向"通道"、标题"碰撞"等缺点。这种版式历史悠久,堪称中文报纸的传统版式。它的缺点是由于稿件互相咬合,稿件外形不规则,设计非常费力,剪报、收藏也很麻烦。

二、版数

"版数"就是一期报纸的版面数量。多数报纸版数都保持一个固定常量,在总量不变的前提下,按周期(通常为一个星期)有规律地变化。版数固定的好处:

(一)便于读者长期订阅。

(二)便于保持报社内部正常的工作秩序。

(三)便于编辑部同印刷、发行部门长期合作。

一份报纸保持多少版数,要根据办报所需的 3 个基本条件,即读者需求、稿源供给、报社经济实力来综合考察,对版数作出科学、合理、切实可行的决策。此外,确定版数还要考虑现代印刷技术的特殊要求。自双面印刷技术问世后,报纸的版数一向是偶数,不允许出现奇数。高速轮印机问世后,又增加了一项要求:大报版数必须是 4 的倍数,小报版数必须是 8 的倍数。这是因为印报所用的新闻纸的单位是"印张",一个"印张"可印大报 4 个版、小报 8 个版。如果违反这项要求就会给印刷工作带来麻烦:降低印刷速度,增加生产成本。

三、版序

版次。任何一份报纸都是由多个版组成的,少则 4 个版,多则几十个版甚至几百个版,版面按先后顺序排列的次序叫做版序,也叫版次,比如"第一版"、"第二版"、"第三版"等。

版序的作用主要是给版面提供一个代码,表明该版在印刷、折叠时所处的位置,便于读者按序号寻找自己爱看的版面。安排版序的首要原则是方便读者阅读。为适应读者阅读横排书籍养成的习惯,横排报纸通常把第一版(相当于书刊封面)放在中缝(相当于"书脊")的右侧。横排报纸只有 4 个版时,都把第二版、第三版安排在朝里的一面(即"内页"),把第四版(相当于封底)放在朝外的一面(即"外页")。

当报纸版面增加到两大张 8 个版以上时,出现了"衔接式"和"穿插式"版序。"衔接式"就是两大张报纸相对独立,第一张为第一版至第四版,第二张为第五版至第八版,两者首尾相连,前后衔接。"穿插式"就是将两张报纸作为插在一起的一个整体,第一张外页定为第一版、第八版,内页为第二版、第七版;第二张外页定为第三版、第六版,内页为第四版、第五版。两大张以上报纸版序以此类推。

201

版序与版面配置息息相关,因为报纸在发行时采用折叠形式,最外面的两个版相当于"封面"和"封底",最先被读者看到,内页各版只有打开了才会被看到,所以各版的重要性不尽相同。版序重要性大小通常有两条判断原则:一是第一版(头版)要闻版最重要,最后一版次重要,多数报纸用来登广告;二是奇数版序比偶数版序重要。因为读者打开报纸内页,首先映入眼帘的是奇数版序。

版序与版面配置之间,还因印刷技术原因而产生另一种联系。现在常用的新闻纸,正反两面看似相同,其实光洁度有差异。印文字时,这种差异还不太明显;印图片时,光洁的一面效果很好,粗糙的一面质量稍差。此外,有些轮印机只能对新闻纸的正面进行套色和彩色印刷。因此,安排图片版、套红版或彩色版时,则尽量安排在新闻纸的正面上。

8.3　版面设计

8.3.1　版面设计的理念创新

一、版面设计的含义

版面设计,就是根据一定的指导思想,运用版面语言、版面元素和编排手段恰当地安排稿件,以组成能动地表现内容的完整统一的版面。

版面设计是报纸编辑出版工作中最重要的一环。一切前期工作成果,比如策划、组稿、选稿、改稿、制题等,都在这里集中、定型,固化为不可更改的版面。一切后期工作,比如远程传版、制胶片和 PS 版、印刷等,只能使版面设计成果实现量的放大,不能改变版面本身的面貌。版面设计是一项综合性创作,应体现思想性和艺术性的高度统一。

报纸自问世时起就有了版面设计工作。长期以来,编辑手工画版是版面设计的重要工序。1986 年以后,计算机技术在报纸编辑中广泛应用,为版面设计带来了极大的方便,但是多数报纸在计算机组版前,仍然坚持手工画版工序,而且计算机组版更加注重版面设计。

二、版面设计的前提

(一)要有正确的版面编排思想。编排思想是版面设计的指导思想,是编辑根据对稿件的评价并在版面上恰当安排这些稿件的整体构想。确立编排思想是版面设计的首要环节。编排思想与报道思想是一致的,是报道思想通过版面编排的具体表现。所有的报纸都要通过编排思想来体现报纸思想。编排思想决定版面的态度和倾向,对版面设计具有决定作用,是版面的灵魂。

版面设计是在既定的办报方针和编辑方针前提下的设计。编辑可以有自己的风格和追求,可以有创新之举,但不能违背版面指导方针。版面的所有权永远属于报纸编辑部,版面所表现出来的意志永远是编辑部的集体意志。对编辑部所制定的各项方针,版面编辑只有遵守的义务,没有另搞一套的权力。

(二)版面设计是在一系列布局原则和版面规范前提下的设计。布局原则为如何在版面上妥善安排稿件提供了指南。版面规范则是一家报纸为保持自身特色而制定的一系列规则,包括成文的和不成文的规范,内容方面的规范和形式方面的规范等。

三、版面设计的发展趋势

一张报纸是否吸引人,根本性因素是稿件内容的信息吸引力和版面样式的视觉感染力。伴随着媒介市场的发育成熟和媒介竞争的不断加剧,越来越多的报纸为顺应时代潮流和读者快节奏生活的需求,在版面编排设计上进行了大胆的探索,我国报纸开始走入多版化、彩色化的时代。报摊上的争奇斗艳和版面上的五彩纷呈,掩映着各类报纸营销大战的浓浓硝烟。透过这场竞争,考察我国报纸版面设计的理念变革和业务创新,思考其未来发展走势,对于报界与学界都非常必要。近些年国内报纸版面风格的发展,可以概括为以下几个趋势:

(一)醒目:浓眉大眼,粗犷豪放。改革开放以来,随着晚报、专业报、都市报的问世和复兴,我国报纸版面呈现出多样化的风格,这些报纸生动活泼的版面编排对党委机关报等日报影响很大。从20世纪80年代后期开始,我国报纸纷纷扩版,多版化对整个报纸的易读性提出了更高的要求。随着电子排版和彩色印刷的普及以及数码相机、卫星传稿等技术的运用等,为报纸版面设计和制作提供了更大的自由发挥的空间,如选择更大的字体字号、底纹线条,加上灵活便捷的电脑制图、丰富的色彩等,都使版面编辑能够更自如地表现其编排思想。各类报纸在版面编排上为了实现易读性这一目标,都非常讲究报纸版面的"醒目"。

所谓醒目,就是运用大标题、大照片、粗线条,以增强版面的视觉冲击力、影响力和易读性。版面上,标题字号普遍加大;图片地位不断提高。新闻照片数量增多、质量提高、篇幅加大;具有图解内容和活跃版面双重功能的图示(包括统计图表和各类示意图)与新闻漫画在版面上也大量出现。稿件加线围框、线条运用更加频繁。所有这些都使现代报纸版式越来越醒目。比如,2003 年 6 月 4 日《湖州日报》第 4 版广告"等待是美丽的",字号为 185 磅,字体为粗黑;2003 年 7 月 31 日《现代快报》头版头条消息"谁该引咎辞职",用的是 100 磅粗黑。2004 年 8 月 22 日《安徽商报》"百年小平"纪念特刊共 24 个版,第 1 版、第 24 版分别用了整版篇幅刊登邓小平的巨幅照片,让人们更加怀念他。

(二)整齐:模块版式,简洁明快。20 世纪 90 年代以前,我国报纸传统的版式是穿插式,其编排方法讲究稿件与稿件之间的紧密相连、穿插咬合、拐文、包题以及文文相套,其特点是版面浑然一体,空间充分利用,但是也给人以眼花缭乱之感。20 世纪 90 年代以后,国内报纸版面的稿件编排普遍采用了模块式结构,其特征是每篇稿件的题、文、图组合配置之后,外部轮廓均呈四边形(长方形或正方形),整个版面由一个个四边形的模块组成。其优点是干净、规整、大方、排版简便、方便读者阅读和剪报。但也容易出现通道、断裂、碰题等现象。

(三)纯正:条理清晰,自成风格。版面语言的纯正是通过单纯的版面形式表现出丰富的内容,追求条理性的秩序美。单纯的版面形式体现在标题和线条安排上,现代报纸版式以横题为主,一块版面虽然字号不同,但字体基本一致,给人以简洁利落之感,可以很快捕捉到信息;线条虽有直线、曲线、花线之分,但直线因方向明确,简洁明快,愈来愈受到报版设计者的青睐。

(四)绚丽:鲜艳夺目,表情达意。我国报纸彩色版面出现后,使颜色成为现代报纸版面重要的构成要素和表现手段,报纸编辑对版面语言的运用,从字符选择、线条安排、网纹铺设,到题文配置、稿件构形、版面布局,都要考虑与色彩运用的规律相符合。

报纸版面色彩安排的协调性,在版面的结构关系上有明显的体现。比如,利用不同色调的对比效果,来调整版面的强势关系。在传统的非彩色版面,强势关系的协调主要靠标题的大小、标题装饰的程度、线条和底纹的设置等手段。彩色版面在这些手段的基础上,又增添了颜色效果,通过色调的烘托,可以使这些手段在表现上有更丰富的变化,使强化或弱化的控制更加灵活,伸缩空间更大。但是在色彩运用上要注意的问题:一是避免整版颜色偏一,造成单调与沉闷;二是避免某一局部色彩强化,导致整版色彩失衡。

四、版面设计存在的问题

人们在为现代报纸版面不断推陈出新而喝彩的同时,需要清醒地思考。目前我国报纸版面设计中还存在着一些亟待改进的地方:

(一)编排思想的不稳定和版面形象的不确定。这主要表现在版面设计缺乏明确和稳定的风格定位,如有些机关报盲目仿效一些在市场上比较走红的都市报版面,结果有损严肃报纸的权威性和可信性。也有一些市场化程度较高的报纸近年来频繁改变自己的版式设计,版面的随意性说明报纸还处于很不成熟的阶段。

(二)报纸各部分的版面风格不协调。有些报纸近年来频频扩版,但各版组、各专刊以及各个版缺少统一的风格定位,任由各版主编自由编排,结果标题字体字号各搞一套,版头栏头缺乏统一设计包装,导致整个报纸无法确立统一的整体形象。

(三)版面设计盲目追求感观刺激,形成"泡沫版面"。"泡沫版面"的特点是版面元素的使用过度夸张,表现形式与所表达的内容的价值不相称,比如大量使用没有多少新闻价值的巨幅照片,内容并非很重要的稿件却做出了比报名字号还大的标题,这些做法实际上造成了版面资源的浪费。

(四)版面设计无章法、无秩序。人们虽然主张版面设计要敢于创新,但这不等于可以在版面设计上随心所欲,朝令夕改,让读者无所适从。版面创新成功与否,不能以编辑自己的感觉来判断,只能以读者的体验与评价为准。有些报纸标题位置、字体字号、稿件排列、照片规格、网纹、色彩、线条运用、广告编排等都无章法,实际上是对报纸形象和读者利益的损害。

五、版面设计的理念创新

社会主义市场经济的发展将报纸带入了新的营销时代。版面既是报纸产品形象的集中表现,又在很大程度上向社会公众展示着报纸的精神和品格。报纸编辑对版面的认识和理解,不仅从编排技术上,更应该从媒

205

介产品的定位与设计、媒介精神和文化的展示这一战略高度上来认识。我国报纸版面设计,需要从以下几个方面创新理念:

(一)从读者本位出发的低成本理念。优秀的版面设计不仅能为读者减少读报时间而得到信息与精神的满足,也能为报人自己节省成本。

(二)从产业发展出发的整体形象设计理念。版面设计不仅是一种编辑学范畴的操作,也是报纸产业形象工程的有机组成部分。随着我国市场经济的发展,CIS 已经成为企业竞争中一个热门话题,其本质是以塑造形象为目标的组织传播行为,它已被新闻媒介越来越广泛地运用。

(三)从提升"报格"出发的精品理念。今后,报纸竞争的焦点将不仅仅是报纸的规模大小和结构的合理性,更突出的将是报纸的"质"的较量。报纸的"质"既是对传播内容新闻性、实用性和可读性的要求,也是对传播形式的合理性、适当性、新颖性的要求。如何将报纸的大众化和高品位很好地结合在一起,提升报纸的品质和格调,对于各类报纸包括机关报和都市报来说,都已经是亟待解决的问题。

8.3.2 版面设计的技巧

一、版面布局结构

版面布局结构,就是版面各组成部分及各部分内部相互联系的表现形式,是版面保持整体的依据,也是版面语言的一种基本形式。它包括稿件的布局结构和题文的布局结构等。

(一)稿件的布局结构。是指版面中各稿件相互结合的表现形式。它根据对稿件重要性、性质、感情色彩及其相互关系的认识,确定稿件安排在版面空间的哪个区域,占多大面积,运用什么编排手段,怎样布局结构,从而使版面上的稿件各得其所,成为一个能够正确表现编排思想的完整统一的版面。稿件布局结构的基础是稿件在版面上的形状。整个版面就是由若干形状各异的稿件组成的。稿件的形状不同,稿件之间就有不同的接壤关系。可以根据稿件之间不同的接壤关系,将稿件的布局结构分为排列、穿插两种方法。排列,就是整体呈规则四边形的稿件一篇一篇排放在版面上。穿插,就是整体呈多边形的稿件互相镶嵌交错地结合在一起。

稿件的布局结构要注意以下几个问题:一是要表现稿件的主次关系;

二是要表现稿件的不同情调；三是要表现稿件之间的联系；四是要讲求稿件安排的层次。

（二）题文的布局结构。是指一篇稿件中题与文相互联系的表现形式。稿件的标题必须与文结合在一起。但这并不意味着标题只能处于文中一个固定的位置，相反，标题在文中的位置是可以灵活安排的。处理题文位置的原则是，题对文在视觉上应有统领作用，读者看了标题就能找到文的开头并顺利地阅读下去。横竖标题与文稿的关系大致有以下方面：

一是盖文题，即标题完全盖住正文。

二是眉心题，即标题不完全盖住正文，其两端各有相等宽度的整栏文字。

三是串文题，即标题两端或右端有非整栏文字。

四是上左题，即标题的右端有整栏文字。

五是旗式题，即标题只有一部分盖住正文，另一部分盖住其他稿件。

六是对角题，即一篇稿件有两行题，或一组稿件有两个标题，呈对角状。

七是文包题，即标题居于文的中心，四周被文包围。

八是腰带题，即标题居于文的中部，状似腰带，文排在标题的上方与下方。

以上是横标题与文稿的关系。采用文包题、腰带题这几种题文关系，全文要加框，或文的上端和下端加线，否则很容易被读者看作是串文题或盖文题，从文的下半部开始阅读。

九是一般竖题，即标题长度与文和行数一致。

十是串文左竖题，即标题的右方和下方排文。

十一是串文右竖题，即标题的左方和下方排文。

十二是旗式竖题，即标题长于文的行数。

十三是对角竖题，即一篇稿件有两行竖题或一级稿件有两个竖题，呈对角状。

十四是上中心竖题，即标题的左、下、右三面被文包围。

十五是文包竖题，即标题位于文的中心，四面被文包围。

十六是偏中竖题，即标题的上、下、左在方都排文。

在以上竖题横文的题文关系中，一般竖题、串文左（或右）竖题、旗式竖题的统领作用较强，对角竖题、上中心竖题、文包竖题、偏中竖题则次之。

二、排版(画版)的技巧

排版(画版),是版面设计的重要工序。1986 年以后,我国报刊编排印刷告别了"铅与火",进入"光与电"时代,以电子排版取代手工铅排。电子排版就是运用计算机排版软件技术和激光照排等现代化设备排印报刊版面。目前,我国有些报纸已直接使用计算机软件排版,但多数报纸特别是党报仍保持"铅排"时代的画版工序,先在版样纸上设计好版样,再依据版样进行电子排版。计算机排版软件中的"版心"与版样纸上的"版心"是一致的。画版能更准确、更有效、更好地进行版面设计。

版样是具体体现编辑组版意图的蓝图。画版就是绘制版样,是根据一定的版面意图,遵循版面布局原则和版面规范,在版样纸的"版心"上划定各文图稿件的空间、形状,确定标题样式、题文结合方式、正文走法的过程。版样能否画得既好又快,首先要明确理解版面意图。版面意图是一个目标,只有把目标看准了,琢磨透了,才容易找到通往目标的最佳路径。其次要熟练掌握布局原则和版面规范。不懂规则,欲速则不达。同时要灵活运用画版技巧。同其它技术性、艺术性工作一样,掌握画版技巧可以加快进度,收到事半功倍之效。具体地说,画版样或者直接电子排版前,要通读全版稿件,以便根据内容的重要程度和稿件之间的联系,对稿件的顺序进行通盘考虑。要确定标题的字号、字体和稿件的题文关系。要计算稿件的篇幅,包括标题的计算、正文的计算、题与文的混合计算和图片的缩小与放大等。

(一)排版(画版)顺序的"六先六后"。由于每个版的稿件情况和版面意图各不相同,要想顺利地设计好版面,使各个稿件各就各位,各得其所,必须按照一定的顺序进行画版。其顺序有"六先六后":

一是先重后轻。按稿件的重要程度,由重到轻地画。即先把稿件按重要性大小排出顺序,然后按照"上下左右、视线环形"的区序理论和稿件之间的联系,逐一做出安排。

二是先长后短。根据稿件篇幅长短,兼顾其重要程度,先安排长稿,后安排短稿。一般说来,短稿占用面积较小,容易做出安排,而长稿占据版面面积较大,体态笨重,对版面的整体平衡起着重要作用,安排时难度较大。长稿先安排得当,短稿就容易安排了。

　　三是先难后易。根据稿件的敏感程度，先把内容敏感、感情色彩微妙的稿件安排得当，再安排其他稿件。比如，有的稿件有特殊背景，不登不行，登得太高或太低也不行。既然如此，那就先把这样的稿件安排妥当，再处理其他可高可低的稿件。

　　四是先刚后柔。根据稿件的刚柔程度，先画字数不能增减（如重要文件、领导报告、政府公告等）或形状不能改变（如专栏）的刚性稿件，再安排字数可增可减、形状可以改变的柔性稿件。

　　五是先图后文。即先确定图像的位置，再安排文字稿。在版面上，图像给人的视觉冲击力很强。图像分布不合理，会破坏版面的整体平衡和节奏。如果图像的位置、大小都安排得当，剩余空间又大致合乎文字稿的需要，那么这个版样就基本成功。

　　六是先主后次，分类处理。即根据稿件之间的关联性，把稿件分成若干个类别，一类一类地加以处理。这个办法主要适用于综合式版面。比如，一块版面计划安排 10 多篇稿件，按内容可分为经济类、科技类、文化类等。在画版之前，先把各类稿件的第一条放在一起作比较，按重要性大小排序。假设经济类稿件的第一条最有分量，那么经济类其他稿件跟着"沾光"，组成第一序列。其他类别的稿件则为第二序列、第三序列等。每一类稿件内部也要作比较，排出位次。画版时，先画经济类的第一条稿件，放头条位置。接下来，在相邻的地方，按重要性大小，依次安排经济类的其他稿件。这些稿件比邻而居，体现了关联性原则。然后，再安排第二序列、第三序列等的稿件。

　　（二）画版工具与版样示意法。版样多数画在"版样纸"上。版样纸（简称"版纸"）是一种特制的设计用纸，通常与报纸版面（版心）尺寸相同，上面印着与基本字号大小相同的方块以表示字符，用空白表示基本栏的栏缝。版样纸上的字数、字距、行数、行距等，与印出来的报纸完全相等。为了给计算字数、行数和拼版提供便利，版样纸上一般印有字坐标（即横坐标）和行坐标（即纵坐标）。

　　与版样纸配合使用的一种特制尺子，叫做"版尺"。它一边刻有与基本字号大小、距离和基本栏划分方法完全相同的小格子，用来测量字数；另一边刻有与基本字号及其行距相同的小格子，用来测量行数。编辑可以自制版尺，准备一把适当长度的尺子，将版样纸横向、纵向各剪下一公分宽的长条，长度与尺子相同，将其分别贴在尺子同一面的两边，起点应在尺子的同一端,一边用来测量字数,一边用来测量行数。

版样是专供排版用的施工草图,有一套不同于其他图纸(如建筑施工图、机械零件设计图)的特殊符号。这些符号是版面编辑用以表达意图的工具,也是电子排版人员据以拼版的指令。多数报社所采用的版样示意法是:

正文:用"Z"型线条表示横排文,用"N"型线条表示直排文。Z 的左上角、N 的右上角为正文的开头;Z 的右下角、N 的左下角为正文的结尾。在结尾处加一个"△"(三角形)表示正文结束,用"↓"表示剩余正文需要"下转"到其它版,并用文字注明。

图片:用方框"□"内加对角线"╳"表示图片、刊头等(方框"□"内四角加对角短线也可以)。

线条:用直线或波纹线表示花线、花框。如果线条是精心挑选的,应注明线条的号码或类别,如"0 号线"、"49 号线"或"文武线"等。

标题:用空白区表示标题区,必要时可注明高度和宽度。标题的内容、字体、字号、美化手法等必须在版样纸上详细标明,以免张冠李戴。

(三)排版(画版)优劣的"四好四差"。版面设计水平高不高,主要看编辑的版样画得好不好,排版质量优不优。衡量版样和排版优劣的标准:一是是否充分体现了版面策划时所确定的版面意图。好的版样层次分明、逻辑清楚,稿件位置、形状、面积都恰如其分,稿与稿之间的位置关系、分量对比适当,准确、鲜明地传达了版面意图。差的版样则层次不清,稿件之间关系混乱,严重的还会在思想倾向上出现偏差,因技术问题引起政治上的不良后果。

二是是否符合稿件的实际需要。画版和排版的任务之一是为稿件提供空间。好的版样所给出的空间,与稿件的实际面积大致相当;而差的版样所给出的空间,不是大就是小。

三是是否符合形式美法则。好的版面,既有局部变化,又实现了整体的和谐统一,给人以清爽感、匀称感、节奏感、韵律感。差的版面,不是某个局部形状古怪,违反了版面规范,就是整体不统一,给人以零乱感、断裂感、倾覆感。许多报社讲究"版面禁则"或"版面忌讳"。比如,"断腰、通道、碰题、偏重、混乱",就是横向断腰;纵向一劈到底;横题与横题、直题与直题相连;图片集中在一边;正文区形状不规范等。

四是是否在规定的时间内完成。报纸是有固定刊期的连续出版物,对出版时间有严格要求。画版和排版只有在规定的时间内又好又快地完成，才能保证报纸按时出版。

（四）稿件篇幅计算方法。稿件的原始形态是"纯文本文件"，其篇幅用字数表示，放到"版心"上占多大面积，则用行数表示。"行"是版面设计专用的面积单位。用行数来表示面积，是因为报纸正文的字号、字距、行距和基本栏（包括变栏）宽度通常是固定的，只要知道了行数，也就知道了面积。

由字数转变成行数，通常使用除法，即"字数÷栏宽＝行数"。比如：对开大报版面有的分为 8 栏，用新 5 号字，其基本栏的宽为 13 个字。四开小报版面有的分为 5 栏，用 6 号字，其基本栏宽度为 16 个字。用 13、16 作除数，除法就比较难做。化繁为简的方法是把除法转换为乘法，把笔算改为口算。数学转换公式：$A \div B = A \times 1/B$。运用到行数的计算上，A 相当于稿件字数，B 相当于栏宽，$1/B$ 是栏宽的倒数。排版（画版）时最常用的栏宽是基本栏宽度，而这个数是固定值，其倒数也是固定的。因此，可以预先计算出 $1/B$ 的数值，把它作为"版面系数"。用稿件字数乘以"版面系数"，乘积就是排成基本栏后稿件的行数。

比如，当基本栏为 13 个字时，$1/13 = 0.077$。100 字稿件的行数，是 $100 \times 0.077 = 7.7$ 行，与 $100 \div 13 = 7.7$ 完全一样。在实际计算中，0.077 夹着小数点不好用。由于一般稿件字数多在 100 字以上，可以把 0.077×100 变成 7.7；相应地把稿件字数 $A \div 100$。7.7 可以取其近似值 8。比如，1000 字稿件排版多少行？计算方法为 $1000 \div 100 = 10$，$10 \times 8 = 80$，与 $1000 \div 13 = 77$ 相比，只有 3 行误差，可以忽略不计。于是，8 就成了基本栏为 13 字的报纸的"版面系数"。同理，依据各报基本栏宽度，可以算出"版面系数"。只要知道稿件字数，其行数通过心算或口算能快速得出。

（五）题与文的混合计算。标题的长度，通常是由编辑根据稿件的重要性确定，不需要计算，其长度以基本栏为单位。计算横题的高度时，要算出横题的主题、引题、副题一共占几行高。竖题的长度以字行为计算单位。长度包括标题主题字加字的上下留空白的高度。其上下空白一般为一个与主题所用字号同样大小的字空。标题的长度和宽度算出后，把题的高度和上、下文的行数加起来，就可以得出稿件的总行数。

（六）外形整容"变形术"。所谓"变形术"，就是在不改变稿件区面积和标题等级的前提下，改变稿件区的外形，使之适合版面的需要。当大半

211

个版面画版或排版基本完成时,经常会遇到剩余版面的形状与剩余稿件的要求不一致的情况。这时可以采用变形术,对已排的稿件形状进行改换,比如,正方形改为长方形,水平矩形改为垂直矩形,矩形改为非矩形等,以便为剩余稿件留下合适的空间。

(七)多管齐下"伸缩术"。多数情况下,同一个版面上只有少数稿件是刚性的,而大多数稿件可以根据版面需要做"伸缩手术":

一是"下转"法。就是把长篇稿件登不完的部分转给后面版。在版面稿件"下转上接"时,要在转接的地方注明;转到另一版的文字不宜太短,太短不易读者寻找;"转"的地方最好是文章的一段落;"接"的地方要尽可能安标题;不能逆转。

"下转"通常发生在要闻版。由于要闻版的强势优于其他版,但容量有限,常常出现重要稿件多而要闻版容纳不下的矛盾。解决的办法常用"下转":多的文转其他版;题在要闻版,文刊其他版;全文登在其他版,"导读"登在要闻版。

二是标题伸缩法。大题改小,标题区面积就减少了,正文区相应扩大;小题放大,标题区面积扩大,正文区面积则缩小。

三是图像伸缩法。就是根据实际版面,适当放大或缩小图像面积。

四是线条、底纹填充法。有时稿件少了几行文字,可通过围框、铺底纹或加线条来解决。

五是均衡删削法。如果版面的某个局部有几条稿件已安排得当,但还有一条排不上,弃之不用实在可惜。这时最理想的办法就是让那几条稿件"发扬风格",各自均衡地删去一点文字,为最后一条稿件腾出地方。

六是半角、全角转换法。当版面稿件文字或多或少时,可以利用标点符号的半角、全角进行稿件伸缩。

七是"接行"、"改行"法。所谓"接行",是把两个自然段合为一个自然段。"改行"(又叫"另行"、"换行"),则是把一个自然段拆成两个或更多的自然段。通过"接行",可使稿件所占版面缩小;通过"改行",可使稿件所占版面明显扩大。

八是松排、密排法。电子排版,版面稿件的字距是由计算机指令控制的,可以调整字距大小来"松排"或"密排"。不过,这种做法会影响版面美观,在负字距情况下还会出现字符粘连甚至重叠现象,所以不到万不得已时,不得使用。

212

九是图文叠加法。就是把部分标题甚至整个标题,或者少量图片文字说明放到照片上,即题文图叠加。这样既节省了面积,又美化了版面。

三、版面的美化

(一)版面美的前提条件是构成版面的内容和材料要美。比如,字体、图片、线条、装饰等。版面美的基本要求是版面各部分的组合要符合形式美的基本规律,即多样统一规律。

(二)多样统一规律是形式美的最高法则。多样,是指构成整体的各个部分的差异性,即各个部分要有变化;统一,是指这种差异性的彼此协调,即各种变化要有一致的方面,包括各个部分之间的和谐、比例、节奏、均衡等。多样统一就是寓多于一,多统于一,一中见多,即把"多"与"一"有机地结合起来,在丰富多彩的变化中保持着一致性。

(三)版面富于变化才能显得美而生动活泼。一是稿件数量比较多,体裁多样化,要图文并茂。二是标题形式和大小要富于变化,有单行式,即一行横题;均列式,即多行题两端对称的标题;斜列式,即多行题阶梯式标题等。三是版面分栏要有变化。一个版面以基本栏为基本形式,同时有些稿件可以采取破栏、并栏的方法。四是图形的变化。新闻版的图像以矩形为主,副刊、专刊可适当采用多边形和圆形等不同的形状。此外,空间变化,线条的变化,题花、网纹等装饰的变化,也可以起到美化版面的作用。在运用这些美化手段时,需要注意整版的协调,不宜用得过多,否则版面就会过于花哨。

(四)版面的美化的原则。一是和谐。版面的各种变化必须与内容协调。版面的局部必须和整体协调。版面美是从版面整体的和谐中取得的。二是比例。比例就是反映事物相互映衬的关系。标题的主题与辅题的字号大小、标题的厚度与文的厚度、围框的长边与短边的比例等都要适当。三是节奏。所谓节奏,是指运动中强弱变化有规律的组合。版面节奏是指黑色块和灰色块有规律的组合、反复。黑色块是指标题、图像;灰色块是指正文字符。版面的节奏主要表现在必要的重复上,即同一形式的反复出现上。在标题编排方面,应以横题为主,横题的反复出现,可增强版面的条理性和节奏感。在正文编排方面,应以基本栏为主,适当变栏。要控制节奏的强度,即黑色块与灰色块的力度对比;掌握节奏的速度,即各个黑色块之间的距离;把握节奏的方向,即标题和图片沿横向、纵

213

向、斜向合理分布。四是均衡,就是整个版面的布局结构要给读者一种匀称、平衡、安定的心理感受。

四、大样审改

通过版面设计、电子排版排印出来的版面样张,叫版样,有毛样、小样、大样和清样之分。未经校正修改的版面样张叫"毛样";经过初校的版面样张叫"小样";"大样"是在"小样"基础上经过二校或三校修改后的版面样张。"大样"经过修正校对后排印出来就成为"清样"。

检查大样是报纸编辑工作的最后一个环节,也是编辑把关的一个重要环节。版面上的差错如果溜过这一关,就会与读者见面。因此,不能因稿件已修改、推敲多次,而稍有懈怠和疏忽。有些错误是设计版面、排版过程中发生的,更需要通过这一环节来加以校正。

看大样要着重从以下几个方面检查:

(一)内容审查。整个版面标题、文字在思想、事实等方面是否有不准确、不妥当地方。

(二)标题审查。标题字号大小、字体、位置等是否恰当;整个版面的标题以及与其它各版标题是否有重复现象。

(三)图片审查。图像内容与标题、文字说明是否相符,有无张冠李戴情况。图片是否有倒置情况,特别是风景照中的房屋、桥梁、港口船只水中倒影等。

(四)布局审查。整个版面的布局是否恰当,转接是否正确。

大样上的差错改正以后,印出来的版面样张就是"清样"。"清样"主要用于签发付印。"清样"经报社领导审阅后签字发排,至此,报纸编辑工作任务基本完成。接下来是印刷、出版、发行报纸。

8.3.3 电子排版

一、电子排版的含义

电子排版是采用计算机和激光照排等现代化设备排印报刊版面的新兴技术。1984 年北京大学王选教授等研制出我国第一套电子出版系统——华光电子出版系统。1986 年《经济日报》运用这个系统出版成功,成为世界上第一家用计算机屏幕组版、整版输出的中文报纸。

二、电子排版的优越性

（一）电子排版与铅排相比，具有巨大的优越性。铅字排版又叫"热排"，由排字工人手工操作，排版速度慢，效果差，劳动强度重，还面临铅中毒的威胁。电子排版则是"冷排"，排字拼版都由电子计算机控制，整洁明亮的电脑机房取代了脏乱的排字房，排字、印刷工人的劳动条件大大改善。

（二）电子排版提高了排印报纸的工作效率，排字效率成倍增长。"铅排"条件下，一个熟练工人每小时最多能排 3000 字左右；一个熟练的电脑操作员排版每小时可排 1 万字左右，大大提高了拼版效率。

（三）电子排版的优越性最显著的表现是排印质量提高，使报纸版面的表现力和美观程度增强。电子排版的字体、字号、花边、底纹比铅排的种类多得多，而且运用十分方便，编辑有条件也有时间更好地精心设计版面。

（四）电子排版还有直观的优势，即在屏幕上可以把整个版面形象逼真地显现在编辑眼前，使编辑能够在拼版过程中随时审视版面并加以改进。"铅排"时，版面是平卧的，拼版过程中编辑看到的是反版，很难审视其效果并及时改进。

（五）电子排版的报纸版面可以通过微波线路作远距离传输，在短时间内将当日报纸版面传送到几千里以外的各个印报点，使外地读者与当地读者差不多同时看到当天的报纸。

215

【思考与训练】

1. 稿件配置的意义有哪些？

2. 现代报纸常用新闻资料链接有哪几种？

3. 简述中国新闻奖报纸版面评选标准。

4. 世界报纸版面演变经历了哪几个发展阶段？

5. 报纸版面有哪些特点和功能？

6. 结合报纸版面实例，谈谈对两种区序理论的理解。

7. 简述我国报纸版面设计发展趋势、存在问题及其对策。

8. 题文的布局结构和关系怎样？

9. 排版（画版）顺序有哪些？

10. 什么是版面系数？浙江日报和新民晚报的版面系数分别是多少？

【案例回放】

2002 年 1 月下半月《家庭》封面（总第 276 期）

2002 年 1 月下半月《家庭》刊发的假新闻《斗智斗勇：女记者与"狼"共穴 61 天》

【案例评析】

《家庭》里的"女记者与狼共穴"

2002 年 1 月下半月的《家庭》刊发了一篇题为《斗智斗勇：女记者与"狼"共穴 61 天》的"特别报道"，其故事梗概是：某省党报女记者吴丽，因揭露造纸厂污染而遭歹徒绑架，两次被卖给农民做老婆，历尽险恶，终于逃出虎口。这个悲欢"新闻故事"被刊在发行几百万份的畅销期刊上。由于故事描写得惊险刺激，时间、地点、人物等五个"W"一应俱全，并且配发了一张女记者被劫持囚禁的土屋照片，令人不得不信。于是该文被多家报刊转载。经多方查证，这是一篇没有事实依据虚构的假新闻。

这起"假新闻"虽然发生在 6 年前，造假者和刊登"假新闻"的期刊都已受到应有的处理，但其教训却是深远的。它说明不少通俗性、娱乐类期刊已成为假新闻泛滥的重灾区之一。刚刚过去的 2007 年出现的"假新闻"更是前所未有，严重损害了社会的公序良俗，搞乱了媒体应有的正确导向，也使传媒业的公信度受到公众的怀疑。

我国新闻界假新闻如此猖獗，究其原因，首先在于一些媒体片面追求轰动效果。市场竞争激烈，有些媒体为了吸引受众，采用最方便的方法，发表有炒作价值的新闻故事。一些小报和期刊编辑自称"非主流"媒介，公开打出"边缘化"旗号,在那种猎奇心态之下,越是匪夷所思,越认为"有生活";越是耸人听闻,越认为"有卖点";越是颠倒黑白,越认为"有想像力";越是荒诞不经,越认为"挖掘深刻",让假新闻一路绿灯,顺利出笼。

其次是媒体从业人员职业道德缺失。媒体多实行工作量考核、淘汰制,个别从业人员为了完成工作任务或者出于名利思想,不惜编造假新闻。一些商业机构或个人为了自我宣传或其他目的,制造新闻事件并提供给新闻媒体。虽然漏洞百出,但媒体不辨真伪虚实,甘被诱导。最终,当事人自我炒作、传媒制造"卖点"的目的都达到了。

再次是对制造假新闻的法律约束相对"缺位"。现在制售伪劣商品,有法律法规制裁。但制售假新闻究竟绳以何法,人们还不明白,就是法学界,也处在争论之中,只好呼吁以新闻记者"道德行为规范"自律与处分。法律约束不力,是假新闻越来越猖獗的一个重要原因。

假新闻付出的成本低,是其难以杜绝的又一重要根源。当前,新闻主管部门,对杜绝假新闻主要的治理手段是要求行业自律,虽然制定了严厉的处罚措施,但是在个案处理上,存在说得重、处理轻的现象。所以,杜绝假新闻必须要提高成本,就是要采取严厉的处罚措施,比如,对制造假新闻的媒体、从业人员进行曝光,向社会公开对其的处理结果等。只有采取这种"扼喉断腕"的手段,才能还人民群众一个清新、真实、公正的社会舆论环境。

第九章
期刊编辑与版面设计

【本章要点】

《新青年》创刊,开创了中国期刊史的现代历程。改革开放 30 年来,期刊市场前景喜人。期刊的任务是实现办刊宗旨,发挥社会功能,满足读者需要。内容为王,突出优势特色,是新闻性期刊编辑的首要要求。期刊封面能起到保护内页、装饰美化、提示内容、便于识别和广告宣传的作用。

9.1　期刊的作用

9.1.1　期刊的发展

联合国教科文组织 1964 年 11 月 19 日在巴黎举行大会,将"期刊"定义为:"凡用同一标题连续不断(无限期)定期或不定期出版,每年至少出一期(次)以上,每期均有期次编号或注明日期的称为期刊。"

我国对"期刊"概念最新阐述,是 2005 年 12 月 1 日国家新闻出版总署颁发施行的《期刊出版管理规定》(见本书第 1 章)。

一、期刊发展历史悠久

12 世纪初期,我国北宋出现的一些由进奏官等官吏编印出卖的"邸报",可视为世界上期刊的雏形。世界上第一种期刊是 1665 年 1 月 5 日法国的戴·萨罗在巴黎创办的《学者杂志》(1665－1938),每期 20 页,10 篇文章和几封书信,办刊方针是"传播科学知识,交流科技情报"。

亨利·奥尔登伯格等人于 1665 年 3 月 6 日创办的英国皇家学会会刊《哲学汇刊》,分 A、B 两辑,为学术性科技期刊,现更名为《伦敦皇家学会哲学汇刊》，至今仍在出版，已有 300 多年历史。世界期刊随着各国经济和科学技术发展而增加，目前世界上约有期刊 20 万种，而且每年以 2.5％的比率在增长。在 20 万种期刊中，科技期刊约 7 万种，社科类期刊约 13 万种，包括 3 万种为学术性、半学术性期刊和 10 万种新闻性、消遣性期刊。世界上出版期刊 1 万种以上的国家有美国、日本、联邦德国等。英国作为世界期刊的出版强国，人口虽不足 6000 万，2005 年出版期刊高达 8474 种。

二、我国期刊市场前景喜人

（一）我国期刊发展经历六个时期

我国期刊已有 200 多年历史，经历了从无到有、从简单到复杂、从粗糙到精细的过程。今日中国期刊发展到近万种规模，成为世界期刊大国。中国期刊大致经历了 6 个时期。

一是初创期（1815 年—1895）。第一份中文报刊是 1815 年 8 月 5 日英国传教士罗伯特·马礼逊在马六甲创办的《察世俗每月统纪传》。初创期的期刊以西方传教士创办的一批中文期刊和以华侨为主要读者的外文期刊为主，宗教性期刊占主导地位，门类不多，数量有限，可以说是中国期刊史的蒙昧时代。

二是发展期（1896－1914 年）。中国期刊出版事业空前活跃。近代期刊无论是数量还是质量都取得长足进步，结束了外国人垄断中国期刊出版的局面。

三是壮大繁荣期（1915－1937 年）。1915 年，《新青年》创刊，中国期刊史开始了现代历程。这是一个期刊编辑在办刊意识上日渐觉醒的时代。

四是艰难发展期（1937－1949 年）。随着抗日战争爆发，中国期刊进入艰难发展期。

五是新中国成立到改革开放（1949－1978）。新中国成立后，期刊事业以北京、上海为中心，又有新的发展。新办期刊以社会科学类为主，自然科学类较少。新创办的著名期刊有《人民文学》、《红旗》等，复刊的著名期刊则有《中国青年》、《中国妇女》、《世界知识》等。1949 年，全国有期刊 257 种，到 1970 年，全国仅有 21 种期刊。

六是改革开放繁荣期（1978－2008）：这是期刊一个非常繁荣的时期。

（二）我国期刊近 30 年经历四次浪潮。新中国成立后,特别是改革开放以后,我国期刊业发展迅速。全国公开发行的期刊由 1978 年的 930 种增长到 2007 年的 9468 种,并逐渐呈现出整体质量上升、品种不断丰富、品牌开始形成、数量增长平稳等主要发展特征。

由于我国的期刊市场前景喜人,一些国外出版商纷纷抢占中国期刊市场,国际数据集团主席、波士顿出版商帕特里克·麦戈尔先后 87 次来中国,投资了 2000 多万美元在我国出版期刊达 28 种。麦戈尔说:"我看到中国正在成为我们最大的单一国家市场。"

改革开放 30 年来,我国期刊经历了四次浪潮。第一次浪潮从 20 世纪 80 年代初到 90 年代初,大众文化生活期刊兴起,涌现了《读者》、《知音》、《家庭》等一批大众品牌期刊。

第二次浪潮从 20 世纪 90 年代初到 21 世纪初,时尚期刊崛起,涌现了《时尚》、《瑞丽》、《世界服装之苑》、《追求》、《世界都市》等一批时尚品牌期刊。读者对象主要是年轻女性,其广告市场目标主要是服装和化妆品。

第三次浪潮从 2001 年至 2005 年,财经期刊产生,涌现了《财经》、《新财富》、《理财》、《中国企业家》等一批财经品牌期刊,其目标读者是商界白领。21 世纪初开始,美国《财富》、《商业周刊》等国际财经名刊纷纷通过出中文版、版权合作等方式登陆我国期刊市场,以及中国新闻时政期刊诞生,共同酝酿了第四次浪潮。目前,《南风窗》、《新闻周刊》和《三联生活周刊》是中国新闻时政期刊的先行者,但都不是真正的新闻时政期刊。

第四次浪潮的兴起依赖于中国改革开放的进程。一旦时机成熟,中国的"时代周刊"将应运而生。毕竟一个国家的主流期刊应该是时政和财经期刊。

（三）我国期刊发展存在的问题与对策。改革开放 30 年来,我国期刊业虽然取得了巨大进步,但仍处于较低水平的发展阶段,存在的主要问题:一是传媒业与期刊业市场秩序比较混乱,主要体现在缺乏权威的发行量统计机构,虚报发行量、广告收入现象比较普遍。同时,还存在着很多没有刊号而发行的期刊,以及依托行政权力摊派发行的期刊,导致期刊业鱼目混珠,市场混乱。

二是我国期刊企业分散、规模小、实力较弱。大多数期刊企业尚未建立起现代企业制度,发展后劲不足,活力不够,效益不好。同时,有不少期刊定位不是很精准,缺乏高素质的经营管理人员,营销理念、管理体制也

221

比较落后。总的说来,国内期刊数量很多,但是优秀的、有影响的期刊还不多。

三是我国期刊业已经进入国际竞争的时代,面临的市场竞争压力会越来越大。而我国期刊企业实力较小,对参与国际竞争还没有做好准备。

我国传媒业市场规模巨大,生在其中的期刊企业有着巨大的发展机会,可以做大做强。

其对策是要建立独立的权威稽核机构,如实发布期刊企业发行量与广告额;要整顿市场秩序,构建完善的期刊业市场,为真正优秀的期刊创造良好的外部发展空间;要转变政府管理方式,大力扶持国内优秀的期刊企业,使其快速发展,实现规模化经营;促进期刊企业形成一套规范的经营和管理体制,进行良好的市场定位,提高期刊质量,吸引外部资本,促进中国期刊企业做大做强。

9.1.2 期刊的作用

一、期刊与报纸的区别

两者都是定期连续出版物,主要区别是:期刊以评论、阐释、教育、陶冶、娱乐为内容,报纸主要是报道消息、传播新闻;期刊出版周期长于报纸,通常有季刊、双月刊、月刊、半月刊、旬刊、周刊等;报纸最具有代表性的是日报,报纸的时效性比期刊快得多;期刊装订成册出版,报纸以散张形式出版。具体地说:

(一)期刊具有连续性和稳定性。期刊是一种连续出版物,只有明确的创刊时间,没有预定的停刊时间。除有固定刊名外,每种期刊的出版宗旨、版式、开本、篇幅、定价、装帧风格和出版周期,在一定阶段内一般不会有太大的变化。

(二)期刊是有生命性的出版物。创刊是它的诞生,停刊是其生命的结束。休刊和复刊表明其生命期存在间断性。此外,一种期刊还具有改名、改版、合刊、分刊等演变成另一种期刊的可能性。从理论上说,如果没有特殊原因,期刊一般应连续不断地出版下去。如英国的《伦敦皇家学会哲学汇刊》,从 1665 年创刊到现在已经连续出版了 300 多年。在现代报业史上,还没有出现过连续出版有 3 个世纪之久的报纸。

(三)期刊内容具有多样性。通常每种期刊均设有若干栏目,期刊的内容丰富多彩,体裁、风格多种多样。期刊之所以称为"杂志",原因就在于此。

(四)期刊出版具有周期性。期刊作为一种定期连续出版物,必须按照预定的时间间隔连续出版,没有特殊情况不能脱期。一般来说,期刊的出版周期最短的是周刊,最长的是年刊(年鉴)等。报纸的出版也具有周期性,但报纸的出版周期比期刊要短,一般为一至七天。

二、期刊的作用

(一)期刊的任务。期刊的任务是实现办刊宗旨,发挥社会功能,满足读者需要。具体来说,一是传播、积累先进的思想和科学技术文化生活知识;二是营造良好的舆论氛围;三是为读者提供健康向上的精神食粮,以满足读者的需要。

(二)期刊的作用。我国期刊编辑是物质文明、精神文明和政治文明等三个文明建设的推动者,也是党和政府联系广大人民群众包括各种作者、读者的纽带和桥梁。期刊编辑的作用包括传播、积累、促进、交流、娱乐和丰富文化生活作用等。

期刊反映社会各阶级和集团的思想和意图,既是一种宣传教育的工具,又是一种传播科学技术和信息的工具。其品种多,信息量大,涉及面广,受到社会越来越大的重视。由于期刊的档次高低不同,报道范围宽窄有别,以及读者对象的差异,在社会各个领域中产生着不同的影响。社会政治的进步和经济、文化、科学技术的发展,促进着期刊的发展;期刊的发展,又是对政治、经济、文化和科学技术发展的一种推动力量。期刊在社会生活中起着非常重要的作用。

9.1.3 期刊的分类

一、综合性期刊和专业性期刊

按照内容划分,涉及两个一级学科以上领域的可称为综合性期刊,如《中国社会科学》、《北京大学学报》、《新华文摘》等。只涉及一个一级学科甚至更专业的学科领域的称为专业性期刊,如《中国法学》、《人民文学》、《物理学报》等。

二、自然科学期刊和社会科学期刊

按照涉及的学科门类,期刊可以分为自然科学期刊和社会科学期刊。

其中自然科学期刊按不同学科可以细分为数理科学和化学、生物科学、环境科学等类别；社会科学期刊可以细分为学术理论类、工作指导类、时事政治类、文学艺术类、综合文化类、教育教学类、外语教学辅导类、信息文摘类等。

三、中文期刊和外文期刊

按照我国使用的语言，可以将期刊分为中文期刊、外文期刊；其中中文期刊又可分为汉文期刊、少数民族文字期刊；外文期刊又可分为英文、法文、德文期刊等。另外，也有一些期刊是以多种文字出版的，如美国的《读者文摘》就有20多种不同文字的版本；还有一些期刊是以两种或多种文字对照的形式出版的，如我国的《英语世界》等。

四、一般期刊和学术期刊

一般期刊强调知识性与趣味性，图文并茂，印刷和装帧较好，发行量较大，定价较低。我国的《读者》、《大众电影》，美国的《时代》、《读者文摘》，法国的《巴黎竞赛画报》等都属于此类。

学术期刊主要刊载学术论文、研究报告、评论等文章。这类期刊均有特定的内容，以特定的读者为对象，印刷和装帧较严肃。因专业性很强，所以一般发行量较小，定价较高。我国的《历史研究》、英国的《柳叶刀》、日本的《聚合物应用》、德国的《数学纪事》、荷兰的《燃料加工技术》等属于此类期刊。

五、女性期刊和男性期刊

按照读者对象的性别，期刊可以分为女性期刊、男性期刊和中性期刊。所谓女性期刊，就是指主要以妇女为读者对象或主要反映妇女问题的期刊，如18世纪英国的《淑女使者》，澳大利亚的《妇女周刊》，我国的《家庭》、《知音》等知名刊物都属于女性期刊的范畴。所谓男性期刊，则是指主要以男性为读者对象的期刊，如美国的《花花公子》、我国的《时尚健康·男士》、《先生月刊》等。而不针对特定性别的读者对象的期刊就是中性期刊。绝大部分期刊都属于中性期刊的范畴。

按照读者对象的年龄，期刊可以分为少儿期刊、青年期刊、老年期刊等。

按照读者对象的职业，期刊还可以分为工人期刊、农民期刊、市民期刊、军人期刊、学生期刊、白领期刊和以党政官员为读者对象的期刊及以科研人员为读者对象的期刊等。

9.2　期刊的编辑

当今世界,期刊种类众多,数量空前。美国"标准统计调查社"曾将期刊划分为政治、经济、教育、科学、文学、电影、电视、广播、娱乐、跳舞、滑稽、儿童、男人、妇女等 51 类。2007 年,我国期刊发展更是步入"高速路",近万种期刊年产值超过 170 亿元。不同的标准有不同的分类,不同的期刊,服务对象不同,传播方法不同,编辑方法也有所不同。这里重点介绍新闻性期刊、学术性期刊和文摘类期刊的编辑。

9.2.1　新闻性期刊的编辑

新闻性期刊,也叫时政期刊,指的是以报道时事政治新闻为主的周期性出版的刊物,政治经济内容成为这类期刊的主导。我国新闻性期刊凭着其清晰明确的定位、独到精辟的观点、全景式的报道模式、以及时新性与思辨性的统一、和国际接轨的报道,成为我国社会成长中的中产阶级需要的更有深度、信息量更大、更有阅读美感的媒体。

一、新闻性期刊的发展

（一）《时代》的历史地位。期刊传播新闻性信息,从期刊出现就已开始了。被认为英国现代期刊发端的《绅士杂志》(1731 年),就有新闻性资料和文章。但这些早期期刊还不能称为"新闻性",因为它们不是以主要报道或评述新闻为其宗旨的。

西方新闻界一般认为,最早的新闻性期刊是 1786 年 2 月出版的《新哈文公报和康奈迪克杂志》和同年 4 月出版的《沃西斯特杂志》。但是它们发行量不大,存在时间较短,没有产生大的影响。第一份因其成功而产生巨大影响的新闻性期刊是美国的《时代》周刊(*TIME*)。

1922 年,同是 23 岁的海登和亨利·鲁斯创办了时代公司。海登毕业后就业于纽约《世界报》,有比较丰富的报刊实践经验和创新理念。鲁斯出生在我国山东省潍县,他的父亲是甲午战争后美国政府派到中国来的耶稣教牧师,鲁斯幼年在中国受教育,受到了中国文化影响。10 岁后回到美国读中学,后来毕业于耶鲁大学。1922 年初,鲁斯和海登从摩根财团和洛克菲勒财团得到了 86000 美元的开办费。1923 年 3 月 2 日,《时代》周刊出版,共有 28 页,其中 4 页广告。海登与鲁斯为《时代》制定的编辑方针:新闻是由人产生的,应以人物为中心来报道一周大事;新闻要注意提示其意义;杂志上所有的文章应风格一致,就好像由一个人写给另一个人看一样。《时代》要提示"新闻的意义",简洁地处理"每一件重要的事件",而不参加"意见"。在新闻写作上,《时代》要求新闻语言要活泼、简洁、自然;文章要短小。在海登和鲁斯的努力下,短短几年,《时代》就成为一本畅销全美的期刊。1928 年,《时代》发行量超过 25 万份,广告收入达到 3000 多美元。

《时代》以其新闻的迅速和充实令人注目。每期除综述一周大事外,还有人物、经济、宗教、科学、法律、医药、体育、影评、书评等专题报道及专写美国白宫内幕的知名专栏作家文章。如今,《时代》周刊除国内版外,还有澳大利亚、新西兰、中国香港、日本、加拿大、南非、北欧、南美等多个国外版,每期总销数近 450 万份。在世界各地包括北京设有几十个分社。《时代》每期封面都会选择一个主题,刊登具有国际影响的人物相片,它们代表着当时人类生活的各个方面。80 多年来,先后成为《时代》封面人物的中国人有蒋介石、宋美龄、毛泽东、周恩来、刘少奇、邓小平等。第一个成为《时代》封面人物的中国人是北洋军阀吴佩孚,出现在 1924 年 9 月 8 日《时代》封面上。

《时代》的成功促成和影响了许多新闻性期刊的兴起。1933 年 2 月 17 日,《时代》杂志的首任外国新闻编辑马丁创办了《新闻周刊》,目前发行量达 300 多万份,该刊在北京也设有分社。《时代》、《新闻周刊》和《美国新闻与世界报道》号称美国三大新闻性周刊。

(二)我国新闻性期刊的兴起。我国现代新闻性期刊,是从西方引进的。最早的中文期刊是 1815 年 8 月在马六甲出版的《察世俗每月统纪传》,该刊一篇题为《月食》的报道,是现代中文报刊发表的第一条消息。1862 年上海出版的《中外杂志》(第一本用中文"杂志"冠名的刊物),也刊有新闻信息。鸦片战争在我国境内出现的第一个中文期刊《遐迩贯珍》(1853 年农历 8 月初一创刊于香港,月刊),可以称为我国新闻性期刊的雏形。该刊时事新闻占有相当篇幅,大量报道了太平天国运动和小刀会的活动,这些报道成为重要史料。该刊还刊登传播西方科学文化知识的文章及广告,开创了中文报刊刊登广告之先河。

新闻性期刊的发展是与社会变革紧密关联、基本同步的。我国现当代新闻性期刊发展经历了3个阶段。第一个阶段是辛亥革命至五四运动以后。陈独秀、李大钊等创办的《新青年》杂志(1915年9月15日至1926年7月)高举民主与科学的旗帜,传播新思想、新观念,揭开了我国报刊传播马列主义的新篇章。毛泽东主编的《湘江评论》周刊(1919年7月4日至8月),以评述时事、传播革命思潮为宗旨,辟有"西方大事述评"、"东方大事述评"等专栏。就事论理,见解精辟,通俗明快,活泼犀利,是《湘江评论》的特色。1926年10月起,由邹韬奋先生主编的《生活》周刊,以时事与社会新闻为主要报道、评述对象,并以"为读者排忧解难"为己任,极受读者欢迎。1933年12月被查封。

第二个阶段从建国初期至改革开放前。1950年7月1日,报道和评述国内时事的半月刊《新观察》同读者见面。1958年3月,英文《北京周报》在北京创刊。

第三个阶段是1978年今。调整了编辑方针和报道内容,以报道改革开放为己任,创办了一大批新的新闻性期刊。1980年5月,《半月谈》杂志和《环球》月刊同时问世。1981年4月,《瞭望》出版,初为月刊,1984年1月改成周刊。我国新闻期刊从20世纪90年代中后期勃兴,《新民周刊》、《新周刊》、《中国新闻周刊》等一批优秀的新闻期刊集中出现。2003年11月18日,《瞭望东方周刊》隆重创刊,吹响中国新一轮新闻改革的嘹亮号角,在海内外引起强烈反响,香港亚洲周刊以"瞭望东方周刊升起变革阳光"为题,对本刊大加赞扬。

二、新闻性期刊的特征

(一)反映速度快,时代节奏强。期刊传播速度比网络、报纸、广播、电视慢,但在期刊中,传播速度最快、反映形势最及时、时代节奏最强的是新闻性期刊。新闻性期刊多为周刊,少为月刊。由于刊期短,新闻性期刊在稿件处理上类似于报纸,更强调新闻性、时效性和时代感。报纸主要是报道新闻,新闻性期刊则着重评述新闻事件。

(二)报道问题深,信息容量大。网络时代,新闻性期刊等纸质媒体已无法在信息的时效性上占主动。因此,它必然将重心向信息的深入挖掘上转移,以深度报道为代表的新闻报道形式成为新闻性期刊等传统纸媒的有力武器。所谓深度报道,指的是对重大新闻事件、社会现象和社会问题的系统报道、整体反映和深刻透视,它注重说明新闻事件的因果关系,提供新闻事实的背景材料,阐释新闻事件的性质和意义,预测新闻事件的发展趋向,是一种普及事物深层领域,解释其历史关系、现实关系和内部矛盾关系的报道形式。新闻性期刊可以从权威性、信息整合和价值引导等方面,充分利用自身政治、品牌和历史优势,对新闻事实进行全面的、立体的调查分析。"以今日的事态核对昨日之背景,从而说出明日的意义",使读者深入了解信息背后的故事。新闻性期刊可以满足读者多方面的信息需要。

(三)图文并茂美,表达方式新。期刊报道的手段主要是文字和图片。摄影科学和印刷技术的现代化,报刊尤其是新闻性期刊越来越注意发挥图片的纪实作用和形象优势,由于期刊的纸张和印刷条件都好于报纸,技术处理比较从容,加之大多采用彩色印刷,因此在印刷媒介中,期刊是最有条件实现图文并茂,达到美轮美奂至高境界。新闻性期刊的受众群体近似,但风格却迥然不同,无论是主题的扩展方式还是文章的表达方式都具有创新性和差异性。

现以《三联生活周刊》和中国《新闻周刊》面对"非典"这一重大突发事件采用不同表达方式为例,2003年4月、5月是"非典"肆虐季节,《三联生活周刊》和中国《新闻周刊》都给予了相当程度的关注。《三联生活周刊》把《"非典型"时刻》、《蒋彦永:人民利益高于一切》等4篇有关"非典"文章放到封面,不仅给读者提供了更加广阔的视域,而且对于读者恢复到SARS之后正常的生活轨道上起了很好的引导作用。这正体现了《三联生活周刊》的"一份杂志和它倡导的生活"的口号。与《三联生活周刊》不同,中国《新闻周刊》2003年4月7日封面故事《非典之祸》介绍了广州、香港地区的疫情情况,并对"非典"造成的影响进行了分析。随后在疫情最为严重的两周关于"非典"的报道并没有登上《新闻周刊》封面,这两期封面故事为《王朝崩溃》(伊拉克战败)和《2003监听悬案》,在关注SARS的同时,对其他一些国际、国内新闻事件也予以恰当关注,这体现了媒体报道新闻事件的平衡性原则。《三联生活周刊》与中国《新闻周刊》对新闻的不同解读方式,反映了新闻性期刊的一种竞争策略——"差异化竞争",这已成为新闻性期刊的特色卖点。

三、新闻性期刊的编辑要求

(一)内容为王,突出优势特色。一本优秀的新闻期刊所具备的优势与特色,是保证其在传媒市场中稳步发展的基础。这首先应体现在内容的透彻性、真实性和可读性上。新闻性期刊应抓好头条新闻和特色新闻,关注社会发展的主流问题,并能及时反映政治、经济、文化动向,在内容上要有更多自己的观点立场与选题。媒体特别是新闻性期刊的存在价值就在于保障公民的知情权和监督各级公共部门,特别是政府行政部门。新闻性期刊编辑要用战略的眼光,制定新闻选题和采访报道计划,对涉及公共利益的事件和问题开展调查研究,深度报道,通过有效的新闻产品,树立自己的品质。文章有深度,又有理性,读者才会喜欢阅读。

文章如何做到既有深度又有理性?《新闻周刊》总裁摩尔在 1937 年10 月提出的"三度编辑公式",即新闻的本身,新闻的背景,新闻的意义,对新闻性期刊的写作和编辑产生很大的影响,其要点是突出"为什么",深挖新闻背后的新闻;着眼于揭示事件的意义;注重对于明天的展望,使受众看到"新闻背后的新闻",深化对新闻事件的认识。

(二)讲究真实,加强形象设计。真实是新闻的生命。新闻性期刊所报道评述的新闻事件和阐述的见解必须客观真实。既要讲究内容真,也要追求形式美。新闻性期刊的版面设计是很直观很重要的一个环节,包括封面设计、版式设计、图文设计、名牌栏目和风格特色设计等。期刊的形象与包装是其提升品牌的决定因素。

(三)人才强刊,培养高素质队伍。加强从业者队伍建设,是现在办刊的当务之急。新闻性期刊的发展,必须要有一个专业的管理、经营、编辑团队。新闻性期刊要想在市场中取胜,必须培养期刊的有生力量,要加强在职人员的技能培训,健全科学的人才引进机制,按照市场规则构建用人机制,实施"人才强刊"战略,营造出独特的期刊文化氛围,坚持内外作者并举,稿件采、写、编的程序科学化。从采写、编辑、排版、发行、经营的各方面来提升职业化水平。新闻性期刊需要专业人才主动高效的经营理念和求真务实的工作作风。

9.2.2　文摘类期刊编辑

一、文摘类期刊的定位

(一)文摘类期刊的起源。"文摘"一词源于拉丁语(ABSTRAC-TUS),意为"抽取"。现在许多国家规定了文摘的 1979 年,国际标准化组织(1SO)第 46 次文献工作技术委员会制定了"国际标准"规定："文摘这个术语是指一份文献内容的缩短的精确表达而无须补充解释或评论。"这个国际标准得到了美、英、法、加拿大、澳大利亚、印度等 28 个成员国的同意。

我国《新闻学简明词典》对"文摘"的诠释是："专门摘要刊登或介绍各种报纸、杂志上有关新闻、文章或专业文献的报纸、杂志，可使读者以最少的时间，及时地、全面地了解新动态。"上述定义和诠释强调了文摘两个基本特征：文摘是二次文献；文摘对被摘文献不应加任何的解释或评论。

文摘历史起源于 2000 多年前。早在希腊文化时期(公元前 334 年至公元 30 年)，学者们在图书馆内对馆藏文献进行了抄写、摘要、节录和注释工作，这是目前所知最早的文摘。公元 9 世纪，在拜占廷出版了福祉编的《图书》，这是世界上第一部文摘汇编。我国最早的文摘是南宋袁枢编的《通鉴纪事本末》。

随着科学技术和出版的进一步发展，科学发现增多，原始文献也相应增多，各期刊包括专门的文摘类期刊相继问世。1769 年，世界上最早的文摘类期刊应运而生，它是德国的《各学院优秀外科论著摘要汇编》。我国最早的文摘期刊是 1897 年 5 月 6 日在上海问世的《集成报》，它是综合性文摘，旬刊，对政治、实业、科技、文化、轶闻均有摘编。

美国是世界上公认的期刊大国，最有影响的文摘类期刊是《读者文摘》。1922 年 2 月，美国威伯出版公司的华莱士夫妇编辑出版了第一期《读者文摘》。其编辑方针是"每天从重要的杂志中选一篇文章，予以节录，浓缩成小册子的形式"。《读者文摘》选稿有标准：一是"适宜性"，即每一篇文章都要与读者相关；二是"持久的兴趣"，每篇文章即使是在一年后都仍有阅读的价值；三是"建设性"，影响人们的价值观念，提倡乐观进取。《读者文摘》获得了巨大的成功。现在，《读者文摘》在世界各地用 13 种语言出版 29 种版本，并在美国和世界五大洲的 41 个大城市设有办事处。

（二）文摘类期刊的特征。一是增加单位时间信息获取量。文摘类期刊的本质特征是精练而容量大，可以大大增加读者单位时间的信息获取量。二是文摘类期刊能克服语言障碍，是读者的全能型翻译机。据称，世界上各种自然语言有近 5 000 种，使用人口超过 100 万的有 140 种，用得最广泛的语言有 12 种，它们是汉语、英语、俄语、西班牙语、印地语、日语、德语、阿拉伯语、葡萄牙语、法语、意大利语、斯瓦希利语。对多数人来说，根本不具备阅读任何一种本民族语言外的文献的能力。文摘覆盖的文献语种多，能使一个不掌握外语或只掌握一两门外语甚至掌握多门外语的人，能通过阅读文摘，了解到全世界各种信息资料。

（三）文摘类期刊的定位。目前，我国文摘类期刊有200多种。期刊市场竞争激烈。文摘类期刊要生存发展，必须找准市场定位，细分市场空间，办读者真正需要的刊物。一是不求大而全，但求小而精。如今在市场媒介众多和受众欣赏水平细分的情况下，大众化传播已向小众化传播发展，分众化已成为期刊的发展趋势。"一招鲜"能吃遍天下。比如，《格言》创刊时选择一个实用的切入点，从语言的不同表现方式入手，编选语言作品精粹，提高语言修养。《格言》避开了强手如林的正面搏杀，拓展了一条新路子。二是开门办刊，通过编辑与读者的交流，与时俱进，调整市场定位。采取读者来信、读者荐稿、设立"编读往来"栏目、座谈、举办活动等方式，根据读者需要办刊。比如，1981年4月，《读者》正式创刊，设定了"编辑编刊物，读者荐稿件，两者良性互动"的办刊理念，一下子吸引住了读者。编辑的力量和阅读范围是有限的，只有调动广大读者的积极性，使杂志成为一个读者交流的平台，才能取得成功。

二、文摘类期刊的编辑

（一）文摘类期刊的文体形式。包括报道性文摘、指示性文摘和报道—指示性文摘。报道性文摘是说明研究目的、方法、成果和结论，编写原则是与被摘文献趋于等价的信息量，即读者不需要阅读原文便可了解原文的主要论点或主要发现、发明。指示性文摘指明研究主题，解决的主要问题及主要结论，并不给出具体内容，让读者决定是否需要阅读原始文献。有些期刊、情报部门把这类文摘称为"卡片"。报道—指示性文摘是报道性文摘形式和指示性文摘的融合。一般是将原始文献中信息价值高的部分做成报道性文摘形式，而把信息价值稍低一些的部分按指示性文摘形式处理。

（二）文摘类期刊的编辑方法。

一是把握文摘与文献信息量、价值量趋于等价的"度"。文摘是利用信息的可压缩性以尽可能小的篇幅表述原文献中尽可能多的信息量。1979年，国际标准化组织（1SO）第46次文献工作技术委员会规定：文摘字数以不超过250字为宜。一般认为，社会科学文摘的摘编量应稍大一

231

些,但也不宜超过原文的 25%,特殊情况可达 30%。文摘的内容必须有针对性和准确性。针对性就是文摘内容要适合读者的需要,能对读者构成使用价值。准确性就是文摘要准确把握文献的主题、最有价值的发现、创见及风格;还要求文摘反映作者的立场、观点要完整,切不能断章取义。

二是保证文摘类期刊的品位。文摘的内容必须科学,必须坚决摒弃那些陈旧的、混乱的、谬误的、反科学的内容。应采用被摘文献所使用的名词、术语,特别是那些专用名词、术语,以免发生概念转义、概念不清或产生歧义。文摘宜多用简单句、陈述语,少用过长的复合句和虚拟语句,多用主动语态,少用被动语态。三是文摘要规范化。文摘有其自身的特殊规范,文摘编辑工作必须遵循这些规范。我国于 1983 年 7 月 2 日发布了国家标准 GB 3793—83《检索期刊条目著录规则》,文摘类期刊应认真贯彻。

(三)文摘类期刊编辑的鉴别能力。相对于原创期刊,文摘类期刊提供给读者的内容是编辑对原著的摘编和精加工。这就需要编辑对各种文章有很强的鉴别能力。文摘类期刊编辑的鉴别能力,主要包括以下几个方面:一是政治鉴别能力。编辑在选编稿件时,必须对各类稿件基本的政治观点进行仔细推敲、分析和研究,严格把关。对于有悖于党的路线、方针、政策的稿件坚决不登;对于一些政策性很强而又把握不准的稿件,应及时送有关领导审定。

二是文字鉴别能力。首先是要看文字是否紧紧围绕主题,说明主题。其次是看文字是否言之有物。再次是看文字是否具有可以摘编的基础,是否顺畅生动,文章在语法、修辞、标点符号、人名、地名、时间、地点、引文、各类常识等方面是否严谨、合乎规范等。

三是对读者需求的鉴别能力。编辑和出版文摘类期刊,是为了满足读者的需要,为读者服务。读者的需求包括认知需求、励志需求、审美需求、抚慰需求和实用需求等。

按照上述三种鉴别能力,编辑对面前的文章、著作进行分析和鉴别,就能在林林总总、五花八门的文章、著作中进行正确的选择和恰当的摘编,从而向读者奉献优质的精神食粮。

三、《读者》解读

1981 年在西北一隅兰州创刊的《读者》取得成功,已成为中国期刊界

232

的一个奇迹。2006 年 10 月,《读者》的发行量曾经一度突破千万册,2007年平均发行量达到 898 万册。现在,作为中国期刊界的第一品牌,《读者》稳坐亚洲第一、全球第四的交椅。《读者》为什么能创造如此奇迹？按党的十七大代表、《读者》出版集团副总经理、《读者》杂志社社长彭长城的话说:关键还是内容定位准确、贴近性强、满足了广大读者需要。

(一)《读者》提供给读者的首先是一种开放性的文化。它非常有包容性,包含世界上各种优秀文化;它是一种很理想化、很负责任的期刊,它宣扬的是人类共有的、美好的道德规范,体现了社会主义的价值观。

(二)《读者》充分体现了人文关怀。一是人性关怀。以人性、人道、善良、美好为标尺,以大众为中心,从人文的视角来思考中国人的生存、生活和发展。二是文化关怀。致力于打通精英文化与大众文化的通道,倡导文化的开放性,立足民族文化,包容世界优秀文化。三是情感关怀。通过对小人物、人性本质的关注和温暖的文字,极力为读者营造可以获得精神慰藉、尊重和关爱的美好世界。四是成长及实现自身价值的关怀。《读者》有很多栏目,关注人的精神生活,关注人的自身素养的提高,关注人的感情的释放。而这正与我国构建社会主义和谐社会的目标是一致的。

(三)《读者》是了解中国文化的一个窗口。据了解,海外《读者》已累计发行 50 多万册,读者遍布美国、日本、澳大利亚、新加坡等 80 多个国家和地区。一本期刊要想在一个国家落地生根,要取得一定的影响,要靠成功的市场化运作,才能最终实现。

(四)《读者》从文摘走向原创。《读者》除本身热销外,《读者(乡土人文版)》、《读者欣赏》都在市场上受到了欢迎。目前销量在 50 万册左右的《读者原创版》的创刊发行,使更多的优秀作家和作者加入了原创的队伍,从文摘走向原创,在形式和内容上不断创新,不断提高期刊的质量。

(五)重视读者需求,"高质量、低价位"策略是《读者》成功的一个重要因素。《读者》的办刊理念在读者中得到共鸣。从创刊之初提出"博采中外、荟萃精华、启迪思想、开阔眼界",力争"走进每一个家庭",到 20 世纪90 年代提出"选择《读者》,就选择了一种优秀文化",进入 21 世纪后又提出要做"中国人的心灵读本"。能够与读者达成心灵的互动,也是《读者》最能引起人们兴趣的地方。《读者》编辑部专门设立"编读往来"栏目,推出"短信交流平台",关注人的精神生活,关注人的素质的提高,把读者最愿接受、实际生活中迫切需要的文化精品送给读者,生动地实现了"三贴

233

近"。《读者》实行低价位,收益虽然微薄,但发行总量可观,吸引了大众化消费品的广告客户,《读者》的经济收益年年保持两位数的递增。

9.2.3　科技类期刊编辑

一、科技类期刊的特点和类型

(一)科技类期刊的特点。科技类期刊在出版统计中通常是指自然科学、技术类的期刊。

科技类期刊的特点:一是对象稳定。科技类期刊学术性、专业性、技术性都比较强,不同的科技类期刊都各有相对稳定的读者群。二是编排复杂。科技类期刊刊登的文章尤其是学术论文,公式多、图表多、外文符号多,编排、校对、印刷难度较大。三是经营困难。科技类期刊读者面窄、发行量少、广告额小、期刊成本高,多数科技类期刊经营都比较困难。

(二)科技类期刊的类型。按照报道范围划分,有综合性、专业性期刊;按期刊性质划分,有学术性、技术性、情报性和科普类期刊;按载体形式划分,有印刷版、电子版、声像磁带版等。

(三)科技类期刊的作用。一是指导科研与生产;二是发现和培养科技人才;三是开展学术交流;四是记录科研成果。

二、我国科技类期刊的现状

2006年我国出版科技期刊4713种,比1996年增加了689种。尽管现在的科技类期刊与10年前相比,其质量、价值已经有很大提高,但是,我国目前科技类期刊出版严重滞后,主要表现:首先是我国科技事业迅猛发展,出现了许多新的科技领域,而科技期刊品种不能适应这种发展需要,严重制约了科技事业的发展。其次是我国科研人员、科技队伍迅速扩大,发表科技论文的园地却严重不足。再次是结构不合理,集约化程度低,质量有待提高,品牌期刊太少,发行渠道不畅通等。要彻底改变科技类期刊出版滞后的状况,需要进行综合治理,在观念、体制、经营创新中寻求发展。

三、科技类期刊编辑的素质

(一)多向的专业素质。科技类期刊编辑除具备一般期刊的基本素质外,还要具有特殊性的素质,由现在的内向型、学术型、生产型向外向型、信息型、经营型转变,增强市场意识、竞争意识和开放意识。

（二）多元的知识结构。科技类期刊编辑既是专业知识方面的科学家、编辑素养方面的出版家，又是经营管理方面的企业家。

9.3 期刊版面设计

9.3.1 期刊封面设计

一、期刊封面设计要求

期刊封面指的是期刊最外一层包装，是期刊的外表形象——首要包装，在期刊媒介竞争日益激烈的情况下，越来越多的期刊把封面作为装帧的重要一环，以现代营销理念来创新封面设计。期刊封面共有 4 个版面。封一即封面，主要刊载刊物名称、刊期等项内容；封一的背面称为封二或封里；与内页最末一页相邻的称为封三或封底里；封三的背面称为封四或封底。封面有广义和狭义之分，广义泛指封一至封四。狭义则仅指封一。

封面作为期刊的"门面"和"窗口"，能起到保护内页、装饰美化、提示内容、便于识别和广告宣传的作用。期刊封面编辑和设计的基本要求是：

（一）体现内容和形式统一。期刊是连续出版物，内容和形式要统一，期刊封面要与题材相一致，与题材类别相吻合。期刊封面要体现时代特点。图片、字体的选择，字号的大小，色彩的运用，都要和本期内容相协调。

（二）坚持变与不变的统一。期刊个性鲜明，为便于读者识别，封面设计应保持相对稳定性。版式、规格等在一定时期内尽量少变或不变。做到整体协调，统一，醒目，大气。比如，《读者》创刊 20 多年来基本上保持相当稳定性，每期刊名均用同样的手写体，均有一幅图片或绘画，外边多用细线围框，所选图像都比较雅致，体现出《读者》"书淡如菊"的风格。由于每期内容不同，封面设计也不能只强调不变的一面。每期封面的变动主要表现在画面图像上。

二、期刊封面的构成

（一）文字设计。封面的文字，包括刊名、刊期、宗旨、要目、刊号、发行代号等。其中，刊名和刊期是必要的。刊号和要目是期刊性质和内容的直接体现，可以置于封面的显著位置。封面所用的字体，主要有印刷体、手写体和美术字。手写体多为名人书法,一般用于刊名。美术字变化多,可用于刊名和要目。适应性最强的是印刷体。各种字体的风格各不相同,要与期刊内容相协调。字号大小不同,表现出不同的视觉强势,含有不同的风格色彩。文字在封面上的位置有以下几种:一是三段式。刊名、刊期和要目(或主办者)分 3 行,间隔居中横排,具有稳定感,一般用于学术性期刊。二是对角式。刊名、刊期、要目同样间隔置放,呈对角对称形式。三是一角式,刊名、刊期和要目等都集中在封面的一角,具有整齐感,多适用于新闻性和通俗性期刊。

(二)图像设计。图像比起文字更具有竞争性,更能引起读者的兴趣。封面的图像包括人物、事件、风景、动物、静物以及几何图形、图案等。封面的图片有照片、绘画、图案、剪纸等。封面图片一般以单幅居多,也有由多幅图片经过剪接、组合而成的。

期刊封面选择图像,在强调吸引力的同时,要十分注重内容的健康和积极性,讲究美感与科学性的统一。封面图像的表现形式:一是写实的手法。用现实生活中各种具体形象作期刊的封面。二是抽象的手法。即用线条、块面组成几何图形,赋予封面现代气息。三是图案的手法。封面用花纹等组成有规则的图案,极富装饰性,借以体现其古朴、精细的风格。

(三)色彩运用。封面运用色彩,一要做到主次分明;二要"随类赋彩"。即根据不同的描绘对象、时间和地点,施加不同的色彩;三要贵在出新。善于突出本刊的个性。

三、期刊封面设计存在的问题

(一)创新不足,雷同现象严重。目前期刊市场上,一些知名度不高、发行量不大的期刊封面缺乏创意,模仿名刊的现象比较严重。创新,是一切艺术的生命,期刊封面放弃自我形象塑造,将没有生命力。

(二)制作粗糙,水准较低。一些期刊封面设计平庸,制作比较粗糙,随意性较大,水准不高,印刷质量也很低。

(三)缺乏品牌意识,审美观念老化。封面设计是期刊品牌形象的制高点,直接影响受众对品牌的认知度、好感度和美誉度。但一些期刊封面设计缺乏品牌意识,在构思布局、选取图片时不注意为 VI(视觉识别)服务,影响了期刊形象的提升,不利于品牌建设。主要是一些期刊的美编对读者审美的认识多年停滞在一个层面,和市场脱节,和读者脱节。

（四）没有考虑期刊的连续性，风格不固定。一些期刊的封面上一期和下一期在用图、风格上都有很大变化，波动不断，让人难以分辨该刊物的真面目。

四、期刊封面设计的理念创新

（一）明确的定位理念。期刊定位既包括内容定位、价格定位、目标读者定位，也包含封面定位。期刊封面在为内容服务的前提下，必须有明确的定位。

（二）独特的审美价值。期刊封面绝不是图片和刊名的简单组合。比如，读者喜欢期刊封面上的美女图，因为它已是注入了设计意识的艺术品，已负载新的文化内涵，给人以新的视觉愉悦和美的享受。

（三）先进的文化特征。期刊是特殊的文化产品，影响着人们的意识形态领域，其封面设计同样有传播先进文化、引人积极向上的作用。封面设计必须有丰富的文化内涵，体现高尚的审美趣味，追求深刻的思想蕴含和人性深度，实现思想性、艺术性和观赏性的有机统一，给受众以美感与激情、力量与信念，成为陶冶读者精神情操，提高读者审美水平和文化品位的园地。随着市场细分化，期刊的目标读者群越来越明确。期刊封面设计要针对自己特定的读者群，符合"小众"审美心理。

（四）营销的品牌战略。从营销角度看，期刊封面设计必须实现"AIDA"目标，A 即 Attention（注意），也就是首先引起消费者的注意。即 Interest（兴趣），即引起读者的兴趣；D 即 Desire（欲望），即激发读者的购买欲望；即 Action（行动），就是要促成潜在读者实施消费行为。设计期刊封面要便于识别，突出标识、刊名的主导地位；同时还要考虑市场终端效果。传统的期刊名位于期刊封面上方、下方、左侧、右侧均有，而现代的期刊名大多位于期刊封面的上方。这是由期刊的终端陈列方式所决定的，因为不管是悬挂式还是平摆式，一般书店、报刊零售亭摆放期刊都是多份重叠，只露出期刊的上方。如果期刊名设计在其他位置，就不易被读者目光触及甚至根本看不到。所以，现在期刊封面设计一定要有强烈的市场意识，要考虑封面的艺术品位，还要遵循市场规律，考虑市场终端效果。

五、期刊封面报道

封面报道，又称封面文章、封面专题。它是利用封面画面形象和内页重点文章共同突出某项报道的形式。这种形式因所报道的对象大都是人物,所以又称为封面人物。美国《时代》主编鲁斯曾多次周游世界,在到达一个国家之前,由《时代》发表一篇将要访问的国家首脑的封面报道,既赢得对方的合作,也抬高了《时代》的身价。

封面报道这种形式,近年来我国一些期刊也常常采用。比如《观察与思考》2004 年第 18 期封面刊有雅典奥运会冠军刘翔大幅照片,内页"奥运备忘"专栏详细报道了雅典奥运会我国获金牌情况。封面上的形象非常醒目,加上内页又作专门介绍,具有强烈的公关效应,题材选择要具有时代感,是受众最关心的问题。

9.3.2　期刊目录设计

一、要目、目录和标题

期刊内页的首页或第二三页,常常作为目录页。目录页通常刊载两方面内容:一是目录。包括各篇文章的标题、作者及页码、栏目等;二是版权及其相关内容。包括期刊主办单位、出版单位、印刷单位、发行单位、社长、主编和编辑,以及刊号和定价、出版日期、社址、电话、网址和邮政编码等。目录页一般占一至两页。期刊目录起到索引导读、揭示主题和系统结构的作用。

要目、目录和标题都是文章内容的提示者。要目一般居于封面,或居于内页。它是期刊重要篇章内容的展示。要目的条数比目录少得多。一条要目是一篇文章的精要,它可以直接照录标题,也可将其略作压缩。置于封面上的要目,字句要简短精练,能抓住读者。

目录,一般居于内页。有些科技类期刊或标题较少的期刊,为便于读者阅读和检索,也将目录移至封面或封底。目录是本刊全部文章标题的汇集。因篇幅有限,当文章标题过长时,可只录主题,略去副题。有些通俗文学期刊的文章篇数不多,但每篇都较长,而标题又较含蓄,因此往往在标题之后,摘录本文的精彩情节作为内容提要,以吸引读者。有些期刊不设要目,但可以在目录中对其标题加以区分,醒目编排,起到要目的作用。

二、目录编排的要求

(一)目录编排要全面展示期刊内容,做到主次分明,重点突出,罗列有致,美观实用。为了突出重要的篇目,可以加大字号,改变字体,配发单幅小型图片。目录编排应与期刊风格一致。目录文字较多时,应注意留有适当的空白,使人清爽悦目。

(二)按栏目和文章顺序编目。既考虑栏目先后顺序,又顾及文章在版面刊载的先后顺序。每个栏目中,几篇文章的页码必须紧密相连,中间不能插入别的栏目里的文章。为了避免这种插入,安排版面时,要求一篇文章最好是整页排完,实在排不完转入下页时,其剩余的版面由广告来填充补齐。其好处是眉目清楚,顺理成章,便于编排与读者阅读。

9.3.3 期刊版式设计

一、期刊版式设计的作用

(一)准确、生动地表现期刊的内容。期刊版式是期刊版面编排的样式。它包括期刊页面上正文、标题、图像、空白以及各种装饰的总体编排设计。期刊版式设计要通过运用版面语言和版面要素,对稿件内容进行评价,引导读者阅读。

(二)展示期刊风格,增加阅读兴趣。期刊版式设计要形成本刊独特的风格特色,做到新颖性与艺术性的完美统一,使读者赏心悦目,增加持续的阅读兴趣。

二、期刊版式构成的特殊要素

(一)开本。开本就是期刊的尺寸大小。比如,16 开本的期刊,即期刊页面为一个印张的 1/16,也就是 16 个小张(页)。目前,16 开期刊幅面是 188 毫米×260 毫米。这是一种非标准 16 开期刊,比如《新闻战线》等。按国际标准规定,16 开期刊为 210 毫米×297 毫米,比我国目前通用的非标准 16 开要大,被称为"大 16 开",比如《观察与思考》等。

16 开本期刊对页码的选择应以 16 的倍数为宜,这样可以用整个印张印刷,是最为经济的页数。期刊版式设计首先要确定开本的大小,一般以 16 开本居多。32 开本的期刊,小巧玲珑,适于携带。8 开本的期刊,版面较为开阔,阅读和携带不及小开本便利,但适于眼力欠佳者阅读。

(二)版心和边白。版心即版面排有图文等印刷实体部分,边白即版心以外四边的空白部分。图文所占据的版心在整个版面面积所占的比重称为版面率。据统计,期刊的版面率一般为百分之六七十。比如《东西南北》为 65%,《读者》为 64%。《改革月报》为 75%。

239

版面的边白分为 4 个部分：一是天头，又称上白边，是版心以上部分；二是地脚，又称下白边，是版心以下部分；三是切口，又称外白边，是靠版心外边的部分；四是订口，又称内白边，是靠装订线的空白部分。按照我国传统习惯，天头大于地脚。比如，《法制与新闻》天头为 20 毫米，地脚为15 毫米。

订口和切口，留白多少，依装订方法而定。平钉，装订在内页订口，外面再包上封面裁切成册。比如，《新华文摘》等，平钉的订口略大于切口；骑马钉，就是将印好的内页经折页、配帖成册后，连同封面，在中间装订。比如，《观察与思考》等，骑马钉的订口略小于切口。总之，展开期刊，两个单页版心应相互呼应，蔚为一体。

（三）页眉和页码。一是页眉。又称书眉、天眉。在期刊横排页正文的上部或下部。属于版心一部分。页眉包括刊名、专栏名、题目、卷、期、年、月和页码。依期刊性质不同，页眉所包括的内容有详略之分。页眉的位置，除页码每页均排外，其他项目有单双页交替分别排印一部分，也有逐页全部排印。

二是页码。表示期刊页数的数码。期刊左右两个页面，右页为单码，左页为双码。页码分明码和暗码。明码，直接标出序号，比如，第一、第二等；暗码不标出序号，但仍算在页码的序列之中。由于我国期刊目录页较少，一般也与正文统一算入整个页码的序列之中，目录页通常按暗码处理，当然也有按明码处理的。

期刊中的整张图片插页，不计算在整个页码的序列之中。期刊内页上的广告应计算在整个页码的序列之中。

期刊版面元素如字体、字号、图像等运用和版式设计原则，与报纸版面设计基本相同，这里不作阐述。

【思考与训练】

1. 联合国教科文组织对"期刊"的定义是什么？

2. 1665 年 1 月 5 日创办的世界上第一种期刊《学者杂志》办刊方针是什么？

3. 为什么说《新青年》创刊开始了中国期刊史的现代历程？

4. 结合实例，谈谈目前我国期刊发展存在的问题与对策。

5. 新闻性期刊的特征有哪些？

6.文摘类期刊有哪些编辑方法?

7.如何理解《读者》提供给读者的首先是一种开放性的文化?

8.科技类期刊编辑应具备哪些素质?

9.期刊封面的构成包括哪些方面?

10.简述期刊版式设计的作用。

【案例评析】

2003 年 6 月 25 日,某报在报道中称枣阳原市长为"女张二江"。"张二江"是当时对男女关系的特殊代用词。枣阳原市长委托丈夫将该报告上法庭。

2003 年 4 月 24 日,这宗特殊的名誉侵权案有了一审判决:某报侵犯了原告的人格权利,法院判令该报赔偿其精神抚慰金 20 万元。图为该案一审后的报道。

　　市场上散发的《都市信息》与国家批准、公开出版发行的《都市快报》报头比较。

【案例评析】

报刊两次误报"巨星陨落" 陈家镛院士获赔3万

　　据中国法院网报道,我国著名的化学工程学家、中科院院士陈家镛被报刊连续两次报道已经"巨星陨落",此消息一时惊动学界,给年过八旬的老科学家造成严重的精神伤害,不堪"吊唁"电话之扰的老科学家愤而将媒体告上法庭。2005年6月24日,北京海淀法院一审判令《科学中国人》杂志社向陈家镛赔偿精神抚慰金3万元人民币。

　　当年84岁高龄的原告陈家镛教授诉称,他虽年逾八十但身体尚好,现仍在上班,为科教兴国尽力。《中华读书报》竟然在2005年1月26日刊登照片声称他于2004年8月15日去世,身体健康的陈家镛看到此消息后非常气愤,认为有人在诅咒自己,遂将《中华读书报》告上法庭。《中华读书报》在2005年2月2日第1版上发表"致歉声明"称:"本报2005年1月26日第5版内容,未经中国科学院有关部门审核,发生了严重错误。这一错误,对陈家镛先生及家人造成了严重伤害。为此,我们向陈家镛先生及家属致以深深的歉意。"

在《中华读书报》刊登《致歉声明》后,《科学中国人》期刊又在 2005 年第 3 期第 75 页《2004:陨落的巨星(续)》一文中配有陈家镛的照片并向社会宣告他已于 2004 年 8 月 15 日去世。因为陈家镛是中国科学院资深院士,此次误刊惊动整个学界,严重损害陈家镛的声誉,给陈家镛及所在单位造成严重影响,使原告的精神遭受损害,故请求法院判决《科学中国人》杂志社承担恢复名誉、消除影响的民事责任;《科学中国人》杂志社赔偿原告的精神损失抚慰金 5 万元。

被告《科学中国人》杂志社承认陈家镛在本案中所主张的事实,但主张没有损害陈家镛的名誉,且已经采取措施尽量消除影响,故请求驳回陈家镛的诉讼请求。《科学中国人》称,刊登陈家镛去世的消息,是从《中华读书报》上得知陈家镛去世的消息,不是主观故意,而是因工作失误造成的。事后杂志社已尽力采取补救措施,在《科学中国人》第 4 期刊登致歉声明,并写《点石成金——记中国科学院院士陈家镛》一文,尽量将对陈家镛造成的损害予以补救,尽量回收了第 3 期的杂志。杂志社曾经多次提出向陈家镛当面道歉。

海淀法院一审审理后认为,被告《科学中国人》杂志社承认陈家镛在本案中主张的事实,故对陈家镛主张的事实予以确认。《科学中国人》杂志社作为《科学中国人》的出版发行单位负有对文章内容进行审核的义务,其未经审核即刊文报道陈家镛去世,并配有陈家镛的照片,该报道严重失实,足以造成对陈家镛人格利益的侵害。考虑到《科学中国人》杂志社已向陈家镛书面致歉,并采取补救措施,应视为《科学中国人》杂志社在诉讼前承担了恢复名誉、消除影响的民事责任,对此行为法院予以认可,不必再行承担上述责任。但上述行为,不足以完全抚慰被侵权人陈家镛,故综合侵权人的过错程度、侵权行为性质、侵权行为所造成的后果和侵权人的经济能力、本地经济生活水平综合考虑精神损害赔偿数额,法院判决《科学中国人》杂志社向陈家镛赔偿精神抚慰金 3 万元,驳回陈家镛的其他诉讼请求。

判决后,原告代理律师表示,此判决有理有据,保护了权利人的合法权益。而陈家镛院士提出 5 万元的精神损失赔偿,目的不是为了钱,而是要让杂志社记住新闻失实的教训,不要忘记真实是新闻报道的生命。

第十章
报刊编辑与新闻法规

【本章要点】

新闻媒体和新闻工作者从法律的高度正确认识并努力采取对策减少和规避新闻侵权,是新闻传播尤其是舆论监督正当合法进行的一项重要保证。法院审理新闻侵害名誉权案件的主要法律依据,是最高人民法院发布的两个司法解释。新闻真实是媒介和记者在新闻官司中胜诉的保障。

10.1 "告记者热"引发的思考

10.1.1 新闻官司媒体败诉多

改革开放 30 年来,我国社会、经济、政治、文化等方面发生了深刻变化,随着经济的快速发展,社会生活的法制化和公民法制意识的增强,新闻媒体和新闻工作者不时会遇到一个尴尬的问题,那就是新闻侵权即通常所说的新闻官司。我国第一起新闻官司发生于 1985 年,上海某公司业务经理杜某,状告某期刊发表的通讯《二十年"疯女"之谜》作者涉嫌诽谤。此后,媒体被告事件频繁发生。近年来更出现"告新闻单位、告记者热"之说。

有关资料显示,自 1986 年《民法通则》颁布以来,全国各级法院通过法律途径了结的新闻官司已超过几千起,其中新闻侵权诉讼案占 80%。据武汉市中级人民法院统计,1991 年元月至 1995 年 12 月,武汉市区两级法院共受理新闻侵权案件 33 件,已审结的案件中,原告胜诉的占73.7%,新闻单位胜诉的只占 26.3%。2004 年北京市第一中级人民法院共审理了 15 起新闻侵权案件,媒体败诉了 14 起。显然,新闻单位在新闻官司中的胜诉率是比较低的。因此,新闻媒体和新闻工作者从法律的高度正确认识并努力采取对策减少和规避新闻侵权,是新闻传播尤其是舆论监督正当合法进行的一项重要保证。

10.1.2 新闻侵权的主要表现

新闻媒体容易构成新闻侵权行为的主要表现在以下几方面:

一、新闻传播内容和事实失实。比如,2007 年 3 月某某时报发表南方香蕉染"蕉癌"的报道和 2007 年 8 月北京某报有关北京"伏天飞雪"的报道等,报道内容严重失实。

二、新闻报道中评论不当。比如,2002 年编写的《某某公安志》因记载不全面,让人误认为李某某是"犯罪分子",侵犯了他人名誉权。

三、未经核实转载其他媒体失实报道。比如,《科学中国人》刊发的有关陈家镛院士的报道。

四、未经本人同意采用照片,侵犯他人肖像权。比如,2006 年第 3 期《知音》(海外版)刊载文章报道邵阳市原副市长戴某违法问题,该文配发的题头照片却误刊他人照片。

五、报道或暴露他人隐私。比如,1997 年 3 月 31 日,四川某报刊载了一篇题为《作情妇被抛便自杀》的消息,透露了一位少女的姓名、年龄、家庭详细地址等个人隐私。

新闻媒体败诉多的原因,一方面是新闻行业竞争非常激烈,生存压力很大,个别新闻媒体及其从业者缺乏足够自律。另一方面是新闻媒体及其从业者没有证据意识,在采访报道过程中不及时保存证据,导致法庭上举证不力。

审理新闻官司的法官们提醒媒体要有证据意识,一旦被诉,如果拿不出证据,再属实的报道也可能要承担举证不能的败诉后果。新闻媒体一旦发现自己的报道有失误,或他人提出诉讼,通过"更正"等方法挽回不好的影响,就有可能取得对方的谅解,使对方免于起诉或撤销诉讼。

10.2　新闻基本法律规范

10.2.1　国际新闻传播规定

世界各国对于一些具有明显危害社会的新闻,都制定了明确的禁止刊登规定。1948 年 3 月至 4 月在日内瓦召开的联合国新闻自由会议,曾通过《国际新闻自由公约草案》,对不许传播的内容作了如下规定:

一、为国家安全应守秘密之事项。

二、意图煽动他人以暴力变动政府制度或扰乱治安者。

三、意图煽惑人民犯罪者。

四、发表不洁、有害于青年之文字,或供青年阅读之出版物者。

五、妨碍法庭审判之公正进行者。

六、侵犯著作权及艺术权者。

七、意图毁损他人之名誉,或有害他人而无益于公众者,无论其毁损者为自然人或法人皆然。

八、违反因由职业上、契约关系或其他法律关系而产生之法律责任者,包括泄漏因职业上或官方资格而获得之机密消息。

九、有意欺骗者。

十、有计划地传布足以损害人民或国家友好关系之虚构或曲解新闻者。

10.2.2　我国新闻的基本法律规范

1982 年 12 月 4 日五届人大五次会议通过的《中华人民共和国宪法》第三十五条明确规定:"中华人民共和国公民有言论、出版、集会、结社、游行、示威的自由。"但新闻自由不是绝对的,新闻工作者的活动应在法律范围内进行。根据我国宪法、刑法、民法、著作权法以及其他法令的规定,新闻基本法律规范应注意以下几点:

一、新闻报道不能发表反对、怀疑社会主义制度的作品,不管材料来自何处,凡是带有否定国家内容的报道,都应禁止刊登。我国《宪法》确认:禁止任何组织或者个人破坏社会主义制度。

二、新闻活动不能煽动骚乱,破坏社会秩序。我国法律规定:严禁煽动群众抗拒、破坏国家法律、法令。严禁任何人利用任何手段扰乱社会秩序。

三、新闻媒介严禁刊载暴露国家政治、经济、军事和科学技术机密的作品与材料。

四、不得刊载凶杀、淫秽、色情、封建迷信或伪科学、教唆犯罪和有害青少年身心健康的内容。要严禁刊载黄色新闻,杜绝描述败坏伦理道德细节的消息、评论等。

五、在报道中应避免发生新闻侵权行为,不能干涉他人的自由,不能诽谤他人,不能侮辱他人的人格,要防止侵犯他人隐私权。

六、要将新闻与广告区分开来。我国 1997 年 1 月通过的《中国新闻工作者职业道德准则》中明确规定:"新闻报道和经营活动要分开。新闻单位不得用新闻形式做广告;不得向编采部门下达'创收'任务。记者、编辑不得从事广告或其他经营活动。"1999 年 12 月 1 日公布实施的《中国报业自律公约》规定:"不以任何方式将广告内容与新闻报道内容相混淆,不把新闻采编活动与发行和广告等经营活动相混淆。"

10.2.3 新闻侵权行为

新闻侵权是指新闻报道主体违反新闻法规和其他法律规范,通过新闻传播媒介,在新闻采访、写作、编辑、发表过程中,以故意捏造事实或过失报道等形式,向公众传播内容不当或法律禁止的内容,从而侵害了公民、法人或其他组织的人格权,造成不法侵害的行为。

法院审理新闻侵害名誉权案件的主要法律依据,是最高人民法院发布的两个司法解释,即最高人民法院 1993 年 6 月 15 日公布的《关于审理名誉权案件若干问题的解答》和 1998 年 8 月 31 日发布的《关于审理名誉权案件若干问题的解释》,这也是区分舆论监督与新闻侵害名誉权的主要法律依据。我国较常见的新闻侵权行为有如下几种:

一、侵害名誉权

《民法通则》第 101 条规定:"公民、法人享有名誉权,公民的人格尊严受法律保护,严格禁止用侮辱、诽谤等方式损害公民、法人的名誉。"

名誉即名声,指公民的品德、声望、信誉、形象、性格等方面的社会评价。名誉权是指公民和法人对其应有的社会评价所享有的不受他人侵害的权利,包括保护自己的社会良好评价或改善、改变不好评价的权利和维护名誉权不受侵害的权利。名誉权强调的是社会对个人的评价,并不是指个人的自我评定。法人作为民事主体也会有各种社会评价,并因此带来相关利益,也是名誉权的主体。新闻报道如果以虚假或攻击性的内容指责公民有不道德或违法行为,损害其名声,就构成对该公民名誉权的损害。公民的名誉权如果受到侵害,有权要求停止侵害,恢复名誉,消除影响,赔礼道歉。侵害名誉权的主要违法行为:

(一)侮辱行为。包括口头、动作、文字侮辱和暴力侮辱。侮辱的事实是实际存在的。

(二)诽谤行为。诽谤的事实必须是虚假的,否则不构成诽谤。

(三)新闻报道的严重失实,评论严重不当。

二、侵害名称权

《民法通则》第 99 条规定:"公民享有姓名权,有权决定、使用和依照规定改变自己的姓名,禁止他人干涉、盗用、假冒。"

法人、个体工商户、个人合伙以及其他组织对其名称所享有的权利。权利人可以依法转让名称、许可他人使用名称。名称在一定区域内专用,法律禁止其他主体非法使用注册名称。

厂商名称权也称商号权,是企业对自己使用或注册的营业区别标志依法享有的专用权。该项权利的法律意义是:在他人使用相同或类似名称时,权利人可以要求停止使用,避免发生混同;在他人非法侵权而造成损失时,权利人可以要求赔偿损失。

三、侵害他人隐私权

所谓隐私权,是指自然人就自己与公共利益无关的个人私事、个人信息等个人生活领域内的事情不为他人知悉,禁止他人干涉的权利。目前,我国对隐私范围主要限定在四个方面:一是夫妻生活;二是以前的婚姻经历;三是生理缺陷;四是其他明显的隐私。侵害隐私权的主要行为方式:干涉、监视私人活动,破坏他人生活安定;非法调查、窃取个人情报,如进行记录、摄影、录像则构成严重情节;擅自公布他人隐私,包括非法刺探、调查他人的个人信息或情报后予以公布和利用业务或职务之便而暴露他人隐私;未经权利人同意而利用其个人资讯、情报的行为。

而判断是否侵犯了隐私权,造成名誉权损失,依据有三条:一是有隐

249

私的事实;二是侵害者进行了宣传和传播;三是造成了不良甚至严重
后果。

四、侵害著作权人的著作权

著作权,又称版权,是指著作人(自然人或法人)依法对科学研究、文
学艺术诸方面的著述和创作等所享有的权利。1990年9月7日全国人
大常委会第15次会议通过的《中华人民共和国著作权法》第10条对著作
权作了规定。

著作权包括下列人身权和财产权:发表权,即决定作品是否公之于众
的权利。署名权,即表明作者身分,在作品上署名的权利。修改权,即修
改或者授权他人修改作品的权利。《著作权法》根据报刊编辑工作实际,
规定报刊社可以对作品进行"文字性修改,删节",这就以法律的形式规定
了报刊有修改稿件的权利。所谓文字性修改,主要是指纠正语法、标点符
号、词语、引文的错误,纠正文章体例上的混乱,删去不必要的词语等。著
作权的使用权和获得报酬权,保护作品完整权,即保护作品不受歪曲、篡
改的权利。使用权和获得报酬权,是指作者有决定自行使用或许可他人
使用的权利,都有获得报酬的权利。这5项权利中,前4项属人身权,第5
项属财产权。

2002年10月12日,最高人民法院出台的《关于审理著作权民事纠
纷案件适用若干问题的司法解释》中明确规定了对传播报道他人采编的
时事新闻,应当注明出处,对不注明出处者,应当承担消除影响、赔礼道歉
等民事责任。所谓时事新闻是指通过报纸、期刊、广播电台、电视台等媒
体报道的单纯事实消息。

《著作权法》明确规定,中国公民、法人或者非法人单位的作品,不论
是否发表,都享有著作权。外国人的作品首先在中国境内发表的,也享有
著作权。公民的作品,其发表权、使用权和获得报酬权的保护期为作者终
生及其死亡后50年,截止于作者死亡后第50年的12月31日;但作品自
创作完成后50年内未发表的,著作权法不再保护。著作权受国家法律的
保护。如发生剽窃等情况,应视作侵权行为。著作权受到侵犯时,作者可
以通过诉讼程序请求排除妨害、恢复人身荣誉、赔偿财产损失。侵害著作
权的法律责任,分为民事责任和行政处罚责任两种。其中,民事责任包
括:停止侵害、消除影响、公开赔礼道歉、赔偿损失等。行政处罚责任则是

由国家著作权行政管理部门给予没收非法所得、罚款等。

五、侵犯公民肖像权

（一）肖像、肖像权的概念。肖像，是指公民以面部为中心的形态和神态的客观表现形式。包括照片、图画、雕塑、录音、录影等。当今计算机显示人的肖像，也成为肖像的表现形式之一。肖像权，是自然人享有的以其肖像所体现的人格利益为内容的权利。肖像权是人格权的一种，所体现的人格利益，包括精神利益和财产利益。《民法通则》第 100 条规定，公民享有肖像权，未经本人同意，不得以营利为目的使用公民的肖像。

（二）肖像权的合理使用。新闻媒体在下列情形下可以合理地使用公民的肖像，不构成侵权：一是为新闻报道需要使用具有新闻价值的人物的肖像，如党和国家领导人，地方各级党政领导人和社会知名人士、艺术家、运动员等。二是国家机关执行公务而强制使用公民的肖像，如公安机关为识别、通缉犯罪嫌疑人而使用其肖像等。三是使用在特定场合会出席特定活动的人物的肖像，如参加集会、游行、庆典或其他公共活动的人的肖像。四是为了公民本人利益或社会公共利益而使用公民的肖像，如寻人启事上的照片。五是行使正当舆论监督而使用他人肖像，例如拍摄违章翻越交通隔栏的照片并予以公开，不构成侵权。六是为了科学研究和文化教育目的而在一定范围内使用他人肖像，如因教学、研究需要，展示别人的照片等。

（三）新闻工作者侵犯公民肖像权的情形。一是未经本人同意，以营利为目的使用他人肖像的。以营利为目的，是指行为人在主观上所要追求和达到的目的，即取得一定数额的金钱或金钱所代表的利润。最高人民法院《关于贯彻民法通则若干问题的意见》第 139 条规定，"以营利为目的，未经本人同意利用其肖像做广告、商标、装饰橱窗等，应当认定为侵犯公民肖像权行为。"二是在新闻媒体中，将他人私生活的肖像随意公开。三是在新闻报道中，使用与报道内容无关人员的肖像。

10.3　新闻侵权行为的规避

10.3.1　新闻侵权的防范

改革开放以来，新闻官司呈上升趋势，新闻官司多，一方面反映了公

251

民法律意识的提高,用法律武器来捍卫自己的正当权益;另一方面则表明部分新闻从业人员法律观念淡薄,采写的新闻确有主观或客观上的侵权行为。当然,还有一定的新闻官司是因为舆论监督引起的,被曝光者千方百计找新闻单位的麻烦。

新闻官司发生后,作者和媒体将耗费大量的时间和精力。如果媒体败诉,不仅影响从业人员的积极性,而且损害了媒体的信誉,造成不良的社会影响。因此,事先避免、防范新闻官司,是每一个新闻从业者都应认真思索的问题。那么,怎样事先防范和避免新闻官司呢?

一、要注意收集和保存相关证据

媒体采写编辑稿件,尤其是批评报道要收集和保存证据即新闻素材,将"新闻真实"和"法律真实"统一起来,做到"有凭有据"。对那些没有把握或者很难举证的,最好在报道中不予采用。

二、保证新闻报道的真实性和公正性

媒体所报道的观点、事实必须客观真实。批评性报道要给各当事人以平等表达的机会。特别是对社会上一些违法事件,媒体从业人员不要参与起哄,更不能炒作,以免转入侵权纠纷中。

三、定性结论要正确、准确、把握好分寸

媒体是信息的发布者,不具备行政、司法机关的裁判职能,所以在新闻报道中不宜发表定性的结论。如果实在要下结论的,也一定要准确、把握好分寸,经得起事实的检验。

四、慎重使用常识和经验,用词表述严谨

有的常识和经验不一定准确,不要轻信。比如,沈阳一家报社报道一条新闻:两夫妇因赌博输钱自杀,但服了多瓶安眠药未死,报纸标题是《夫妻轻生,假药"救命"》。作者和媒体主观判定这种吃不死人的安眠药就是"假药"。实际上该安眠药是高效低毒的合格产品,结果这家媒体向厂家赔了几十万元。比如,湖北有家报纸报道一贪官时使用了"蛀虫"一词,被这个贪官告到法院。当事人认为,报纸使用"蛀虫"一词,贬低、丑化了当事人,对当事人的名誉构成侵权,要求判令报纸在同一个版面为其恢复名誉,赔礼道歉,并赔偿精神损失。这名贪官虽在无理取闹,但是媒介措辞不太严谨,而给人以可乘之机。

五、《纽约时报》防范新闻官司的启示

作为一张在世界上有较大影响的报纸,《纽约时报》内容广博,关涉众多,尤以披露令人震惊的重大事件闻名于世。它每天出报多达100多个版面。20多年来,在美国诉讼日渐增多的情况下,《纽约时报》却将新闻官司减少到了最低限度,一共只发生几件被控侵权事件。这主要得益于《纽约时报》为了避免新闻官司所采取的措施。

(一)将法律支持贯穿于新闻报道整个过程,从源头上最大限度减少新闻诉讼的发生,为报道活动预置法律屏障。早在1964年,报社专门成立了法律顾问部,聘请了专职律师,律师的主要任务是与编辑、记者合作,来共同防止与避免新闻报道与评论可能引起的诉讼。在具体操作过程中,律师不是制止或干扰任何新闻报道,而是从法律上把关。《纽约时报》使用字句非常谨慎,遇到重大调查性报道,除了对事实进行周密查证外,一定要反复斟酌直至律师认为没有法律问题才能发表。在《纽约时报》,法律顾问享有很高的地位,曾任法律总顾问的戈德尔同时还被委任为《纽约时报》副社长。为维护报纸的利益,法律顾问与编辑部关系极为密切,也相互尊重。

(二)成立了专业"后勤"编辑队伍,由资深老编辑、老记者"把关",有效地防范新闻侵权行为的发生。从20世纪90年代开始,报社每个部门建立的"后勤"编辑队伍主要职责是集中编辑"调查性"新闻报道,跟调查小组记者密切配合,细读与修订稿件,发现问题及时查问纠正。文中不能证明的陈述、出于偏见的指控、无故中伤,以及具有侮辱性的字句,都在严禁之列。法律顾问部和后勤编辑队伍,构成了《纽约时报》新闻生产的两大关卡,使其有效摆脱了各种官司的纠缠,健康有序地运转。

10.3.2　新闻侵权的抗辩

新闻纠纷诉讼发生原因主要有两种:一种是新闻失实;另一种是新闻过失,即所披露的事实虽然是真实的,但违反了有关法律,侵犯了他人合法权益。那么,一旦发生新闻纠纷,应依法妥善处理。新闻工作者在采编实践中时刻要准备抗辩新闻侵权的指控。

一、新闻侵权行为的抗辩

新闻侵权行为的抗辩,是指当媒介和作者发表的新闻作品被人指控

253

为侵权时,要提出各种正当理由为自己辩护的一种行为。抗辩方式有如下几种:

(一)正当理由辩护。即用事实辩护。新闻真实是媒介和记者在新闻官司中胜诉的保障。只要新闻报道事实真实、清楚,有凭有据,新闻工作者就可以理直气壮地面对任何指控。1993年最高人民法院《关于审理名誉权案件若干问题的解答》第8条规定:"文章反映的内容基本真实,没有侮辱他人人格的内容的,不应认为侵害他人名誉权。"

内容真实的关键:一是采访要深入细致,务求真实、准确,同时要建立客观、善意的叙事语言构架,对任何人即便是法律正在追究或已判定有罪的人,也不要肆意使用侮辱性、批判类的感性语言。二是要有证据意识。记者采访要尽可能地获取和制作能够证明事实真相的文字材料、文件,以备问责、诉讼之需。在司法实践中,真实性辩护靠的不是情感,而是证据。客观真实性和司法实践中的真实性,是两件不同的事情。客观真实是一个无言的事实,它是可以掩盖的,从不同角度去看,它是变形的;司法实践中的真实就是用证据去表明客观真实。只有既存在客观真实,又拥有司法真实,新闻工作者才能确保在侵权诉讼中立于不败之地。

(二)公正评论辩护。公正评论辩护主要是对社论、批评文章、读者来信以及新闻中所含的分析性的议论的辩护。公正评论所依据的事实必须真实,不涉及个人私生活,不带主观偏见。

(三)特权辩护。新闻机构或新闻工作者对政府文书(包括立法、司法以及其他政府档案文件)进行公开而真实的报道,这种报道是经过特许的,如果报道被指控,所进行的辩护即为特权辩护。

最高人民法院1998年8月31日发布的《关于审理名誉权案件若干问题的解释》(以下简称《解释》)明确规定了新闻单位报道国家机关文书和行为的"特许权":"新闻单位根据国家机关依职权制作的公开的文书和实施的公开的职权行为所作的报道,其报道是客观准确的,不应当认定为侵害他人名誉权。"从而确认,新闻媒介如实报道国家机关的文书和行为,如果事后发现有关文书和行为有误,不应由新闻单位承担责任。国家机关行为的相对人若有异议,应当依照法律程序要求有关机关纠正,而不应状告新闻单位侵权。

新闻报道来源如果是党政机关、公检法机关以及其他权威部门提供的消息,以及处理决定、判决等,不仅具有较高的权威性,有的还具有法律效力。新闻单位采用可实行送审并请签字盖章，发表后如有差错，新闻机构不应承担责任。

《解释》接着规定："报道失实，或者前述文书和职权行为已公开纠正而拒绝更正报道，致使他人名誉受到损害的应当认定为侵害他人名誉权。"这就是说，如果国家机关的行为发生变更或者纠正，比如二审判决改变一审判决，行政诉讼判决改变行政处罚决定等，新闻单位报道了前一行为，就应对后一行为作连续报道，以消除对被改变了的前一行为的报道所造成的影响。如果拒不报道，就构成侵权，这是对法定义务不作为所造成的侵权行为。

二、新闻侵权行为的补救

所谓侵权行为的补救，是指一旦新闻报道引发新闻纠纷或发现可能引发纠纷时，侵权单位采取的一系列补偿挽救工作。补救的目的就是尽量挽回被侵害人或单位、团体的名誉或其他方面的损失，从而尽量减少侵权者可能招致的法律处罚。我国新闻工作者或新闻机构如果所发表的新闻报道犯有侵权行为，可以而且也应该采取哪些补救手段呢？

（一）更正。新闻报道中如果发生内容与事实确实不符，新闻单位应采取积极态度，不怕有损"面子"和"威信"，按照被侵权者的合理要求予以更正，如果"捂盖着"，损失将更大。

（二）给对方以公平申辩反驳的机会。如果被侵权者要求对侵害自己利益的新闻进行答复，只要有确凿的根据，在法律规定内，新闻单位有义务用侵权新闻的同等报道量和所占版面空间或节目的时间免费刊登或播出。这样做，新闻单位能化被动为主动。

（三）赔礼道歉。赔礼道歉有两种情况，一种是口头表示歉意，主要适用于新闻报道内容与事实出入不大，轻微失实，向对方表示歉意，能给对方心理上以安慰。另一种是公开赔礼道歉，如果侵权程度比较严重时，新闻单位在报刊或广播、电视台上作公开的赔礼道歉。像 2003 年 1 月 9 日《新安晚报》因"大学生车祸"报道失实，而公开向合工大师生道歉。1994年浙江某报因"某某建筑大军为何覆灭'天堂'"的报道失实造成"严重侵权"，便立即登报公开赔礼道歉，取得了"某某建筑大军"的谅解。无论是采取哪种道歉形式，对失实侵权的报道来说都是应该的，这也是新闻单位力求减少对方损失的较好手段之一。

255

（四）矫正报道。矫正报道是指当新闻单位发表某新闻报道失实后，重新报道事情的真实情况，以正视听。这种手段在实际运用时，要有一点技巧，否则会给受众造成"翻手为云覆手为雨"的不良印象。2003年1月23日，江南某报刊登一条新闻："江苏省人事厅紧急辟谣：公务员只考两科属空穴来风"。文中说："昨日（指1月22日），江苏省人事厅就南京一些媒体刊登的江苏公务员考试科目由三科变为两科，取消《公共基础知识》一事，紧急辟谣：'2003年，江苏省公务员考试仍旧按原定三门科目开考，《公共基础知识》是必考科目'。"

【思考与训练】

1. 什么是新闻侵权？

2. 新闻侵权的主要表现有哪些？

3. 新闻官司中为什么媒体败诉多？

4. 简述我国新闻的基本法律规范。

5. 我国法院审理新闻侵害名誉权案件的主要法律依据是哪两个司法解释？

6.《纽约时报》防范新闻官司有哪些启示？

7. 如何进行新闻侵权行为的抗辩？

8. 新闻侵权行为的补救措施有哪些？

附　录

报纸出版管理规定

(新闻出版总署令第 32 号)

《报纸出版管理规定》已经 2005 年 9 月 20 日新闻出版总署第 1 次署务会议通过,现予公布,自 2005 年 12 月 1 日起施行。

新闻出版总署署长:石宗源

二〇〇五年九月三十日

报纸出版管理规定

第一章　总　　则

第一条　为促进我国报业的发展与繁荣,规范报纸出版活动,加强报纸出版管理,根据国务院《出版管理条例》及相关法律法规,制定本规定。

第二条　在中华人民共和国境内从事报纸出版活动,适用本规定。

报纸由依法设立的报纸出版单位出版。报纸出版单位出版报纸,必须经新闻出版总署批准,持有国内统一连续出版物号,领取《报纸出版许可证》。

本规定所称报纸,是指有固定名称、刊期、开版,以新闻与时事评论为主要内容,每周至少出版一期的散页连续出版物。

本规定所称报纸出版单位,是指依照国家有关规定设立,经新闻出版总署批准并履行登记注册手续的报社。法人出版报纸不设立报社的,其设立的报纸编辑部视为报纸出版单位。

第三条 报纸出版必须坚持马克思列宁主义、毛泽东思想、邓小平理论和"三个代表"重要思想,坚持正确的舆论导向和出版方向,坚持把社会效益放在首位、社会效益和经济效益相统一和贴近实际、贴近群众、贴近生活的原则,为建设中国特色社会主义营造良好氛围,丰富广大人民群众的精神文化生活。

第四条 新闻出版总署负责全国报纸出版活动的监督管理工作,制定并实施全国报纸出版的总量、结构、布局的规划,建立健全报纸出版质量综合评估制度、报纸年度核验制度以及报纸出版退出机制等监督管理制度。

地方各级新闻出版行政部门负责本行政区域内的报纸出版活动的监督管理工作。

第五条 报纸出版单位负责报纸的编辑、出版等报纸出版活动。

报纸出版单位合法的出版活动受法律保护。任何组织和个人不得非法干扰、阻止、破坏报纸的出版。

第六条 新闻出版总署对为我国报业繁荣和发展做出突出贡献的报纸出版单位及个人实施奖励。

第七条 报纸出版行业的社会团体按照其章程,在新闻出版行政部门的指导下,实行自律管理。

第二章 报纸创办与报纸出版单位设立

第八条 创办报纸、设立报纸出版单位,应当具备下列条件:

(一)有确定的、不与已有报纸重复的名称;

(二)有报纸出版单位的名称、章程;

(三)有符合新闻出版总署认定条件的主管、主办单位;

(四)有确定的报纸出版业务范围;

(五)有30万元以上的注册资本;

（六）有适应业务范围需要的组织机构和符合国家规定资格条件的新闻采编专业人员；

（七）有与主办单位在同一行政区域的固定的工作场所；

（八）有符合规定的法定代表人或者主要负责人，该法定代表人或者主要负责人必须是在境内长久居住的中国公民；

（九）法律、行政法规规定的其他条件。

除前款所列条件外，还须符合国家对报纸及报纸出版单位总量、结构、布局的规划。

第九条　中央在京单位创办报纸并设立报纸出版单位，经主管单位同意后，由主办单位报新闻出版总署审批。

中国人民解放军和中国人民武装警察部队系统创办报纸并设立报纸出版单位，由中国人民解放军总政治部宣传部新闻出版局审核同意后报新闻出版总署审批。

其他单位创办报纸并设立报纸出版单位，经主管单位同意后，由主办单位向所在地省、自治区、直辖市新闻出版行政部门提出申请，省、自治区、直辖市新闻出版行政部门审核同意后，报新闻出版总署审批。

第十条　两个以上主办单位合办报纸，须确定一个主要主办单位，并由主要主办单位提出申请。

报纸的主要主办单位应为其主管单位的隶属单位。报纸出版单位和主要主办单位须在同一行政区域。

第十一条　创办报纸、设立报纸出版单位，由报纸出版单位的主办单位提出申请，并提交以下材料：

（一）按要求填写的《报纸出版申请表》；

（二）主办单位、主管单位的有关资质证明材料；

（三）拟任报纸出版单位法定代表人或者主要负责人的简历、身份证明文件及国家有关部门颁发的职业资格证书；

（四）新闻采编人员的职业资格证书；

（五）报纸出版单位办报资金来源及数额的相关证明文件；

（六）报纸出版单位的章程；

（七）工作场所使用证明；

（八）报纸出版可行性论证报告。

第十二条　新闻出版总署自收到创办报纸、设立报纸出版单位申请之日起 90 日内,作出批准或者不批准的决定,并直接或者由省、自治区、直辖市新闻出版行政部门书面通知主办单位;不批准的,应当说明理由。

第十三条 报纸主办单位应当自收到新闻出版总署批准决定之日起 60 日内办理注册登记手续:

(一)持批准文件到所在地省、自治区、直辖市新闻出版行政部门领取并填写《报纸出版登记表》,经主管单位审核签章后,报所在地省、自治区、直辖市新闻出版行政部门;

(二)《报纸出版登记表》一式五份,由报纸出版单位、主办单位、主管单位及省、自治区、直辖市新闻出版行政部门各存一份,另一份由省、自治区、直辖市新闻出版行政部门在 15 日内报送新闻出版总署备案;

(三)省、自治区、直辖市新闻出版行政部门对《报纸出版登记表》审核无误后,在 10 日内向主办单位发放《报纸出版许可证》,并编入国内统一连续出版物号;

(四)报纸出版单位持《报纸出版许可证》到工商行政管理部门办理登记手续,依法领取营业执照。

第十四条 报纸主办单位自收到新闻出版总署的批准文件之日起 60 日内未办理注册登记手续,批准文件自行失效,登记机关不再受理登记,报纸主办单位须把有关批准文件缴回新闻出版总署。

报纸出版单位自登记之日起满 90 日未出版报纸的,由新闻出版总署撤销《报纸出版许可证》,并由原登记的新闻出版行政部门注销登记。

因不可抗力或者其他正当理由发生前款所列情形的,报纸出版单位的主办单位可以向原登记的新闻出版行政部门申请延期。

第十五条 报社应当具备法人条件,经核准登记后,取得法人资格,以其全部法人财产独立承担民事责任。

报纸编辑部不具有法人资格,其民事责任由其主办单位承担。

第十六条 报纸出版单位变更名称、合并或者分立,改变资本结构,出版新的报纸,依照本规定第九条至第十三条的规定办理审批、登记手续。

第十七条 报纸变更名称、主办单位、主管单位、刊期、业务范围,依照本规定第九条至第十三条的规定办理审批、登记手续。

报纸变更刊期,新闻出版总署可以委托省、自治区、直辖市新闻出版行政部门审批。

本规定所称业务范围包括办报宗旨、文种。

第十八条　报纸变更开版,经主办单位审核同意后,由报纸出版单位报所在地省、自治区、直辖市新闻出版行政部门批准。

第十九条　报纸出版单位变更单位地址、法定代表人或者主要负责人、报纸承印单位,经其主办单位审核同意后,由报纸出版单位在 15 日内向所在地省、自治区、直辖市新闻出版行政部门备案。

第二十条　报纸休刊连续超过 10 日的,报纸出版单位须向所在地省、自治区、直辖市新闻出版行政部门办理休刊备案手续,说明休刊理由和休刊期限。

报纸休刊时间不得超过 180 日。报纸休刊超过 180 日仍不能正常出版的,由新闻出版总署撤销《报纸出版许可证》,并由所在地省、自治区、直辖市新闻出版行政部门注销登记。

第二十一条　报纸出版单位终止出版活动的,经主管单位同意后,由主办单位向所在地省、自治区、直辖市新闻出版行政部门办理注销登记,并由省、自治区、直辖市新闻出版行政部门报新闻出版总署备案。

第二十二条　报纸注销登记,以同一名称设立的报纸出版单位须与报纸同时注销,并到原登记的工商行政管理部门办理注销登记。

注销登记的报纸和报纸出版单位不得再以该名称从事出版、经营活动。

第二十三条　中央报纸出版单位组建报业集团,由新闻出版总署批准;地方报纸出版单位组建报业集团,向所在地省、自治区、直辖市新闻出版行政部门提出申请,经审核同意后,报新闻出版总署批准。

第三章　报纸的出版

第二十四条　报纸出版实行编辑责任制度,保障报纸刊载内容符合国家法律、法规的规定。

第二十五条　报纸不得刊载《出版管理条例》和其他有关法律、法规以及国家规定的禁止内容。

第二十六条　报纸开展新闻报道必须坚持真实、全面、客观、公正的原则,不得刊载虚假、失实报道。

报纸刊载虚假、失实报道,致使公民、法人或者其他组织的合法权益受到侵害的,其出版单位应当公开更正,消除影响,并依法承担相应民事责任。

　　报纸刊载虚假、失实报道,致使公民、法人或者其他组织的合法权益受到侵害的,当事人有权要求更正或者答辩,报纸应当予以发表;拒绝发表的,当事人可以向人民法院提出诉讼。

　　报纸因刊载虚假、失实报道而发表的更正或者答辩应自虚假、失实报道发现或者当事人要求之日起,在其最近出版的一期报纸的相同版位上发表。

　　报纸刊载虚假或者失实报道,损害公共利益的,新闻出版总署或者省、自治区、直辖市新闻出版行政部门可以责令该报纸出版单位更正。

　　第二十七条　报纸发表或者摘转涉及国家重大政策、民族宗教、外交、军事、保密等内容,应严格遵守有关规定。

　　报纸转载、摘编互联网上的内容,必须按照有关规定对其内容进行核实,并在刊发的明显位置标明下载文件网址、下载日期等。

　　第二十八条　报纸发表新闻报道,必须刊载作者的真实姓名。

　　第二十九条　报纸出版质量须符合国家标准和行业标准。报纸使用语言文字须符合国家有关规定。

　　第三十条　报纸出版须与《报纸出版许可证》的登记项目相符,变更登记项目须按本规定办理审批或者备案手续。

　　第三十一条　报纸出版时须在每期固定位置标示以下版本记录:

　　(一)报纸名称;

　　(二)报纸出版单位、主办单位、主管单位名称;

　　(三)国内统一连续出版物号;

　　(四)总编辑(社长)姓名;

　　(五)出版日期、总期号、版数、版序;

　　(六)报纸出版单位地址、电话、邮政编码;

　　(七)报纸定价(号外须注明"免费赠阅"字样);

　　(八)印刷单位名称、地址;

　　(九)广告经营许可证号;

　　(十)国家规定的涉及公共利益或者行业标准的其他标识。

　　第三十二条　一个国内统一连续出版物号只能对应出版一种报纸,不得用同一国内统一连续出版物号出版不同版本的报纸。

　　出版报纸地方版、少数民族文字版、外文版等不同版本(文种)的报纸,须按创办新报纸办理审批手续。

第三十三条　同一种报纸不得以不同开版出版。

报纸所有版页须作为一个整体出版发行,各版页不得单独发行。

第三十四条　报纸专版、专刊的内容应与报纸的宗旨、业务范围相一致,专版、专刊的刊头字样不得明显于报纸名称。

第三十五条　报纸在正常刊期之外可出版增期。出版增期应按变更刊期办理审批手续。

增期的内容应与报纸的业务范围相一致;增期的开版、文种、发行范围、印数应与主报一致,并随主报发行。

第三十六条　报纸出版单位因重大事件可出版号外;出版号外须在报头注明"号外"字样,号外连续出版不得超过 3 天。

报纸出版单位须在号外出版后 15 日内向所在地省、自治区、直辖市新闻出版行政部门备案,并提交所有号外样报。

第三十七条　报纸出版单位不得出卖、出租、转让本单位名称及所出版报纸的刊号、名称、版面,不得转借、转让、出租和出卖《报纸出版许可证》。

第三十八条　报纸刊登广告须在报纸明显位置注明"广告"字样,不得以新闻形式刊登广告。

报纸出版单位发布广告应依据法律、行政法规查验有关证明文件,核实广告内容,不得刊登有害的、虚假的等违法广告。

报纸的广告经营者限于在合法授权范围内开展广告经营、代理业务,不得参与报纸的采访、编辑等出版活动。

第三十九条　报纸出版单位不得在报纸上刊登任何形式的有偿新闻。

报纸出版单位及其工作人员不得利用新闻报道牟取不正当利益,不得索取、接受采访报道对象及其利害关系人的财物或者其他利益。

第四十条　报纸采编业务和经营业务必须严格分开。

新闻采编业务部门及其工作人员不得从事报纸发行、广告等经营活动;经营部门及其工作人员不得介入新闻采编业务。

第四十一条　报纸出版单位的新闻采编人员从事新闻采访活动,必须持有新闻出版总署统一核发的新闻记者证,并遵守新闻出版总署《新闻记者证管理办法》的有关规定。

第四十二条　报纸出版单位根据新闻采访工作的需要,可以依照新闻出版总署《报社记者站管理办法》设立记者站,开展新闻业务活动。

第四十三条　报纸出版单位不得以不正当竞争行为或者方式开展经营活动,不得利用权力摊派发行报纸。

第四十四条　报纸出版单位须遵守国家统计法规,依法向新闻出版行政部门报送统计资料。

报纸出版单位应配合国家认定的出版物发行数据调查机构进行报纸发行量数据调查,提供真实的报纸发行数据。

第四十五条　报纸出版单位须按照国家有关规定向国家图书馆、中国版本图书馆和新闻出版总署以及所在地省、自治区、直辖市新闻出版行政部门缴送报纸样本。

第四章　监督管理

第四十六条　报纸出版活动的监督管理实行属地原则。

省、自治区、直辖市新闻出版行政部门依法负责本行政区域报纸和报纸出版单位的登记、年度核验、质量评估、行政处罚等工作,对本行政区域的报纸出版活动进行监督管理。

其他地方新闻出版行政部门依法对本行政区域内报纸出版单位及其报纸出版活动进行监督管理。

第四十七条　报纸出版管理实施报纸出版事后审读制度、报纸出版质量评估制度、报纸出版年度核验制度和报纸出版从业人员资格管理制度。

报纸出版单位应当按照新闻出版总署的规定,将从事报纸出版活动的情况向新闻出版行政部门提出书面报告。

第四十八条　新闻出版总署负责全国报纸审读工作。地方各级新闻出版行政部门负责对本行政区域内出版的报纸进行审读。下级新闻出版行政部门要定期向上一级新闻出版行政部门提交审读报告。

主管单位须对其主管的报纸进行审读,定期向所在地新闻出版行政部门报送审读报告。

报纸出版单位应建立报纸阅评制度,定期写出阅评报告。新闻出版行政部门根据管理工作需要,可以随时调阅、检查报纸出版单位的阅评报告。

第四十九条　新闻出版总署制定报纸出版质量综合评估标准体系，对报纸出版质量进行全面评估。

经报纸出版质量综合评估，报纸出版质量未达到规定标准或者不能维持正常出版活动的，由新闻出版总署撤销《报纸出版许可证》，所在地省、自治区、直辖市新闻出版行政部门注销登记。

第五十条　省、自治区、直辖市新闻出版行政部门负责对本行政区域的报纸出版单位实施年度核验。年度核验内容包括报纸出版单位及其所出版报纸登记项目、出版质量、遵纪守法情况、新闻记者证和记者站管理等。

第五十一条　年度核验按照以下程序进行：

（一）报纸出版单位提出年度自检报告，填写由新闻出版总署统一印制的《报纸出版年度核验表》，经报纸主办单位、主管单位审核盖章后，连同核验之日前连续出版的30期样报，在规定时间内报所在地省、自治区、直辖市新闻出版行政部门；

（二）省、自治区、直辖市新闻出版行政部门对报纸出版单位自检报告、《报纸出版年度核验表》等送检材料审核查验；

（三）经核验符合规定标准的，省、自治区、直辖市新闻出版行政部门在其《报纸出版许可证》上加盖年度核验章；《报纸出版许可证》上加盖年度核验章即为通过年度核验，报纸出版单位可以继续从事报纸出版活动；

（四）省、自治区、直辖市新闻出版行政部门自完成报纸出版年度核验工作后的30日内，向新闻出版总署提交报纸年度核验工作报告。

第五十二条　有下列情形之一的，暂缓年度核验：

（一）正在限期停刊整顿的；

（二）经审核发现有违法情况应予处罚的；

（三）主管单位、主办单位未履行管理责任，导致报纸出版管理混乱的；

（四）存在其他违法嫌疑需要进一步核查的。

暂缓年度核验的期限由省、自治区、直辖市新闻出版行政部门确定，报新闻出版总署备案。缓验期满，按照本规定第五十条、第五十一条重新办理年度核验。

第五十三条　有下列情形之一的，不予通过年度核验：

（一）违法行为被查处后拒不改正或者没有明显整改效果的；

（二）报纸出版质量长期达不到规定标准的；

（三）经营恶化已经资不抵债的；

（四）已经不具备本规定第八条规定条件的。

不予通过年度核验的，由新闻出版总署撤销《报纸出版许可证》，所在地省、自治区、直辖市新闻出版行政部门注销登记。

未通过年度核验的，报纸出版单位自第二年起停止出版该报纸。

第五十四条 《报纸出版许可证》加盖年度核验章后方可继续使用。有关部门在办理报纸出版、印刷、发行等手续时，对未加盖年度核验章的《报纸出版许可证》不予采用。

不按规定参加年度核验的报纸出版单位，经催告仍未参加年度核验的，由新闻出版总署撤销《报纸出版许可证》，所在地省、自治区、直辖市新闻出版行政部门注销登记。

第五十五条 年度核验结果，核验机关可以向社会公布。

第五十六条 报纸出版从业人员，应具备国家规定的新闻出版职业资格条件。

第五十七条 报纸出版单位的社长、总编辑须符合国家规定的任职资格和条件。

报纸出版单位的社长、总编辑须参加新闻出版行政部门组织的岗位培训。

报纸出版单位的新任社长、总编辑须经过岗位培训合格后才能上岗。

第五章 法律责任

第五十八条 报纸出版单位违反本规定的，新闻出版行政部门视其情节轻重，可采取下列行政措施：

（一）下达警示通知书；

（二）通报批评；

（三）责令公开检讨；

（四）责令改正；

（五）责令停止印制、发行报纸；

（六）责令收回报纸；

（七）责成主办单位、主管单位监督报纸出版单位整改。

警示通知书由新闻出版总署制定统一格式，由新闻出版总署或者省、自治区、直辖市新闻出版行政部门下达给违法的报纸出版单位,并抄送违法报纸出版单位的主办单位及其主管单位。

本条所列行政措施可以并用。

第五十九条　未经批准,擅自设立报纸出版单位,或者擅自从事报纸出版业务,假冒报纸出版单位名称或者伪造、假冒报纸名称出版报纸的,依照《出版管理条例》第五十五条处罚。

第六十条　出版含有《出版管理条例》和其他有关法律、法规以及国家规定禁载内容报纸的,依照《出版管理条例》第五十六条处罚。

第六十一条　报纸出版单位违反本规定第三十七条的,依照《出版管理条例》第六十条处罚。

报纸出版单位允许或者默认广告经营者参与报纸的采访、编辑等出版活动,按前款处罚。

第六十二条　报纸出版单位有下列行为之一的,依照《出版管理条例》第六十一条处罚:

(一)报纸出版单位变更名称、合并或者分立,改变资本结构,出版新的报纸,未依照本规定办理审批手续的;

(二)报纸变更名称、主办单位、主管单位、刊期、业务范围、开版,未依照本规定办理审批手续的;

(三)报纸出版单位未依照本规定缴送报纸样本的。

第六十三条　报纸出版单位有下列行为之一的,由新闻出版总署或者省、自治区、直辖市新闻出版行政部门给予警告,并处 3 万元以下罚款:

(一)报纸出版单位变更单位地址、法定代表人或者主要负责人、承印单位,未按照本规定第十九条报送备案的;

(二)报纸休刊,未按照本规定第二十条报送备案的;

(三)刊载损害公共利益的虚假或者失实报道,拒不执行新闻出版行政部门更正命令的;

(四)在其报纸上发表新闻报道未登载作者真实姓名的;

(五)违反本规定第二十七条发表或者摘转有关文章的;

(六)未按照本规定第三十一条刊登报纸版本记录的;

(七)违反本规定第三十二条,"一号多版"的;

(八)违反本规定第三十三条,出版不同开版的报纸或者部分版页单独发行的;

（九）违反本规定关于出版报纸专版、专刊、增期、号外的规定的；

（十）报纸刊登广告未在明显位置注明"广告"字样，或者以新闻形式刊登广告的；

（十一）刊登有偿新闻或者违反本规定第三十九条其他规定的；

（十二）违反本规定第四十三条，以不正当竞争行为开展经营活动或者利用权力摊派发行的。

第六十四条　报纸出版单位新闻采编人员违反新闻记者证的有关规定，依照新闻出版总署《新闻记者证管理办法》的规定处罚。

第六十五条　报纸出版单位违反报社记者站的有关规定，依照新闻出版总署《报社记者站管理办法》的规定处罚。

第六十六条　对报纸出版单位做出行政处罚，应告知其主办单位和主管单位，可以通过媒体向社会公布。

对报纸出版单位做出行政处罚，新闻出版行政部门可以建议其主办单位或者主管单位对直接责任人和主要负责人予以行政处分或者调离岗位。

第六章　附　　则

第六十七条　以非新闻性内容为主或者出版周期超过一周，持有国内统一连续出版物号的其他散页连续出版物，也适用本规定。

第六十八条　本规定施行后，新闻出版署《报纸管理暂行规定》同时废止，此前新闻出版行政部门对报纸出版活动的其他规定，凡与本规定不一致的，以本规定为准。

第六十九条　本规定自二○○五年十二月一日起施行。

期刊出版管理规定

第一章　总　　则

第一条　为了促进我国期刊业的繁荣和发展,规范期刊出版活动,加强期刊出版管理,根据国务院《出版管理条例》及相关法律法规,制定本规定。

第二条　在中华人民共和国境内从事期刊出版活动,适用本规定。

期刊由依法设立的期刊出版单位出版。期刊出版单位出版期刊,必须经新闻出版总署批准,持有国内统一连续出版物号,领取《期刊出版许可证》。

本规定所称期刊又称杂志,是指有固定名称,用卷、期或者年、季、月顺序编号,按照一定周期出版的成册连续出版物。

本规定所称期刊出版单位,是指按照国家有关规定设立,经新闻出版总署批准并履行登记注册手续的期刊社。法人出版期刊不设立期刊社的,其设立的期刊编辑部视为期刊出版单位。

第三条　期刊出版必须坚持马克思列宁主义、毛泽东思想、邓小平理论和"三个代表"重要思想,坚持正确的舆论导向和出版方向,坚持把社会效益放在首位、社会效益和经济效益相统一的原则,传播和积累有益于提高民族素质、经济发展和社会进步的科学技术和文化知识,弘扬中华民族优秀文化,促进国际文化交流,丰富人民群众的精神文化生活。

第四条　期刊发行分公开发行和内部发行。

内部发行的期刊只能在境内按指定范围发行,不得在社会上公开发行、陈列。

第五条　新闻出版总署负责全国期刊出版活动的监督管理工作,制定并实施全国期刊出版的总量、结构、布局的规划,建立健全期刊出版质量评估制度、期刊年度核验制度以及期刊出版退出机制等监督管理制度。

地方各级新闻出版行政部门负责本行政区域内的期刊出版活动的监督管理工作。

第六条　期刊出版单位负责期刊的编辑、出版等期刊出版活动。

期刊出版单位合法的出版活动受法律保护。任何组织和个人不得非法干扰、阻止、破坏期刊的出版。

第七条　新闻出版总署对为我国期刊业繁荣和发展做出突出贡献的期刊出版单位及个人实施奖励。

第八条　期刊出版行业的社会团体按照其章程,在新闻出版行政部门的指导下,实行自律管理。

第二章　期刊创办和期刊出版单位设立

第九条　创办期刊、设立期刊出版单位,应当具备下列条件:

(一)有确定的、不与已有期刊重复的名称;

(二)有期刊出版单位的名称、章程;

(三)有符合新闻出版总署认定条件的主管、主办单位;

(四)有确定的期刊出版业务范围;

(五)有 30 万元以上的注册资本;

(六)有适应期刊出版活动需要的组织机构和符合国家规定资格条件的编辑专业人员;

(七)有与主办单位在同一行政区域的固定的工作场所;

(八)有确定的法定代表人或者主要负责人,该法定代表人或者主要负责人必须是在境内长久居住的中国公民;

(九)法律、行政法规规定的其他条件。

除前款所列条件外,还须符合国家对期刊及期刊出版单位总量、结构、布局的总体规划。

第十条　中央在京单位创办期刊并设立期刊出版单位,经主管单位审核同意后,由主办单位报新闻出版总署审批。

中国人民解放军和中国人民武装警察部队系统创办期刊并设立期刊出版单位,由中国人民解放军总政治部宣传部新闻出版局审核同意后报新闻出版总署审批。

其他单位创办期刊并设立期刊出版单位,经主管单位审核同意后,由主办单位向所在地省、自治区、直辖市新闻出版行政部门提出申请,省、自治区、直辖市新闻出版行政部门审核同意后,报新闻出版总署审批。

第十一条　两个以上主办单位合办期刊,须确定一个主要主办单位,并由主要主办单位提出申请。

期刊的主要主办单位应为其主管单位的隶属单位。期刊出版单位和主要主办单位须在同一行政区域。

第十二条　创办期刊、设立期刊出版单位,由期刊出版单位的主办单位提出申请,并提交以下材料:

(一)按要求填写的《期刊出版申请表》;

(二)主管单位、主办单位的有关资质证明材料;

(三)拟任出版单位法定代表人或主要负责人简历、身份证明文件及国家有关部门颁发的职业资格证书;

(四)编辑出版人员的职业资格证书;

(五)办刊资金来源、数额及相关的证明文件;

(六)期刊出版单位的章程;

(七)工作场所使用证明;

(八)期刊出版可行性论证报告。

第十三条　新闻出版总署应当自收到创办期刊、设立期刊出版单位的申请之日起 90 日内,作出批准或者不批准的决定,并直接或者由省、自治区、直辖市新闻出版行政部门书面通知主办单位;不批准的,应当说明理由。

第十四条　期刊主办单位应当自收到新闻出版总署批准决定之日起 60 日内办理注册登记手续:

(一)持批准文件到所在地省、自治区、直辖市新闻出版行政部门领取《期刊出版登记表》,填写一式五份,经期刊主管单位审核签章后,报所在地省、自治区、直辖市新闻出版行政部门,省、自治区、直辖市新闻出版行政部门应在 15 日内,将《期刊出版登记表》报送新闻出版总署备案;

(二)公开发行的期刊,可以向 ISSN 中国国家中心申领国际标准连续出版物号,并向新闻出版总署条码中心申领条型码;

(三)省、自治区、直辖市新闻出版行政部门对《期刊出版登记表》审核无误后,在 10 日内向主办单位发放《期刊出版许可证》;

(四)期刊出版单位持《期刊出版许可证》到工商行政管理部门办理登记手续,依法领取营业执照。

《期刊出版登记表》由期刊出版单位、主办单位、主管单位及所在地省、自治区、直辖市新闻出版行政部门各留存一份。

第十五条　期刊主办单位自收到新闻出版总署的批准文件之日起 60 日内未办理注册登记手续,批准文件自行失效,登记机关不再受理登记,期刊主办单位须把有关批准文件缴回新闻出版总署。

271

期刊出版单位自登记之日起满 90 日未出版期刊的,由新闻出版总署撤销《期刊出版许可证》,并由原登记的新闻出版行政部门注销登记。

因不可抗力或者其他正当理由发生前款所列情形的,期刊出版单位可以向原登记的新闻出版行政部门申请延期。

第十六条 期刊社应当具备法人条件,经核准登记后,取得法人资格,以其全部法人财产独立承担民事责任。

期刊编辑部不具有法人资格,其民事责任由其主办单位承担。

第十七条 期刊出版单位变更名称、合并或者分立、改变资本结构,出版新的期刊,依照本规定第十条至第十四条的规定办理审批、登记手续。

第十八条 期刊变更名称、主办单位或主管单位、登记地、业务范围、刊期的,依照本规定第十条至第十四条的规定办理审批、登记手续。

期刊变更刊期,新闻出版总署可以委托省、自治区、直辖市新闻出版行政部门审批。

本规定所称期刊业务范围包括办刊宗旨、文种。

第十九条 期刊出版单位变更期刊开本、法定代表人或者主要负责人、在同一登记地内变更地址,经其主办单位审核同意后,由期刊出版单位在 15 日内向所在地省、自治区、直辖市新闻出版行政部门备案。

第二十条 期刊休刊,期刊出版单位须向所在地省、自治区、直辖市新闻出版行政部门备案并说明休刊理由和期限。

期刊休刊时间不得超过一年。休刊超过一年的,由新闻出版总署撤销《期刊出版许可证》,所在地省、自治区、直辖市新闻出版行政部门注销登记。

第二十一条 期刊出版单位终止期刊出版活动的,经主管单位同意后,由其主办单位向所在地省、自治区、直辖市新闻出版行政部门办理注销登记,并由省、自治区、直辖市新闻出版行政部门报新闻出版总署备案。

第二十二条 期刊注销登记,以同一名称设立的期刊出版单位须与期刊同时注销,并到原登记的工商行政管理部门办理注销登记。

注销登记的期刊和期刊出版单位不得再以该名称从事出版、经营活动。

第二十三条 中央期刊出版单位组建期刊集团,由新闻出版总署批准;地方期刊出版单位组建期刊集团,向所在地省、自治区、直辖市新闻出版行政部门提出申请,经审核同意后,报新闻出版总署批准。

第三章　期刊的出版

第二十四条　期刊出版实行编辑责任制度,保障期刊刊载内容符合国家法律、法规的规定。

第二十五条　期刊不得刊载《出版管理条例》和其他有关法律、法规以及国家规定的禁止内容。

第二十六条　期刊刊载的内容不真实、不公正,致使公民、法人或者其他组织的合法权益受到侵害的,期刊出版单位应当公开更正,消除影响,并依法承担其他民事责任。

期刊刊载的内容不真实、不公正,致使公民、法人或者其他组织的合法权益受到侵害的,当事人有权要求期刊出版单位更正或者答辩,期刊出版单位应当在其最近出版的一期期刊上予以发表;拒绝发表的,当事人可以向人民法院提出诉讼。

期刊刊载的内容不真实、不公正,损害公共利益的,新闻出版总署或者省、自治区、直辖市新闻出版行政部门可以责令该期刊出版单位更正。

第二十七条　期刊刊载涉及国家安全、社会安定等重大选题的内容,须按照重大选题备案管理规定办理备案手续。

第二十八条　公开发行的期刊不得转载、摘编内部发行出版物的内容。

期刊转载、摘编互联网上的内容,必须按照有关规定对其内容进行核实,并在刊发的明显位置标明下载文件网址、下载日期等。

第二十九条　期刊出版单位与境外出版机构开展合作出版项目,须经新闻出版总署批准,具体办法另行规定。

第三十条　期刊出版质量须符合国家标准和行业标准。期刊使用语言文字须符合国家有关规定。

第三十一条　期刊须在封底或版权页上刊载以下版本记录:期刊名称、主管单位、主办单位、出版单位、印刷单位、发行单位、出版日期、总编辑(主编)姓名、发行范围、定价、国内统一连续出版物号、广告经营许可证号等。

领取国际标准连续出版物号的期刊须同时刊印国际标准连续出版物号。

　　第三十二条　期刊须在封面的明显位置刊载期刊名称和年、月、期、卷等顺序编号,不得以总期号代替年、月、期号。

　　期刊封面其他文字标识不得明显于刊名。

　　期刊的外文刊名须是中文刊名的直译。外文期刊封面上必须同时刊印中文刊名;少数民族文种期刊封面上必须同时刊印汉语刊名。

　　第三十三条　一个国内统一连续出版物号只能对应出版一种期刊,不得用同一国内统一连续出版物号出版不同版本的期刊。

　　出版不同版本的期刊,须按创办新期刊办理审批手续。

　　第三十四条　期刊可以在正常刊期之外出版增刊。每种期刊每年可以出版两期增刊。

　　期刊出版单位出版增刊,应在申请报告中说明拟出增刊的文章编目、印数、定价、出版时间、印刷单位,经其主管单位审核同意后,由主办单位报所在地省、自治区、直辖市新闻出版行政部门审批;批准的,发给一次性增刊许可证。

　　增刊内容必须符合正刊的业务范围,开本和发行范围必须与正刊一致;增刊除刊印本规定第三十一条所列版本纪录外,还须刊印增刊许可证编号,并在封面刊印正刊名称和注明"增刊"。

　　第三十五条　期刊合订本须按原期刊出版顺序装订,不得对期刊内容另行编排,并在其封面明显位置标明期刊名称及"合订本"字样。

　　期刊因内容违法被新闻出版行政部门给予行政处罚的,该期期刊的相关篇目不得收入合订本。

　　被注销登记的期刊,不得制作合订本。

　　第三十六条　期刊出版单位不得出卖、出租、转让本单位名称及所出版期刊的刊号、名称、版面,不得转借、转让、出租和出卖《期刊出版许可证》。

　　第三十七条　期刊出版单位利用其期刊开展广告业务,必须遵守广告法律规定,发布广告须依法查验有关证明文件,核实广告内容,不得刊登有害的、虚假的等违法广告。

　　期刊的广告经营者限于在合法授权范围内开展广告经营、代理业务,不得参与期刊的采访、编辑等出版活动。

　　第三十八条　期刊采编业务与经营业务必须严格分开。

　　禁止以采编报道相威胁,以要求被报道对象做广告、提供赞助、加入理事会等损害被报道对象利益的行为牟取不正当利益。

期刊不得刊登任何形式的有偿新闻。

第三十九条　期刊出版单位的新闻采编人员从事新闻采访活动,必须持有新闻出版总署统一核发的新闻记者证,并遵守新闻出版总署《新闻记者证管理办法》的有关规定。

第四十条　具有新闻采编业务的期刊出版单位在登记地以外的地区设立记者站,参照新闻出版总署《报社记者站管理办法》审批、管理。其他期刊出版单位一律不得设立记者站。

期刊出版单位是否具有新闻采编业务由新闻出版总署认定。

第四十一条　期刊出版单位不得以不正当竞争行为或者方式开展经营活动,不得利用权力摊派发行期刊。

第四十二条　期刊出版单位须遵守国家统计法规,依法向新闻出版行政部门报送统计资料。

期刊出版单位应配合国家认定的出版物发行数据调查机构进行期刊发行数据调查,提供真实的期刊发行数据。

第四十三条　期刊出版单位须在每期期刊出版30日内,分别向新闻出版总署、中国版本图书馆、国家图书馆以及所在地省、自治区、直辖市新闻出版行政部门缴送样刊3本。

第四章　监督管理

第四十四条　期刊出版活动的监督管理实行属地原则。

省、自治区、直辖市新闻出版行政部门依法负责对本行政区域期刊和期刊出版单位的登记、年度核验、质量评估、行政处罚等工作,对本行政区域的期刊出版活动进行监督管理。

其他地方新闻出版行政部门依法对本行政区域内期刊出版单位及其期刊出版活动进行监督管理。

第四十五条　期刊出版管理实施期刊出版事后审读制度、期刊出版质量评估制度、期刊年度核验制度和期刊出版从业人员资格管理制度。

期刊出版单位应当按照新闻出版总署的规定,将从事期刊出版活动的情况向新闻出版行政部门提出书面报告。

第四十六条　新闻出版总署负责全国期刊审读工作。地方各级新闻出版行政部门负责对本行政区域内出版的期刊进行审读。下级新闻出版行政部门要定期向上一级新闻出版行政部门提交审读报告。

主管单位须对其主管的期刊进行审读,定期向所在地新闻出版行政部门报送审读报告。

期刊出版单位应建立期刊阅评制度,定期写出阅评报告。新闻出版行政部门根据管理工作的需要,可以随时调阅、检查期刊出版单位的阅评报告。

第四十七条 新闻出版总署制定期刊出版质量综合评估标准体系,对期刊出版质量进行全面评估。

经期刊出版质量综合评估,期刊出版质量未达到规定标准或者不能维持正常出版活动的,由新闻出版总署撤销《期刊出版许可证》,所在地省、自治区、直辖市新闻出版行政部门注销登记。

第四十八条 省、自治区、直辖市新闻出版行政部门负责对本行政区域的期刊实施年度核验。年度核验内容包括期刊出版单位及其所出版期刊登记项目、出版质量、遵纪守法情况等。

第四十九条 年度核验按照以下程序进行:

(一)期刊出版单位提出年度自检报告,填写由新闻出版总署统一印制的《期刊登记项目年度核验表》,经期刊主办单位、主管单位审核盖章后,连同本年度出版的样刊报省、自治区、直辖市新闻出版行政部门;

(二)省、自治区、直辖市新闻出版行政部门对期刊出版单位自检报告、《期刊登记项目年度核验表》及样刊进行审核查验;

(三)经核验符合规定标准的,省、自治区、直辖市新闻出版行政部门在《期刊出版许可证》上加盖年度核验章;《期刊出版许可证》上加盖年度核验章即为通过年度核验,期刊出版单位可以继续从事期刊出版活动;

(四)省、自治区、直辖市新闻出版行政部门在完成期刊年度核验工作30日内向新闻出版总署提交期刊年度核验工作报告。

第五十条 有下列情形之一的,暂缓年度核验:

(一)正在限期停业整顿的;

(二)经审核发现有违法情况应予处罚的;

(三)主管单位、主办单位未履行管理责任,导致期刊出版管理混乱的;

(四)存在其他违法嫌疑需要进一步核查的。

暂缓年度核验的期限由省、自治区、直辖市新闻出版行政部门确定,报新闻出版总署备案。缓验期满,按本规定第四十八条、第四十九条重新办理年度核验。

第五十一条　期刊有下列情形之一的,不予通过年度核验:

(一)违法行为被查处后拒不改正或者没有明显整改效果的;

(二)期刊出版质量长期达不到规定标准的;

(三)经营恶化已经资不抵债的;

(四)已经不具备本规定第九条规定条件的。

不予通过年度核验的,由新闻出版总署撤销《期刊出版许可证》,所在地省、自治区、直辖市新闻出版行政部门注销登记。

未通过年度核验的,期刊出版单位自第二年起停止出版该期刊。

第五十二条　《期刊出版许可证》加盖年度核验章后方可继续使用。有关部门在办理期刊出版、印刷、发行等手续时,对未加盖年度核验章的《期刊出版许可证》不予采用。

不按规定参加年度核验的期刊出版单位,经催告仍未参加年度核验的,由新闻出版总署撤销《期刊出版许可证》,所在地省、自治区、直辖市新闻出版行政部门注销登记。

第五十三条　年度核验结果,核验机关可以向社会公布。

第五十四条　期刊出版从业人员,应具备国家规定的新闻出版职业资格条件。

第五十五条　期刊出版单位的社长、总编辑须符合国家规定的任职资格和条件。

期刊出版单位的社长、总编辑须参加新闻出版行政部门组织的岗位培训。

期刊出版单位的新任社长、总编辑须经过岗位培训合格后才能上岗。

第五章　法律责任

第五十六条　期刊出版单位违反本规定的,新闻出版行政部门视其情节轻重,可以采取下列行政措施:

(一)下达警示通知书;

(二)通报批评;

(三)责令公开检讨;

(四)责令改正;

（五）责令停止印制、发行期刊；

（六）责令收回期刊；

（七）责成主办单位、主管单位监督期刊出版单位整改。

警示通知书由新闻出版总署制定统一格式，由新闻出版总署或者省、自治区、直辖市新闻出版行政部门下达给违法的期刊出版单位，并抄送违法期刊出版单位的主办单位及其主管单位。

本条所列行政措施可以并用。

第五十七条　未经批准，擅自设立期刊出版单位，或者擅自从事期刊出版业务，假冒期刊出版单位名称或者伪造、假冒期刊名称出版期刊的，依照《出版管理条例》第五十五条处罚。

期刊出版单位擅自出版增刊、擅自与境外出版机构开展合作出版项目的，按前款处罚。

第五十八条　出版含有《出版管理条例》和其他有关法律、法规以及国家规定禁载内容期刊的，依照《出版管理条例》第五十六条处罚。

第五十九条　期刊出版单位违反本规定第三十六条的，依照《出版管理条例》第六十条处罚。

期刊出版单位允许或者默认广告经营者参与期刊采访、编辑等出版活动的，按前款处罚。

第六十条　期刊出版单位有下列行为之一的，依照《出版管理条例》第六十一条处罚：

（一）期刊变更名称、主办单位或主管单位、登记地、业务范围、刊期，未依照本规定办理审批手续的；

（二）期刊出版单位变更名称、合并或分立、改变资本结构、出版新的期刊，未依照本规定办理审批手续的；

（三）期刊出版单位未将涉及国家安全、社会安定等方面的重大选题备案的；

（四）期刊出版单位未依照本规定缴送样刊的。

第六十一条　期刊出版单位违反本规定第四条第二款的，依照新闻出版总署《出版物市场管理规定》第四十八条处罚。

第六十二条　期刊出版单位有下列行为之一的，由新闻出版总署或者省、自治区、直辖市新闻出版行政部门给予警告，并处 3 万元以下罚款：

（一）期刊出版单位变更期刊开本、法定代表人或者主要负责人、在同

一登记地内变更地址,未按本规定第十九条报送备案的;

(二)期刊休刊未按本规定第二十条报送备案的;

(三)刊载损害公共利益的虚假或者失实报道,拒不执行新闻出版行政部门更正命令的;

(四)公开发行的期刊转载、摘编内部发行出版物内容的;

(五)期刊转载、摘编互联网上的内容,违反本规定第二十八条第二款的;

(六)未按照本规定第三十一条刊载期刊版本记录的;

(七)违反本规定第三十二条关于期刊封面标识的规定的;

(八)违反本规定第三十三条,"一号多刊"的;

(九)出版增刊违反本规定第三十四条第三款的;

(十)违反本规定第三十五条制作期刊合订本的;

(十一)刊登有偿新闻或者违反本规定第三十八条其他规定的;

(十二)违反本规定第四十一条,以不正当竞争行为开展经营活动或者利用权力摊派发行的。

第六十三条　期刊出版单位新闻采编人员违反新闻记者证的有关规定,依照新闻出版总署《新闻记者证管理办法》的规定处罚。

第六十四条　期刊出版单位违反记者站的有关规定,依照新闻出版总署《报社记者站管理办法》的规定处罚。

第六十五条　对期刊出版单位做出行政处罚,新闻出版行政部门应告知其主办单位和主管单位,可以通过媒体向社会公布。

对期刊出版单位做出行政处罚,新闻出版行政部门可以建议其主办单位或者主管单位对直接责任人和主要负责人予以行政处分或者调离岗位。

第六章　附　　则

第六十六条　本规定施行后,新闻出版署《期刊管理暂行规定》和《〈期刊管理暂行规定〉行政处罚实施办法》同时废止,此前新闻出版行政部门对期刊出版活动的其他规定,凡与本规定不一致的,以本规定为准。

第六十七条　本规定自二〇〇五年十二月一日起施行。

中华人民共和国主席令

（第三十七号）

《中华人民共和国国家通用语言文字法》已由中华人民共和国第九届全国人民代表大会常务委员会第十八次会议于 2000 年 10 月 31 日通过,现予公布,自 2001 年 1 月 1 日起施行。

中华人民共和国主席　江泽民

二〇〇〇年十月三十一日

中华人民共和国国家通用语言文字法

（2000 年 10 月 31 日第九届全国人民代表大会常务委员会第十八次会议通过）

目　　录

280

第一章　总　　则

第一条　为推动国家通用语言文字的规范化、标准化及其健康发展,使国家通用语言文字在社会生活中更好地发挥作用,促进各民族、各地区经济文化交流,根据宪法,制定本法。

第二条　本法所称的国家通用语言文字是普通话和规范汉字。

第三条　国家推广普通话,推行规范汉字。

第四条　公民有学习和使用国家通用语言文字的权利。

国家为公民学习和使用国家通用语言文字提供条件。

地方各级人民政府及其有关部门应当采取措施,推广普通话和推行规范汉字。

第五条　国家通用语言文字的使用应当有利于维护国家主权和民族

尊严,有利于国家统一和民族团结,有利于社会主义物质文明建设和精神文明建设。

　　第六条　国家颁布国家通用语言文字的规范和标准,管理国家通用语言文字的社会应用,支持国家通用语言文字的教学和科学研究,促进国家通用语言文字的规范、丰富和发展。

　　第七条　国家奖励为国家通用语言文字事业做出突出贡献的组织和个人。

　　第八条　各民族都有使用和发展自己的语言文字的自由。

　　少数民族语言文字的使用依据宪法、民族区域自治法及其他法律的有关规定。

第二章　国家通用语言文字的使用

　　第九条　国家机关以普通话和规范汉字为公务用语用字。法律另有规定的除外。

　　第十条　学校及其他教育机构以普通话和规范汉字为基本的教育教学用语用字。法律另有规定的除外。

　　学校及其他教育机构通过汉语文课程教授普通话和规范汉字。使用的汉语文教材,应当符合国家通用语言文字的规范和标准。

　　第十一条　汉语文出版物应当符合国家通用语言文字的规范和标准。

　　汉语文出版物中需要使用外国语言文字的,应当用国家通用语言文字作必要的注释。

　　第十二条　广播电台、电视台以普通话为基本的播音用语。

　　需要使用外国语言为播音用语的,须经国务院广播电视部门批准。

　　第十三条　公共服务行业以规范汉字为基本的服务用字。因公共服务需要,招牌、广告、告示、标志牌等使用外国文字并同时使用中文的,应当使用规范汉字。

　　提倡公共服务行业以普通话为服务用语。

　　第十四条　下列情形,应当以国家通用语言文字为基本的用语用字:

　　(一)广播、电影、电视用语用字;

　　(二)公共场所的设施用字;

　　(三)招牌、广告用字;

281

（四）企业事业组织名称；

（五）在境内销售的商品的包装、说明。

第十五条 信息处理和信息技术产品中使用的国家通用语言文字应当符合国家的规范和标准。

第十六条 本章有关规定中，有下列情形的，可以使用方言：

（一）国家机关的工作人员执行公务时确需使用的；

（二）经国务院广播电视部门或省级广播电视部门批准的播音用语；

（三）戏曲、影视等艺术形式中需要使用的；

（四）出版、教学、研究中确需使用的。

第十七条 本章有关规定中，有下列情形的，可以保留或使用繁体字、异体字：

（一）文物古迹；

（二）姓氏中的异体字；

（三）书法、篆刻等艺术作品；

（四）题词和招牌的手书字；

（五）出版、教学、研究中需要使用的；

（六）经国务院有关部门批准的特殊情况。

第十八条 国家通用语言文字以《汉语拼音方案》作为拼写和注音工具。

《汉语拼音方案》是中国人名、地名和中文文献罗马字母拼写法的统一规范，并用于汉字不便或不能使用的领域。

初等教育应当进行汉语拼音教学。

第十九条 凡以普通话作为工作语言的岗位，其工作人员应当具备说普通话的能力。

以普通话作为工作语言的播音员、节目主持人和影视话剧演员、教师、国家机关工作人员的普通话水平，应当分别达到国家规定的等级标准；对尚未达到国家规定的普通话等级标准的，分别情况进行培训。

第二十条 对外汉语教学应当教授普通话和规范汉字。

第三章　管理和监督

第二十一条 国家通用语言文字工作由国务院语言文字工作部门负责规划指导、管理监督。

国务院有关部门管理本系统的国家通用语言文字的使用。

第二十二条　地方语言文字工作部门和其他有关部门,管理和监督本行政区域内的国家通用语言文字的使用。

第二十三条　县级以上各级人民政府工商行政管理部门依法对企业名称、商品名称以及广告的用语用字进行管理和监督。

第二十四条　国务院语言文字工作部门颁布普通话水平测试等级标准。

第二十五条　外国人名、地名等专有名词和科学技术术语译成国家通用语言文字,由国务院语言文字工作部门或者其他有关部门组织审定。

第二十六条　违反本法第二章有关规定,不按照国家通用语言文字的规范和标准使用语言文字的,公民可以提出批评和建议。

本法第十九条第二款规定的人员用语违反本法第二章有关规定的,有关单位应当对直接责任人员进行批评教育;拒不改正的,由有关单位作出处理。

城市公共场所的设施和招牌、广告用字违反本法第二章有关规定的,由有关行政管理部门责令改正;拒不改正的,予以警告,并督促其限期改正。

第二十七条　违反本法规定,干涉他人学习和使用国家通用语言文字的,由有关行政管理部门责令限期改正,并予以警告。

第四章　附　则

第二十八条　本法自 2001 年 1 月 1 日起施行。

浙江省实施《中华人民共和国国家通用语言文字法》办法

（浙江省人民政府令第228号）

《浙江省实施〈中华人民共和国国家通用语言文字法〉办法》已经省人民政府第84次常务会议审议通过，现予公布，自2007年4月1日起施行。

省长　吕祖善
2006年12月25日

浙江省实施《中华人民共和国国家通用语言文字法》办法

第一条　为加强语言文字工作，推广普通话，推行规范汉字，根据《中华人民共和国国家通用语言文字法》及有关法律、法规，结合本省实际，制定本办法。

第二条　本省行政区域内的单位和个人从事语言文字工作和使用语言文字，均须遵守本办法。法律、法规另有规定的，从其规定。

第三条　使用语言文字应当符合国家通用语言文字规范和标准。

本办法所称国家通用语言文字的规范和标准，主要包括《汉语拼音方案》、《简化字总表》、《汉语拼音正词法基本规则》、《现代汉语通用字表》、《标点符号用法》等规范和标准。

第四条　县级以上人民政府应当加强对语言文字工作的领导，将推广普通话和推行规范汉字事业纳入国民经济和社会发展规划，所需经费列入本级财政预算。

各级人民政府及其有关部门应当有计划地对农民（包括进城务工人员）等人员开展普通话培训和规范汉字推广使用工作。

第五条　县级以上人民政府及有关部门对在推广普通话和推行规范汉字工作中作出显著成绩的组织和个人，应当给予表彰和奖励。

第六条　县级以上人民政府语言文字工作主管部门履行下列职责：

（一）宣传贯彻语言文字法律制度，依法制定工作规划并组织实施；

（二）监督检查国家通用语言文字规范和标准的执行情况；

（三）指导、协调各部门、各行业推广使用普通话和推行使用规范汉字

284

工作；

　　(四)组织实施语言文字工作的评估；

　　(五)管理、监督普通话和规范汉字的培训、测试工作；

　　(六)受委托对因语言文字的歧义、误解引起纠纷提出鉴别意见；

　　(七)组织做好本系统推广使用普通话和推行使用规范汉字工作；

　　(八)本级人民政府规定的有关语言文字的其他职责。

　　第七条　教育、人事、民政、工商、质量技监、城管、公安、交通、建设、文化、体育、卫生、旅游、广播电视、新闻出版等行政管理部门和铁路、民航、银行、保险、证券、邮政、电信等行业监督管理机构,应当做好本系统、本行业推广使用普通话和推行使用规范汉字工作,并配合语言文字工作主管部门做好普通话和规范汉字的有关监督检查和测试、评估工作。

　　第八条　国家机关和具有管理公共事务职能的事业组织的工作用语,应当使用普通话。

　　学校及其他教育机构的教育教学用语,广播、电视等新闻媒体用语,公共服务行业直接面向公众的服务用语,各类会议、展览、大型活动的工作用语,应当以普通话为基本用语。

　　广告、汉语文出版物用语,应当使用普通话。

　　第九条　下列人员的普通话水平应当达到相应等级要求：

　　(一)省级广播电台、电视台的播音员、主持人达到一级甲等,其他广播电台、电视台的播音员、主持人达到一级乙等；

　　(二)影视话剧演员达到一级乙等；

　　(三)学校及其他教育机构的汉语语音教师达到一级乙等,语文教师和对外汉语教学教师达到二级甲等,其他教师达到二级乙等；

　　(四)高等学校、中等职业学校的播音与主持艺术专业、影视话剧表演专业毕业生达到一级乙等,师范类中文专业毕业生达到二级甲等,其他与口语表达密切相关专业毕业

　　生达到二级乙等；

　　(五)国家机关和具有管理公共事务职能的事业组织的工作人员达到三级甲等,经省公务员主管部门认定属特殊情况的,不得低于三级乙等；

　　(六)直接面向公众服务的公共服务行业工作人员根据国家行业主管部门的规定达到三级乙等以上,其中播音员、话务员、解说员、导游员等公共服务岗位人员达到二级乙等以上。

前款规定的人员尚未达到相应等级要求的,所在单位应当组织其参加培训。

第十条 有关单位招聘、录用本办法第九条第一款规定岗位的工作人员,应当对应聘人员的普通话水平提出具体要求。

第十一条 普通话水平测试应当执行国家统一的普通话水平测试管理规定、测试大纲和等级标准。普通话培训、测试的具体实施办法由省语言文字工作主管部门会同有关部门制定,报省人民政府备案。

普通话水平达到相应等级标准的人员,由省语言文字工作主管部门颁发等级证书。

第十二条 依照本办法第八条规定应当使用普通话或者以普通话为基本用语的,有下列情形,可以使用方言:

(一)国家机关和具有管理公共事务职能的事业组织工作人员执行公务时确需使用的;

(二)地方戏剧、曲艺、影视作品等艺术形式中需要使用的;

(三)出版、教学、研究中确需使用的。

广播电视播音确需使用方言的,应当报经国家或者省广播电视行政管理部门依法批准,并在规定时间内播放;电视播放的,还应当加配规范汉字字幕。

第十三条 下列情形应当使用规范汉字:

(一)各类名称牌、指示牌、标志牌、招牌、标语(牌)等牌匾用字;

(二)各类公文、公务印章、信笺、信封、档案、合同、广告、公务名片、票据、报表、宣传材料等用字;

(三)各类报纸、期刊、图书、电子出版物和网络出版物、音像制品等出版物的用字;

(四)各类企业名称,国内销售的商品名称、包装、标志、说明等用字;

(五)各类电子屏幕用字;

(六)各类汉语文教材、讲义、讲稿、试卷、板报、板书等用字;

(七)各类证件、徽章、旌旗、奖状、奖牌等用字;

(八)广播、电影、电视等用字;

(九)医疗机构出具的病历、处方、检验报告等用字;

(十)电子信息处理和信息技术产品等用字;

(十一)公共场所用字,建筑物及其他设施面向公众的用字;

（十二）山川、河流、岛、礁等自然地理实体名称、行政区划名称、居民地名称以及路名、街名、巷名、站名、名胜古迹、纪念地、游览地等名称用字；

（十三）法律、法规、规章规定应当使用规范汉字的其他情形。

第十四条　下列情形可以保留、使用繁体字和异体字：

（一）文物、古迹；

（二）历史名人、革命先烈的手迹；

（三）姓氏中的异体字；

（四）老字号牌匾的原有字迹；

（五）已有的题词和招牌的手书字；

（六）已注册的商标用字；

（七）书法、篆刻等艺术作品用字；

（八）出版、教学、研究中确需的用字；

（九）涉及港澳台与华侨事务确需使用的情形。

第十五条　新作手书招牌或者为公共场所题词，应当使用规范汉字；已有的题词和手书招牌使用繁体字、异体字的，应当在适当的位置配有规范汉字。

人名用字提倡使用规范汉字、常用字。

第十六条　公共场所用字，地名标志牌、建筑物及其他设施面向公众的用字，应当规范完整，缺损时应当及时修复或者拆除。

在广告中不得使用错别字、繁体字、异体字等不规范汉字和窜改成语的谐音字。

第十七条　《汉语拼音方案》是普通话和规范汉字的拼写和注音工具。不便使用或不能使用汉字的领域，可以单独使用汉语拼音。

各类名称牌、指示牌、标志牌、招牌、标语（牌）、广告牌等牌匾不得单独使用汉语拼音；对规范汉字加注汉语拼音的，应当加注在汉字的下方。

第十八条　外商投资企业依法使用外国文字名称的，应当与规范汉字同时使用。

公共场所用字，建筑物及其他设施面向公众的用字，确需使用外国文字的，应当与规范汉字、汉语拼音同时使用。

第十九条　学校及其他教育机构应当加强普通话和规范汉字的培训工作，并将其作为教育教学和教师学生技能训练的基本内容纳入工作计

287

划和教学计划,切实提高教师学生的普通话水平和使用规范汉字的能力。

各级人民政府教育督导机构,应当把学校及其他教育机构推广使用普通话和推行使用规范汉字工作,作为教育督导的重要内容。

第二十条 任何单位和个人有权对不规范用语用字行为提出批评,并有权向语言文字工作主管部门或者其他有关行政主管部门举报投诉,提出意见和建议;接到举报投诉的部门应当进行调查处理,并及时予以答复。

新闻媒体应当加强推广普通话和推行规范汉字工作的宣传报道,对社会用语用字的行为进行督促,对违法使用语言文字的行为予以批评。

第二十一条 国家机关和具有管理公共事务职能的事业组织、学校及其他教育机构、公共服务单位等违反本办法规定用语用字的,由县级以上人民政府语言文字工作主管部门或者其他有关行政主管部门责令其限期改正;拒不改正的,予以通报批评,并依法追究其主管负责人和直接责任人的责任。

第二十二条 广播、电视、网站等媒体和各类出版物的用语用字,违反本办法规定的,由县级以上人民政府语言文字工作主管部门或者其他有关行政主管部门责令相关单位限期改正,并予以通报批评;拒不改正的,由有关部门依法对其主管负责人和直接责任人员给予行政或者纪律处分。

第二十三条 企业名称、商品名称、商品包装、产品说明、广告以及电子信息处理和信息技术产品的用语用字等,违反本办法规定的,由工商、质量技监等有关部门依法予以查处。

公共场所用字,地名标志牌、建筑物及其他设施面向公众的用字,违反本办法规定的,由民政、城管等有关部门依法予以查处。

第二十四条 语言文字工作主管部门、其他有关行政主管部门和行业监督管理机构及其工作人员,不履行职责或者滥用职权、徇私舞弊的,由有关部门依法予以查处。

第二十五条 对妨碍、阻挠语言文字工作主管部门和其他有关行政主管部门、行业监督管理机构及其工作人员依法履行职责的行为,由所在单位或者有关部门依法予以查处;违反治安管理法律、法规规定的,由公安机关依法给予行政处罚。

第二十六条 本办法自 2007 年 4 月 1 日起施行。

关于印发《浙江省报纸期刊审读实施办法(试行)》的通知

浙新出发〔2007〕73 号

各设区市和义乌市文化广电新闻出版局,各报刊主管主办单位、报刊社:

现将《浙江省报纸期刊审读实施办法(试行)》印发给你们,请认真贯彻执行。

二〇〇七年十一月九日

浙江省报纸期刊审读实施办法(试行)

第一章　总　　则

第一条　为贯彻落实国务院《出版管理条例》和新闻出版总署《报纸出版管理规定》、《期刊出版管理规定》,使新闻出版行政部门、报刊主管主办单位和报刊社切实履行审读管理职责,推动报刊审读工作的制度化、规范化建设,做到关口前移,加强预警,坚持报刊出版的正确导向,促进我省报刊出版事业繁荣和产业发展,使报刊业更好地为社会主义文化大发展大繁荣服务,为"创业富民、创新强省"服务,为全面建设小康社会服务,特制定本办法。

第二条　凡编入国内统一连续出版物号、在我省登记注册的报纸、期刊和经省级新闻出版行政部门批准、取得内部准印证的报型及刊型连续性内部资料出版物,均适用本办法。

第三条　报刊出版管理实行事后审读制度。报刊审读是报刊出版管理的一项重要制度,是新闻出版行政部门依法行政、科学管理的基础和重要措施,是正确把握舆论导向,提高舆论引导水平,促进报刊出版业繁荣发展的重要手段。

第四条　报刊审读结果作为报刊年度综合评估和报刊社年度核验的重要依据。

第二章　审读内容

第五条　报刊审读是对报纸、期刊和连续性内部资料出版物进行审阅和评介。其主要任务是掌握报刊出版动态,研究报刊出版中的倾向性问题,了解报刊市场状况和发展趋势;其基本原则是坚持以科学发展观为统领,坚持客观公正的评判标准,坚持批评和表扬相结合,增强审读工作的指导性、针对性和有效性。

第六条 报刊审读主要包括以下内容:

(一)审版面内容。重点审读是否符合党的基本纲领、基本理论、基本路线、基本经验;是否遵守党和国家的方针政策,坚持为人民服务、为社会主义服务的出版方向和舆论导向;是否含有国家规定的禁载内容;是否坚持正面宣传为主,团结、稳定、鼓劲的方针,有利于和谐文化建设;是否注重品位格调,抵制新闻宣传的低俗化倾向;稿件选用是否具有指导性、真实性、新闻性、时效性和可读性,做到群众喜闻乐见,讲究宣传艺术;典型宣传是否得到群众的公认和拥护;舆论监督是否达到改进工作的目的;热点引导是否能以正确导向维护社会稳定;对虚假和失实报道是否及时公开更正,并做好善后工作。

(二)审出版规范。主要审读是否遵守报纸、期刊出版行政法规和规章;是否执行国家标准和出版物有关管理规定;是否坚持办报办刊宗旨和出版业务范围;是否存在出售、出租及以其他形式转让出版单位的名称、刊号、版面等买卖刊号的情况;重大选题是否备案;报刊名称、出版单位、主办单位、主管单位、国内统一连续出版物号、总编辑(主编、社长)姓名、出版周期、出版日期、总期号、版数、版序、出版单位地址、电话、邮政编码、报刊定价、印刷单位名称与地址、广告经营许可证号等版本记录和标识是否完整、规范;文字编校质量是否符合规定要求;是否按期、正常出版;是否按规定及时缴送样报、样刊。

(三)审广告发布。主要审读报刊是否违反社会公德,损害群众利益,刊载内容虚假、格调低下的违法广告和禁载广告;广告内容是否真实可信,广告用语是否文明规范,广告设计是否美观、健康;是否存在广告版面不标明"广告"标记,而使用"专版"、"专题"、"企业形象"等非广告标记,以通讯、评论、消息、人物专访、专家访谈、纪实报道、报告文学、专家咨询、科普宣传等形式发布广告,在新闻报道中标明企业、事业单位的详细地址、邮政编码、手机电话、电子邮箱之类联系方法等等以新闻报道形式发布广告的现象;新闻报道和商业广告的比例是否合理、协调;公益性广告刊登情况。

(四)审其他与报纸、期刊出版工作有关的内容。

290

第三章 审读管理

第七条 报刊审读实行属地管理原则,建立省、市新闻出版行政部门和报刊主办单位、报刊出版单位四级审读工作机制。

第八条 省级新闻出版行政部门负责全省报刊审读工作的协调和指导。对全省报刊进行重点审读和抽查审读,每半年向新闻出版总署报送综合审读报告。

第九条 市级新闻出版行政部门负责本行政区域内报刊的审读,每三个月向省级新闻出版行政部门提交综合审读报告。主要报告上一季度开展审读工作情况,总结分析本行政区域内报刊出版的动态、特色和好的做法,反映存在的倾向性问题及改进措施等。

第十条 报刊主办单位负责本单位所属报刊的审读,并每两个月向省、市新闻出版行政部门报送一次审读报告。

第十一条 报刊出版单位要建立"三审责任制"和"第一读者"等制度,定期写出阅评报告,并每个月向省、市新闻出版行政部门和报刊的主管主办单位报送。

第十二条 新闻出版行政部门、报刊的主管主办单位和出版单位应建立重大事项报告制度。对在审读和阅评中发现的重大政治性差错和错误、重大版面质量事故以及易产生重大社会影响的问题等,采取有效的补救措施,并在 24 小时内向上级管理部门报告。

第十三条 新闻出版行政部门应定期或不定期编发审读简报,及时总结报刊出版中的特色、做法和改进新闻报道的有益探索,反映审读中发现的各类倾向性问题和差错。审读简报应报送上级新闻出版行政部门,通报有关报刊主管、主办单位和出版单位。

第十四条 报刊主管、主办单位和报刊出版单位应建立审读意见反馈制度。被发现问题的报刊社,应在 10 个工作日内向新闻出版行政部门报告改进的措施,及时制止、纠正有关违规行为。报刊出版单位对涉及本报刊的审读意见有异议的,可以向新闻出版行政部门和报刊主管、主办单位申辩、反映。

第四章 审读组织

第十五条 新闻出版行政部门和报刊主办单位应根据所属报刊的总

量,聘请专职或兼职人员组成审读小组,并明确审读工作的管理部门和联系人员,对本行政区域内或所属报刊开展审读工作。

杭州、宁波、温州、金华市新闻出版行政部门,应聘请的专职和兼职审读人员总数原则上为4—6人;其他市新闻出版行政部门,应聘请的专职和兼职审读人员总数原则上为2—4人;拥有5种以上报刊的主办单位,应聘请的专职和兼职审读人员总数原则上不少于4人。

审读人员和审读管理及联系人员名单须报省新闻出版局备案。

第十六条 审读人员应具备以下基本条件:

(一)政治性强,热爱报刊出版事业,熟悉有关新闻出版法规规章和报刊出版工作,坚持实事求是的原则,客观、公正地开展审读工作;

(二)有丰富的业务工作经验和较高的文字水平,了解报刊业及相关领域的发展动态和情况;

(三)能按报刊出版周期完成审读任务;能将审读工作中发现的问题和报刊特色、经验等及时反馈管理部门,并结合审读工作提出审读意见,提交书面审读报告。对于重要情况和重大质量事故,应随时反映。

第十七条 对聘请的专职和兼职审读人员,由聘请单位根据当地实际和其承担的审读工作数量及质量情况,支付相应的报酬。对不能胜任审读工作的审读人员应随时调整。

第十八条 新闻出版行政部门对在审读工作中认真负责、成绩突出的审读组织和审读员予以表彰、奖励。

第十九条 新闻出版行政部门应适时组织审读人员学习党的方针政策、新闻出版政策法规和业务知识,召开报刊审读工作会议,研讨审读工作,改进审读方法,提升审读工作的整体水平和质量。

第二十条 新闻出版行政部门和报刊主办单位应确保报刊审读经费的落实。行政部门和财政拨款的主办单位,可以向有关部门专项申请审读经费;非财政拨款的单位应将审读经费列入年度预算。

第五章 附 则

第二十一条 本办法由浙江省新闻出版局负责解释。

第二十二条 本办法自公布之日起施行。

关于新闻采编人员从业管理的规定（试行）

中宣部　国家广电总局　新闻出版总署
2005 年 3 月 22 日

为加强新闻职业道德建设，规范新闻采编人员行为，维护新闻界良好形象，促进新闻事业健康发展制定本规定。本规定所称新闻采编人员，是指在中华人民共和国境内经批准设立的报社、新闻性期刊社、通讯社、广播电台、电视台、新闻网站等新闻单位内的记者、编辑、制片人、主持人、播音员、评论员、翻译等从事新闻采访、编辑、制作、刊播等新闻报道业务的人员。

第一条　新闻采编人员要坚持以马克思列宁主义、毛泽东思想、邓小平理论和"三个代表"重要思想为指导，拥护中国共产党的领导，拥护社会主义制度，树立政治意识、大局意识和责任意识，贯彻团结稳定鼓劲、正面宣传为主的方针，把握正确舆论导向，支持改革开放和现代化建设，为人民服务，为社会主义服务，为全党全国工作大局服务。

第二条　新闻采编人员要遵守宪法和法律，遵守党的新闻宣传纪律，维护党和国家利益，维护人民群众的根本利益。要严格保守党和国家秘密。报道违纪违法案件，要自觉遵守案件报道的纪律，注意报道的政治效果、社会效果。采编涉外新闻报道，要遵守我国涉外法律和我国已加入的国际条约，贯彻我国对外政策。采编民族宗教报道，要遵守我国民族宗教政策和相关法规。要依法维护公民个人隐私权，依法维护报道对象的合法权益。采编涉及未成年人的负面报道，要遵守我国对未成年人保护的法律规定，维护未成年人的权益，未获得未成年人的监护人同意，一般不披露未成年人的姓名、住址、肖像等能够辨别和推断其真实身份的信息和音像资料。

第三条　新闻采编人员要坚持真实、全面、客观、公正的原则，确保新闻事实准确。要认真核实消息来源，杜绝虚假不实报道。新闻报道在新闻媒体刊发时要实行实名制，即署作者的真名实姓。不得干预民事纠纷和经济纠纷的调解，不得干预正常的司法审判活动。报道涉及有争议的内容时，要充分听取相关各方的意见，认真核对事实，准确把握分寸。

第四条　新闻采编人员要发扬实事求是、敬业奉献的精神，深入实际、深入生活、深入群众,调查研究,求真务实,努力改进工作作风和文风,不断创新报道内容、形式和手段,使新闻报道贴近实际、贴近生活、贴近群众,增强新闻报道的针对性、实效性和吸引力、感染力。

第五条 新闻采编人员从事新闻报道活动时如遇以下情形应实行回避,并不得对稿件的采集、编发、刊播进行干预或施加影响:

1、新闻采编人员与报道对象具有夫妻关系、直系血亲关系、三代以内旁系血亲以及近姻亲关系;

2、新闻采编人员采访报道涉及地区系本人出生地、曾长期工作或生活所在地;

3、新闻采编人员与报道对象属于素有往来的朋友、同乡、同学、同事等关系;

4、新闻采编人员与报道对象存在具体的经济、名誉等利益关系。

第六条 新闻单位各级分支机构和派出机构的主要负责人(分社社长、记者站站长等),实行任期轮岗交流或易地安排。新闻采编人员不得被派往本人出生地、曾长期工作或生活所在地担任分社社长或记者站站长。

第七条 新闻采编人员要杜绝各种有偿新闻行为。不得利用采编多半谋取不正当利益,不得接受可能影响新闻报道客观公正的宴请和馈赠,不得向采访报道对象或利害关系人索取财物和其他利益,不得从事与职业有关的有偿中介活动,不得经商办企业,不得在无隶属关系的其他新闻单位或经济组织兼职取酬。

第八条 新闻采编人员要严格执行新闻报道与经营活动分开的规定。不得以记者、编辑、审稿人、制片人、主持人、播音员等身份拉广告,不得以新闻报道换取广告,不得以变相新闻形式刊播广告内容,不得为经营谋利操纵新闻报道。新闻采编人员不得以订阅报刊为条件进行新闻报道,不得直接要求被采访报道单位或个人订阅报刊,更不得以批评曝光为由强迫被采访报道单位或个人订阅报刊、投放广告或提供赞助。

第九条 规范新闻采编人员记者证管理和使用。公开的新闻采访必须出示经新闻出版单位、广播电视主管部门资格认定,由国家新闻出版行政主管部门核发的记者证件。对使用假记者证或冒充记者的人员要严肃查处。新闻单位要向社会公布监督电话,方便群众监督。

第十条 对违规违纪的新闻采编人员要按有关规定和纪律严肃查

第 8 条　没有注明国内统一刊号、邮发代号、通讯地址、联系电话、出版期号、印刷厂、广告经营许可证(编号)、报纸单价(即"八必登")的,每项各扣 1 分。

第 9 条　所刊载的内容严重超越版面分工范围的,扣 5 分。

第 10 条　违反《报纸质量管理标准(试行)》的其他错误由评委提出,交评委全体会议讨论处理。

第三章　语言文字编校质量

第 11 条　语言文字现象是复杂的,本细则只能列举报纸常见的错误供参考,不可能涵盖各类问题。语言文字的运用,有正误之分,有优劣之分。作为报纸编辑,应追求准确无误、尽善尽美;作为质量评比,主要是检查和纠正那些违反有关规范的、违反出版惯例的、不合常识的错误。

第 12 条　语言文字正误的判别,以国家的语言文字各项规定为依据。字词正误的判别,以《现代汉语词典》1996 年版为首选工作范本,并适当参照 1983 年版。标点符号正误的判别,以 GB/T 15834－1995《标点符号用法》为依据;数字用法正误的判别,以 GB/T 15835－1995《出版物上数字用法的规定》为依据;知识性问题以新版《辞海》和《中国大百科全书》等权威的工具书为依据。

第 13 条　所抽查的报纸中任何一处(包括由客户提供胶片的广告),出现了属于编校质量评比范围内的错误,均判作"差错"。差错依性质确定扣分标准。出现在标题上的差错,扣分按正文同类差错的三倍计。本细则所举的例子前面标有"＊"号的,均为差错示例。

第 14 条　差错率的计算公式:差错率＝(因差错被扣除的总分÷所抽查版面的总字数)×100%。

第 15 条　版面字数的计算。对开版:使用 5 号字的头版为 8000 字,其他版为 10000 字。四开版分别减半。半版或半版以上是广告或图片的版面另行估算。

第四章　文　　字

第 16 条　文字差错包括错字、别字、繁体字、异体字、漏字、多字、字序颠倒等。

第 17 条　文字差错一处扣 1 分。同一版有两处或两处以上相同的差错,扣 2 分。如有整句或整段文字排重的,一处扣 3 分。

第 18 条 报纸上应使用规范的简化字,不得使用已废止的《第二次汉字简化方案(草案)》(1977)中的简化字。以下汉字必须严格区别:象一像,迭一叠,了一瞭,罗一啰,复一覆,桔一橘,兰一蓝,予一预,咀一嘴,欠一歉,付一傅/副,借一藉,令一龄。

第 19 条 报纸上不得使用繁体字。除广告中企业和产品商标经注册的定型标志外,繁体字一律按差错处理。

第 20 条 报纸上不得使用异体字。但本着实事求是的精神,人名(特别是古代人名)中的异体字允许使用。如:坤[堃]、奔[犇]、昆[崑]、梁[樑]、哲[喆]、升[昇]、昭[炤]、苏[甦]、和[龢]、沾[霑]、渺[淼]。

第 21 条 报纸上不得使用已废止的旧字形。使用排版系统字库(如目前流行的一种圆角字)中不符合国家标准的汉字字形,以差错论处。一般的变形美术字在字形规范方面不作严格要求。旧字形和标准字形举例(略)

第 22 条 一些形近、音近、义近的汉字常容易用混,必须严格区别。如:矫一骄一娇,尝一赏一偿,两一俩,度一渡,湎一缅,镑一磅,蔼一蔼,暄一喧,绌一拙一咄,缭一撩一潦,姗一跚,署一暑,寥一廖,掬一鞠,胫一径,缉一辑,埔一浦一蒲,瘙一骚一搔,贯一惯,符一苻,藉一籍,弛一驰,震一振,燥一躁,惋一婉一宛,陡一徙一徒,宵一霄,戛一嘎,鸷一鸶,壁一璧,梁一粱,涨一胀,梢一捎一稍,嘻一嬉一喜,赝一膺,赃一脏,摹一摩,杆一竿,郎一朗,采一彩,炷一柱一拄,辐一幅一副,赜一赜,分一份,朔一溯,慨一概,蜡一腊,睢一雎,孚一负一赋,黏一粘一沾,跨一垮,碳一炭,脂一酯,洲一州,拥一涌,葺一茸,菏一荷一苛,戴一带一代,跤一交,账一帐,颗一棵,鱼一渔。

下列例子中括号里的词形是错误的:家具(傢俱),安排(按排),戛然(嘎然),陷阱(陷井),沿用(延用),赋予(赋于),参与(参予),拼搏(拚搏),拼凑(拚凑),麻风病(麻疯病),刹那间(霎那间),霎时间(刹时间),直截了当(直接了当),铤而走险(挺而走险)。

第 23 条 用计算机临时造字要合乎规范。要弄清所造的字是否为繁体字、异体字和自造简化字。如"憩"字是"憩"的异体字,"蕰"是"莅"的异体字,"噹"已经简化作"当"。

第五章　词　语

第24条　词语差错一处扣1分。同一版有两处或两处以上相同的差错,扣2分。

第25条　注意正确地区别使用以下词语:截止－截至,学历－学力,权力－权利,有利－有力,不利－不力,其间－期间,以至－以致,融会－融汇,合龙－合拢,化装－化妆,经纪－经济,启示－启事,事务－事物,阻击－狙击,蒸气－蒸汽,传诵－传颂,反应－反映,察看－查看,上缴－上交,处置－处治。

第26条　关于同义异形词。提倡使用《现代汉语词典》首选的词形。以下各组例子中,前者为首选的词形:装潢－装璜,仓促－仓猝,粗鲁－粗卤,措辞－措词,倒霉－倒楣,抹杀－抹煞,烦琐－繁琐,轱辘－轱轳,皇历－黄历,思维－思惟,夙愿－宿愿,取消－取销,糟蹋－糟踏,成分－成份,身份－身分,给予－给与,订阅－定阅,希罕－稀罕,其他－其它,车厢－车箱,烂漫－烂熳,宏图－鸿图/弘图,名副其实－名符其实,归真返璞－归真返朴。

第27条　不应使用生造的词语和生造的缩略语。不合适的缩略语的例子如:多种经营→多经|街道居委会→街居|评选合格党员→评格|开展业务→展业|宣传贯彻→宣贯|贯彻ISO 9000系列国际标准→贯标|劳动服务公司→劳司|达到并超过→达超|创造出新水平高水平→创新高。

第28条　文章中使用专名的缩略形式时,除人们非常熟悉的(如鞍钢、欧盟)以外,应先交代较详的名称(标题上可先出现缩略形式,但正文里要交代较详的名称)。一份报纸中同一个专名,较详的称谓要前后一致,缩略的形式也要前后一致。

第29条　人名、地名要正确。国内外地名的写法以中国地图出版社最新的地图和地名录为准。不为广大读者知悉的小地名,应根据报纸发行的区域,冠以适当的大的地名。国外名人的中文译名以《辞海》和《中国大百科全书》为准。

第30条　不提倡使用生僻的方言词语。但这类词语只要用字正确,不予计错。

第31条　中文报纸不要过滥地夹用外文。必须使用外文时,除了人们比较熟悉的(如CT、DNA)以外,外文在文章中第一次出现时,要有相

299

应的汉译。是括注外文还是括注汉译,全报要一致。外文移行要符合规则。

第32条 外文、少数民族拼音文字和汉语拼音,一个词(普通词、专有名词、缩略语)里头,拼写错误(包括大小写错误)不论几处,均按一处扣分。

第六章 语 法

第33条 不合语法的句子,平常称作"病句"。语言是发展的,有些"病句",语言学界尚存争议。一个具体句子,是否以病句定论,需要有充分的依据。评审时,主要将那些不存在争议的病句判作差错。

第34条 一处病句扣2分。

第35条 病句的类型很多,同一个病句,从不同的角度分析,可能归类也不同。这里选择报纸上几种典型的病句列举如下:

(一)用词不当

*在县长的一再压力下,银行无奈,最后只得给他们贷款30万元。

*如今,裕安大厦已成为安徽省和各地市接轨浦东的重要载体。

(二)主语残缺

*1996年的税收财务物价大检查取消自查阶段,直接进入重点检查,不禁拍手叫好。

*在他们的辛勤工作下,使这些外商消除了思想顾虑,积极投资于当地的开发建设。

*去年以来,由于日方在对历史问题的认识和钓鱼岛问题上接连采取错误举措,使中日关系正常发展受到严重干扰。

(三)宾语残缺

*这个集团目前已成为拥有11个专业公司、2个研究所、3个生产厂,现有固定资产6500万元。

(四)搭配不当

*加快高等教育事业发展的规模和速度。

*急忙中,衣服、手掌被峭壁乱石划破、划伤,可他全然不顾。

(五)词序不当

*太监是我国封建皇宫中特有的产儿,是被阉割过的封建帝王的奴仆。

（六）重复累赘

＊这种新型筑路材料，用于高等级公路上作过湿土路基用料，效果很好。

（七）句式杂糅

＊客房内均设有闭路电视、国际国内直拨电话、音响、房间酒吧等应有尽有。

（八）关联不当

＊这种飞机因氧化剂比燃料重八倍，因此，起飞机的重量大减轻。

（九）不合事理

＊截至1996年6月1日，乌克兰境内的核武器已全部运往俄罗斯销毁，销毁工作将在乌克兰专家的监督下进行。

＊他是大秦铁路工地上的风云人物，之所以远近闻名，不仅在于他自荐当队长、全国新长征突击手，还在于人们对他的一些争议。

＊工商局经济检查科根据举报的线索，仅用32个小时就查获了这起假冒名牌商品案，查扣假茅台481箱计5772瓶，价值126.98万元。

第七章　标点符号

第36条　标点符号的使用，有正误之分与优劣之分。可用标点也可不用标点的地方，可用这种标点也可用那种标点的地方，一般属于优劣之争，不予计较。应该用标点而没有用，应该用这种标点而用了那种标点，应该把标点放在这里而放在了那里，则属于错误。评判时应严格要求，不可降低标准。

第37条　标点差错不论类型是否相同，每处均扣0.5分。

第38条　以下几种情形是报纸不应该错但又极容易错的，须严格把关。

（一）问号

虽然有"谁""什么""怎么"等疑问词，但全句并不是疑问句，末尾不能用问号。

＊他不得不认真思考企业的生产为什么会滑坡？怎样才能扩大产品的销路？

（二）顿号

1.并列成分中又有另一层次的并列成分时，不能一概用顿号。

　　＊全国人大常委会又颁布了禁毒决定,对制造、贩卖、运输、非法持有毒品、非法种植罂粟、大麻等毒品原植物、引诱、教唆他人吸食、注射毒品等,都作了严厉的处罚规定。

　　2.相邻的数字连用表示一个概数,不能用顿号隔开。

　　＊我们曾去过六、七个这样的购物中心,看到有二、三十位老人买这种健身器。

　　3.相邻和数字连用表示缩略语,可以用顿号隔开。如:

　　＊省委负责同志向退居二、三线的老同志介绍了我省明年经济建设的总体规划。

　　(三)分号

　　1.被分号分隔的分句中不能出现句号(即"以小包大")。

　　＊他在会上要求全省各部门、各单位接收和安排好今年的大中专毕业生。国有大中型企业应积极接收计划分配的毕业生,并尽可能地多收一些。这对企业今后的长远发展大有好处,是储备人才,积攒后劲;中央单位,和地方企事业单位一样,也有义务接收大中专毕业生。规模大的中央单位消化能力强,应该多接收一些;"三资"企业、股份制企业、乡镇企业,也要积极接收应届大中专毕业生。

　　2.分号不能用在普通单句中。

　　＊报名者请携带户口簿;身份证;高中毕业证书;体检证明;两张二寸近期免冠照片。

　　＊今年全公司要继续走"少投入、多产出;以适用技术服务于农"的路子。

　　(四)冒号

　　提示性词语后面无停顿,相呼应的是引语后的宾语,这个提示性词语后面不能用冒号。

　　＊厂领导及时提出:"以强化管理抓节约挖潜、以全方位节约促成本降低、以高质量低成本开拓市场增效益"的新思路。

　　(五)引号

　　1.引语被当作完整独立的话语来用,句末标点应放在引号里面。

　　＊古人曰:"多行不义必自毙"。

　　引语被作为作者的话的组成部分,句末标点应放在引号外面。

　　＊大革命虽然失败了,但火种犹存。共产党人"从地下爬起来,揩干

净身上的血迹,掩埋好同伴的尸首,他们又继续战斗了。"

2.横排和竖排的引号都要外双内单,即引号里面还有引号时,外面一层用双引号,里面一层用单引号。

(六)括号

括号里的话如果是注释句子里某个词语,括号要紧贴在被注释的词语之后。

＊如果国家主权遭到贬损或剥夺,个人的一切就将失去保障(包括人权在内)。

(七)省略号

1.省略号前面的话用了句号、叹号、问号,说明前面是完整的句子,这个名末点号应予保留;如果前面是顿号、逗号、分号,这个句中点号不保留。省略号后面的标点,一般不用,因为连文字都省略了,标点符号自然也可以不要。

＊雄伟庄严的人民会堂,是首都最著名的建筑之一,……。那壮丽的廊柱,淡雅的色调,以及四周层次繁多的建筑立面,组成了一幅绚丽的图画。

2.省略号不得与"等"或"等等"并用。

＊在另一领域中,人却超越了自然力,如飞机、火箭、电视、计算机……等等。

(八)书名号

1.除了书名、报纸名、刊物名、篇章名可用书名号以外,下列文化产品名称也可以用书名号:影片《红高粱》|小提琴协奏曲《梁祝》|独舞《月光》|黑白摄影《救死扶伤》|董希文《开国大典》|石雕《和平》|湘绣《龙凤呈祥》|特种邮票《中国皮影》|相声《钓鱼》|小品《英雄母亲的一天》|报纸上《人民子弟兵》专栏|北京文艺台《周末三人谈》专题节目

2.书名号里面的名称要与原名相符。如:不应把"《人民邮电》报"标点作"《人民邮电报》"。合适的缩略形式可以使用,如《毛选》四卷本、《沙》剧。

3.不能使用书名号的情形:

＊《长征二号》运载火箭|《永久牌》自行车|《桑塔那》轿车|颁发《身份证》|持有《生产许可证》|办理《营业执照》|住在《北京饭店》|室内乐队《爱乐女》荣获《百花奖》|《喜乐杯》足球赛|《科技日语速成班》招生|召开《'96

303

油画艺术研讨会》|《法国近代艺术展览》开幕

4.丛书的标点,早年习惯上用书名号(如《万有文库》《四部丛刊》等)。现在的丛书最好使用引号而不使用书名号。丛书名为一个词的,连同"丛书"加引号,如"五角丛书""妇女丛书";丛书名为短语的,只把这个短语加引号,如"当代农村百事通"丛书,"从小爱科学"丛书。

5.教科书名称用书名号,而课程名称不用书名号。如:这学期开设微积分课,需要买一本高等教育出版社出版的《微积分》。

6.报社(报纸编辑部)和杂志社(杂志编辑部)的名称,如果着眼于单位,不用书名号更好。如:《讽刺与幽默》是人民日报办的漫画增刊|新闻出版报邀请首都部分出版单位负责人座谈。如果报刊名称易与普通名词混同,一般要加书名号。如:《山西青年》向"一稿多投"宣战|《少男少女》请宏志班学生在广州作报告。

(九)序号的标点

"第一""第二""第三"后面用逗号;"一""二""三"后面用顿号;"1""2""3"和"A""B""C"后面用齐线黑点。带了括号的序号,后面不得再加顿号、逗号之类。

(十)"'97"这种形式是从英文出版物引进的,可以使用,这里的高撇号"'"习惯上称作"省字号"。这种形式限用于某项活动"标题式"的名称中,如"'97全国足球甲A联赛"。"'97"这种形式不可替代"1997年"用于一般的年代表述(如作时间状语)。"'97年""'97年度"中的"年""年度"是多余的。

(十一)"g/cm^3"中的斜线,是科技符号中的"除号",不属于标点符号。凡是复合量词(如:人次、架次、人公里、吨公里),不可用斜线除号分隔(如:吨/公里)。

(十二)标点符号位置禁则

1.句号、问号、叹号、逗号、顿号、分号和冒号不应居一行之首。

2.引号、括号、书名号的前一半不应居一行之末,后一半不应居一行之首。

3.句末省略号不应独居下一行之首。

4.破折号和省略号不能断开分居一行之末、一行之首。破折号不应排作"— —"。

第八章　数字用法

第 39 条　数字用法着重检查：(1)处理是否得体；(2)是否保持局部统一；(3)带有计量单位的量值(横排)是否用了阿拉伯数字；(4)一个用阿拉伯数字书写的量值是否移行了。

第 40 条　数字差错一处扣 0.5 分，同一篇文章有两处或两处以上同类型的差错扣 1 分。

第 41 条　以下几种情形是报纸不应该错但又极容易错的，须严格把关。

(一)　使用阿拉伯数字不得体。

＊西峡人戏称"5000 轻骑闹山乡"。(应作"五千")

＊开发范围跨津冀鲁三省市的 20 几个区县。(应作"二十几")

(二)　同类情形在同一篇文章中体例不一致。

＊一〇九钻井队……1211 钻井队……六根枕木……7 辆载重汽车…… 400 多元…… 一千多美元…… 四分之一……1/3……

(三)　使用阿拉伯数字，夹用汉字"十、百、千、十万、百万、千万、十亿、百亿、千亿"记位，如：5 千公斤|7 百万人口|3 千亿元|2 万 8 千 6 百多亩。但出版界使用的"千字"是惟一的例外。至于"百米、千克、千瓦、兆赫"中的"百""千""兆"属于计量单位中的词头，性质不同。

(四)　单位名称中的数字代码，用汉字还是阿拉伯数字(如 301 医院/三〇一医院)，以"名从主人"为原则，但全文前后要统一。标题可根据排版需要予以变通。

(五)　汉文数码"〇"、拉丁字母"O"、阿拉伯数字"0"要避免混同。

第九章　计量单位

第 42 条　计量单位差错一处扣 1 分。同一版有两处或两处以上相同的差错，扣 2 分。

第 43 条　要使用法定计量单位，不使用非法定计量单位，如：公尺、公分、立方公尺、公升。但文学作品(包括老百姓口头语引语)和历史资料，可以出现"里""尺""斤""英寸"之类的计量单位。如：扯了六尺花布|离县城 15 里地|小猪崽刚买来时才二十来斤|一口气吃了八两馒头|家里

换上了一台 20 英寸的彩电 | 要节约每一度电。

第 44 条 不得使用已废除的计量单位旧译名用字。如:浬(应用"海里"),哩(必要时用"英里"),呎(必要时用"英尺"),吋(必要时用"英寸"),唡(必要时用"盎司")。

第 45 条 要正确使用计量单位符号,注意词头符号和单位符号的大小写。如:m(米),cm(厘米),km(千米),g(克),kg(千克,公斤),t(吨),A(安[培]),W(瓦[特]),kW(千瓦[特]),Hz(赫[兹]),MHz(兆赫[兹]),V(伏[特]),dB(分贝),min(分)。

第 46 条 表示参数范围的数值应按国家有关标准处理。如:

63%～68%(不写作 63～68%);

－15～－8℃;

155～220 公斤(亦可写作 155 公斤～220 公斤);

8 万～11 万吨(不写作 8～11 万吨);

包装外形尺寸为 400mm×200mm×300mm(不写作 400×200×300mm)。

第十章 标题与引文

第 47 条 标题制作要题文相符,要准确、鲜明、生动。

第 48 条 标题应避免不适当的移行,如:(1)把一个词拆开,分在两行;(2)把助词"的"移到下一行行首;(3)由于句读不明而产生歧义。凡有严重歧义的标题,一处扣 2～3 分。如:

○ 外交部发言人沈国放说

中国对美再次袭击

伊拉克深表不满

○ 短讯荟萃

山西人口报请

读者"挑毛病"

苏州局限时装

电话说到做到

第 49 条 引文(尤其是引用马克思主义经典著作和古代名著),应注意核实,以保证准确无误。

第 50 条 由引用造成的差错(如丢字、多字、标点错误或曲解),按同类型差错的两倍扣分。

第十一章 知识性问题

第 51 条 知识性差错可能涉及各个领域。这里仅举几例：

＊福建有名山曰雁荡山。（雁荡山在浙江省）

＊春分刚过,离惊蛰还有十几天。（二十四节气中,春分在惊蛰后面）

＊这种食品中含有维生素、蛋白质、氨基酸等多种元素。（维生素、蛋白质、氨基酸都不是元素）

＊由于某些"左"的错误,特别是十年动乱中的"苦迭打",作者和评论工作者之间存在着很深的裂痕。（"苦迭打"不是残酷打击的意思）

第 52 条 知识性差错一处扣 2.5 分。

第十二章 文   风

第 53 条 提倡准确、鲜明、生动的文风,忌假大空的"八股腔",忌花里胡哨、似是而非的"花腔",忌流里流气、粗俗不堪的"痞子腔"。目前尤其要反对"花腔",即堆砌辞藻、故弄玄虚,看似漂亮深沉但无论从内容上还是文法上都经不起推敲的文字。

第 54 条 文风问题要从一篇文章的总体上去衡量。要把正当地运用修辞手段跟文风不正区别开来。不能用新闻写作的要求去要求文学作品。文学作品为了取得艺术效果,可以创造性地使用文学语言。

第 55 条 一篇文章如确属文风不正,扣 3～5 分。

（原载 1997 年 4 月 9 日《新闻出版报》第 3 版）

307

主要参考文献

郑兴东、陈仁风、蔡雯著.报纸编辑学教程.北京:中国人民大学出版社,2001

张子让著.当代新闻编辑.上海:复旦大学出版社,1999

韩松、黄燕著.当代报刊编辑艺术.上海:复旦大学出版社,2006

郑兴东、陈仁风编.中外报纸编辑参考资料.北京:中国人民大学出版社,1987

吴飞著.新闻编辑学.杭州:浙江大学出版社,2002

许清茂编著.杂志学.厦门:厦门大学出版社,2002

王咏赋著.报纸版面学.北京:人民日报出版社,2001

蒋小丽编著.现代新闻编辑学.北京:高等教育出版社,2002

王晓宁著.现代新闻编辑学.郑州:郑州大学出版社,2004

胡武编著.现代新闻编辑学.武汉:武汉大学出版社,1999

赵鼎生著.西方报纸编辑学.北京:中国人民大学出版社,2002

范敬宜著.怎样当好总编辑.北京:人民日报出版社,1997

白庆祥、刘乃仲、郑保章编著.新闻采访写作编辑案例教程.北京:新华出版社,2003

顾耀铭主编.我看美国媒体.北京:新华出版社,2000

徐柏容著.期刊编辑学概论.沈阳:辽海出版社,2005

刘海涛等著.中国新闻官司二十年:1987－2007.北京:中国广播电视出版社,2007

李孟昱编.当代中国报纸版面精粹.广东:南方日报出版社,2003

罗小萍编著.新编新闻编辑学.北京:法律出版社,2004

桑金兰著.报纸版面创意艺术与电脑编辑.上海:复旦大学出版社,1999

邝云妙主编.当代新闻编辑学.广州：暨南大学出版社，2000

彭朝丞、王秀芬著.标题的制作艺术.北京：新华出版社，2005

彭朝丞著.新闻标题制作.北京：中国广播电视出版社，2007

沈兴耕著.报纸编辑学实务.北京：中国广播电视出版社，2000

陆炳麟著.怎样当新闻编辑.北京：新华出版社，1989

（美）斯坦利·J.巴伦著、刘鸿英译.大众传播概论（中文版）.北京：中国人民大学出版社，2005

（美）多萝西·A.鲍尔斯、黛安·L.博登著、李蠡等译.现代媒体编辑技巧（中文版）.北京：新华出版社，1999

后　记

在 2008 年植树节这天,本书初稿虽然"种"出,但"植"书者心里依然不轻松。

早在去年 9 月底,浙江大学出版社李海燕老师来短信、邮件约"出版选题",初步约定 3 月中旬交稿。因工作繁忙,一直到 2008 年 1 月下旬才开始动工,好在以前积累了一定数量的半成品或素材。尽管起早摸黑,紧赶快赶,边写边校,但由于时间匆促和水平所限,书稿难免"漏洞百出",所以心中惴惴不安。

心里不轻松还有一个因素,就是本人在新闻业界和学界历练了 30 多年,从"助理编辑"搏到"高级编辑",从基层通讯员混到"小报总编",又从媒体跑到高校,深知其中酸、甜、苦、辣,在我国当记者、做编辑,吃"新闻"这碗饭,是很不容易的。常言道:"人非圣贤,孰能无过","多栽花,少栽刺","得饶人处且饶人"。本人已过"知天命"之年,还干起这"挑刺"、"揭短"的勾当,心里确实不轻松。如果有哪位女士、先生要"理论"的话,先在这里赔礼了。

心里不轻松一个更重要的原因,就是报刊编辑质量和社会责任问题。从 1972 年"入道"新闻行当以来,为了学习和借鉴,我收集到上万个全国报刊差错案例,大到严重政治差错,小到错别字和标点符号。而近年来报刊差错更是多得让人吃惊。用中国编辑学会会长桂晓风先生的话说,就是到了"令人瞠目结舌、不可容忍的程度"。

记得 2005 年 4 月 2 日,有家报纸第 3 版头条将中国国民党原主席连战的照片登错,当时我打电话给这家报社"热线",接电话的男青年很不耐烦地说了声"不可能",就挂断了电话。这份报纸至今我还保存着。美国著名报人约瑟夫·普利策对报纸功能有一个经典表述:"倘若一个国家是一条航行在大海上的船,新闻记者就是船头的守望者。他要在一望无际的海面上观察一切,审视海上的不测风云和浅滩暗礁,及时发出警告。"
作为社会守望者的报刊编辑、记者,其社会责任是光荣、艰巨而又重大的。
这是我为何要编写《报刊编辑案例评析》的根本原因所在。

　　在30多年新闻工作中,我认真阅读过范敬宜、郑兴东、吴飞、蒋小丽
等老师的著作,其中有几位老师,我还曾当面请教过。在这次编写《报刊
编辑案例评析》时,参考和汲取了许多专家、学者的研究成果和写作经验,
也参阅了人民网、新华网、中国法院网、中安在线等媒体的学习资料。在
此,我衷心地感谢那些为本书提供资料和帮助的人们,是他们奠定了本书
出版的基础。感谢浙江大学出版社和责任编辑李海燕老师,从本书选题
到顺利出版,她真是负责任。还要感谢浙江大学传媒与国际文化学院在
职硕士研究生李淑英老师、浙江万里学院法学院张大伟老师和陈源珊同
学,他们是本书初稿的"第一读者"。同时,要感谢我的夫人林兰英女士,
大过年的,她承担了一切家务,而且顶风雨,踏冰雪,天天把午饭送到我办
公室。再次真诚感谢所有支持、帮助过我的人。

　　这本书的体例还不是很统一,疏漏和错误更是难免。恳切希望广大
读者多提宝贵意见,以便将来修改提高。

黄奇杰

2008 年 3 月

311

图书在版编目（CIP）数据

报刊编辑案例评析／黄奇杰编著．—杭州：浙江大学出版社，2008.7（2011.6重印）
　ISBN 978-7-308-06078-3

　Ⅰ.报… Ⅱ.黄… Ⅲ.报刊－编辑工作－案例－分析－中国 Ⅳ.G213

　中国版本图书馆 CIP 数据核字（2008）第 095007 号

报刊编辑案例评析

黄奇杰　编著

责任编辑	李海燕	
装帧设计	卢　涛	
出版发行	浙江大学出版社	
	（杭州市天目山路 148 号　邮政编码 310007）	
	（网址：http://www.zjupress.com）	
排　　版	杭州中大图文设计有限公司	
印　　刷	临安市曙光印务有限公司	
开　　本	710mm×960mm　1/16	
印　　张	19.75	
字　　数	315 千	
版 印 次	2008 年 7 月第 1 版　2011 年 6 月第 2 次印刷	
书　　号	ISBN 978-7-308-06078-3	
定　　价	35.00 元